做孩子的故事大王

小巫教你给孩子编故事

（美）小巫 —— 著

北京理工大学出版社
BEIJING INSTITUTE OF TECHNOLOGY PRESS

版权专有　侵权必究

图书在版编目（CIP）数据

做孩子的故事大王：小巫教你给孩子编故事 /（美）
小巫著. —北京：北京理工大学出版社，2023.6
ISBN 978-7-5763-1758-9

Ⅰ.①做… Ⅱ.①小… Ⅲ.①家庭教育 Ⅳ.①G78

中国版本图书馆CIP数据核字（2022）第222750号

北京市版权局著作权合同登记号图字：01-2022-6129

出版发行 /	北京理工大学出版社有限责任公司
社　　址 /	北京市海淀区中关村南大街5号
邮　　编 /	100081
电　　话 /	（010）68914775（总编室）
	（010）82562903（教材售后服务热线）
	（010）68944723（其他图书服务热线）
网　　址 /	http://www.bitpress.com.cn
经　　销 /	全国各地新华书店
印　　刷 /	唐山富达印务有限公司
开　　本 /	710毫米×1000毫米　1/16
印　　张 /	17.75
字　　数 /	230千字
版　　次 /	2023年6月第1版　2023年6月第1次印刷
定　　价 /	58.00元

责任编辑 /	李慧智
文案编辑 /	李慧智
责任校对 /	刘亚男
责任印制 /	施胜娟

图书出现印装质量问题，请拨打售后服务热线，本社负责调换

推荐序

故事——爱的巫术

爱因斯坦说过一句话,把故事对于儿童的意义说到了极致。他说:"如果你想让孩子变得聪明,就给他讲故事。如果你想让他拥有智慧,就给他讲更多的故事。"

是的,童书里的故事,把孩子带到了一个想象丰富的星空,一个无边无际的世界,一个精彩美丽的王国。那些真善美的种子,也悄悄地播在了孩子心中。

如今,有很多书教我们的孩子读什么故事、怎么读故事,但教人们如何编故事的书,还不太多见,大部分都是写作教材。教父母给孩子编故事的读物,更是非常少见。这本《做孩子的故事大王:小巫教你如何给孩子编故事》恰恰弥补了这个缺憾,它别具匠心地从这个特殊的角度,为我们提供了一种特殊的讲故事的手法,也为父母提供了一种特殊的教育办法。

不同的故事,不同的读法,会产生不同的效果。从教育的角度而言,新教育实验在十几年的阅读研究和实践中早已充分证明:和一个孩子此时此刻的生命状态联系最为紧密的故事,会对这个孩子产生最佳的教育效果。所以,新教育特别强调为孩子选择最吻合当下精神需求的书籍进行共读。我认为,本书的最大意义,也在于此。父母为孩子编出的故事，必然是最吻合孩子当下需求的，而父母为孩子讲述编出的故事，自然就是共读和共同生活的过程。

　　本书不仅记录了治愈系故事、睡前故事、自然故事、青春期故事等诸多主题的故事，还记录下这些故事编讲的创作过程，并进行精要的评述。从这本书中我们看到，小巫就像一个小小巫师一样，力图通过这些故事的诞生去催生出更多故事。最让我感动的，是小巫撰写这一切背后的良苦用心。小巫是我们新教育人的老朋友，参加过我们《中国幼儿基础阅读书目》和《中国父母基础阅读书目》的研制工作。她的专业精神和率真个性给我留下了深刻的印象。就像她在书中写的那样，她也曾经对我说过："我们现在的绘本，大多数都是其他国家人的创作，很少中国本土的东西。所以我就想，我们自己的妈妈何不创作一些呢？"针对许多父母缺乏编故事的自信，小巫指出，每个人的经历都是不一样的，每个人的经历都是一个宝藏。这个宝藏就可以通过故事（而不是说教）带给自己的孩子。是的，中华文化不是一句空话，是建立在每个家庭的文化之上的。中国的故事，需要一群又一群人用生命去书写，也需要一代又一代人以故事为载体而讲述流传。

　　正如爱因斯坦说的那样，讲故事是发展儿童智慧的重要途径。儿童的词汇往往是在与父母等家庭成员的交流中习得和丰富的。有专家研究发现，儿童接触到的词汇量是否丰富，对儿童的学习能力有着关键的影响。但是，我们也应该知道，尽管父母编故事具有独特的价值和意义，我们也不能因此否定优秀儿童读物的价值和意义。一方面，图书中的词汇量比口语中丰富得多。另外一方面，已出版的故事毕竟经过一次次的修改、一层层的选拔与专业的编辑，整体来说品质比一般的口头故事高得多。所以，父母编故事和父母讲述经典童书，不是互相取代，而是互相补充。

　　故事是儿童精神成长的最好摇篮。讲故事是亲子交流的最好途径。一个精彩的故事，就是一个立体的文学世界，它为孩子提供多种角度全面看待世界的可能。而一个平庸的故事，哪怕出自良好的教育目的，也往往容易成为非黑即白的道德说教。父母不仅要学会讲故事、编故事，也要学会用智慧的眼光辨别什么是好故事。一个故事通过父母充满情感的声音到达孩子的耳边，孩子将会准确收到这份礼物。这份蕴藏着哲理的父爱母爱，就会潜入孩子的心灵。这将是孩子一生之中最大的财富，也是父母施与的一种美妙的爱的巫术。

是为序。

朱永新
2015年3月25日
写于北京滴石斋

朱永新，中国教育学会副会长，新教育实验发起人，中国民主促进会中央委员会副主席，第十二届全国政协副秘书长、常务委员会委员。苏州大学教授、博士生导师，北京大学、北京师范大学、同济大学等学校兼职教授。

目录 CONTENTS

一个长长的引子

讲故事的魔力　/2

公主和印第安女人　/2

听故事的好处　/9

故事是母乳，故事是种子　/14

保护内在国王的生命　/18

编故事吗？你也行！　/21

【附】原来故事可以这样讲　/23

【附】牙仙子和小天使的故事　/28

- 小天使来人间 /29
- 小天使卷耳 /30

治愈系故事小屋

- 神鸟 /35

  故事原本是帮助一个爱咬指甲的五岁女孩,但它能治愈的绝不仅是咬指甲、吃手等孩子焦虑不安的表现,它更帮孩子顺利度过了人生重大关头。

- 追兔子的公主 /43

  编故事的起因是两个五岁孩子如厕困难,但它不只是针对拉粑粑这个行为,它的效果,我自己都不敢相信!

- 巴特尔历险记 /45

  《追兔子的公主》男孩版。

- 寻找雪莲花的小斑马 /49

  一个三岁半的男孩很想让大孩子们听自己的话,可做不到这一点让他很受挫……

- 光明之杖 /57

  在孩子总是打人的表象下,隐藏着孩子什么样的心理需求呢?听从内心的呼唤,编出来的故事便如神来之笔,拥有强大的力量。

- 《光明之杖》背后的故事 /63

- 蛮牛哥 /71

  另一个针对孩子打人的行为编的治愈系故事,与《光明之杖》不同,这个故事有很多中国传统民俗的元素。

● 小马壮壮　/77

　　对于分离焦虑或者分房困难的孩子，给他一个探险类或者是独自完成一个使命的故事吧，帮助他召唤内心的力量感，给他内在的安全感。

● 山谷里的索拉图男孩　/86

　　一个来自外星球的小男孩带着自己的使命在地球上经历考验的故事，会与分离焦虑的孩子产生深深的共鸣，赋予他深度的滋养、鼓舞、勇气和信心。一个好故事远远胜过任何说教。

● 虎娃和冰雪宝剑　/95

　　这组妈妈的才气着实让人佩服，从必须扔进垃圾箱的"恐怖片"摇身变为具有极高收藏价值的经典大片。这是一个非常有疗愈力量的故事，可以讲给所有的孩子听，无论他胆小、怕黑与否。

● 小刺猬和仙女果　/101

　　这个多用途故事是给两个害羞、怕生、不肯和幼儿园伙伴一起玩耍的女孩子编撰的。仙女果是故事的"眼"，给孩子提供了更加深入和丰富的滋养。

● 春的种子　/106

　　念妈把这个故事讲给儿子听，念念真的开始慢慢学着刷牙了，并且还有意外的收获！这样饱含崇高的生命意义和价值的故事，才更令人向往，给人动力。

● 仙桃　/111

　　虽然说是为了帮助孩子学会等待，但全篇故事没有一个"等"字。这也许就是治愈系故事的魅力吧。

● 七彩蜂窝镇　/116

　　这是一篇温馨美妙的童话故事，同时它也具备一定的疗愈功能。那些因做不好某些事情而沮丧的孩子、粗心大意或丢三落四的孩子，都可以从这个故事里获得力量。

● 入园的故事　/120

　　故事里有美丽温情的想象，也有和现实之间若有若无的隐喻，为新入园的孩子在家与幼儿园之间架起一座小小的桥，帮助他们勇敢地走向新的环境。

● 三颗宝石　　/123

　　丽莉老师为孩子们编了一段美丽动人的前世缘，为孩子们呈现一个大的图景，展开他们未来的路。相信每一位听到这个故事的孩子，都会被深深地触动，从而和陌生的同学建立起内心的联结。

● 小蚂蚁和小星星的故事　　/127

　　每个孩子成长中都会遭遇不快与挫折，成年人需悉心地体察孩子的心境。一个温馨的小故事，就足以告慰孩子敏感的心。

● 森林里的小路　　/129

　　故事让孩子真正脱离对妈妈的依赖，靠着自己的内心力量来行走。父母给自己孩子编的故事，好比母乳，是为孩子量身定制的，最适合这一个孩子。

● 月亮婆婆的护身符　　/132

　　为什么妈妈需要亲自为孩子编故事？这篇故事又是一个绝妙的佐证！它让孩子本能地感受到身置安全的暖流中，没有什么可以伤害自己。

● 马车为什么一动不动　　/135

　　儿子是一个充满好奇心的孩子，他的很多问题问得都很好，很睿智。但是在我没法回答的时候，我希望他自己能够去想，因为成人世界中有的东西也没有"为什么"。

● 三只小兔　　/138

　　在经典童话里，三是非常重要的一个数字。三只兔子，三个障碍，每一个障碍都有一个权威和智慧的形象出现。一个意向和韵律都很好的故事，给孩子们独立面对外界环境的勇气和能量。

● 奶精灵的故事　　/141

　　不吃妈妈的奶，就像孩子会走了、会跑了、会自己洗手了、能帮妈妈一起包包子了一样，是成长过程中一件值得祝贺的事情。这故事不仅是写给母乳宝宝的，更是写给母乳妈妈的。

● 小鳄鱼的眼泪　　/147

　　孩子自己会运用隐喻来表达内心的感受，甚至进行自我疗愈。五岁男孩念念的这篇创作恰巧佐证了讲故事的巨大功用！

【附】焦虑，如影随形；故事，治愈的良药　/151

青春期故事小屋

● **樵夫的女儿**　/159

解读这个故事，就是在解读青春期。青春期孩子开始与父母分离、开始唤醒对外在广泛世界的向往，开始对真理、智性知识的追求……这样的故事能够给我们孩子的生长提供最好的养分。

● **公主和花儿**　/173

这是一个为青春期女孩编撰的绝妙故事！在孩子告别童年的黄金时代、开启智性思考、成为独立自由个体的旅程中，它能给孩子内心的支持与力量。

● **国王和玫瑰花系列**　/183

为期三天的放飞想象力工作坊活动之一，是我从一本语文教科书里随便摘取一些词语，学员们各自编成一个故事，故事里要用到所有挑选出来的词语。

● **背包**　/189

这个故事很适合讲给青春期的孩子听。少年啊，无论走到哪里，父母和家的味道都能一直陪伴你。

● **追梦少年**　/192

这个故事既是给"叛逆期"孩子听的，又是给父母听的。希望孩子能够明白父母对他们的支持与包容，也希望父母能听到孩子的内心去闯荡的冲动，用爱和接纳帮助孩子自我成长。

● **乌岭山传奇**　/195

青春期的向往就是这样不合常理、不可理喻，却又不可阻挡。而青春期的过程又的确是披荆斩棘，甚至疾风暴雨，但这经历却弥足珍贵，值得勇往直前。

- 金发公主 /198

　　这不是一个惯常的王子和公主的爱情故事，他俩没有姻缘，只有使命，互相成就灵魂中的高尚（金发），建设各自的王国。

- 寻找开心果 /206

　　这是一篇完美的睡前故事，堪称睡前故事的模板！孩子带着如此美丽香甜的画面入睡，连梦里都会乐开花啊！

- 星星摇篮 /211

　　这是一篇美妙的睡前故事，也是一篇治愈系故事。故事中的小怪物为了实现心愿勇往直前，遇到问题自己想办法，而妈妈一直都在身边帮助他、支持他，从不指手画脚、说教引导。

- 音乐盒 /214

　　美丽而温馨的结局等着我们的小听众！带着这样甜美的画面入睡，孩子们会对生命充满热爱。

- 咕噜咕噜 /218

　　咕噜咕噜，小白兔把胡萝卜滚回了家，孩子也睡着了。不需要什么特殊的教育意义，这就是睡前故事，谁都可以编。

- 星星宝贝 /220

　　星星宝贝就是爱的化身，陪伴人类宝宝度过一天又一天。孩子们能够本能地从故事中感受到与广袤太空的连接，从中得到滋养和力量。

- 兔子把胡萝卜给牛伯伯吃 /222

　　这么复杂的故事，难得一位六岁的孩子讲得这么清楚！孩子的智慧高于成人，不费吹灰之力信手拈来，还讲得生动有趣。

自然故事小屋

● 四季仙子 /226

编故事的起因是一个七岁男孩不肯和朋友分享。最后，这个故事变成一个多用途故事：治愈系故事、自然故事、气质类型故事。

● 爱捉迷藏的小雨滴 /231

下雨天在花园里讲一个小雨滴的故事……自然故事就是这样简单、可爱、温馨、有趣，把自然现象拟人化，用孩子的眼光看大自然，这样的故事让孩子对自然怀有爱与崇敬，本能地要去爱惜和保护身边的一切。

● 小种子 /232

成长是一件非常不容易的事情。只要我们理解他、呵护他、相信他，每一株胚芽都能带着内心的勇气长成健壮的小苗苗。

● 迪迪的旅行 /237

一粒小水滴可以是有生命力的，它也可以慢慢长大，变得更有力量，更有能力去爱世间万物。没有高谈阔论的说教，只有美好温馨的描述，正如迪迪这滴小小的露珠，滋润着孩子的心。

● 小木头、小火苗和小水花 /241

学龄前的"为什么"好比一张张如饥似渴的小嘴儿，对世界万物都兴致勃勃。这些"为什么"所需要吃到的，是香甜、柔和、美好的自然故事。

失败故事小屋

● 小汽车上幼儿园 /246

这个故事的隐喻用得特别好，给孩子编故事就是要选孩子们喜欢的。这个故事已经有治愈作用了，但一般来说如果想要一个故事有更广泛性的治愈意义的话，不能把行为直接编进去。

- 北极熊搬家　/248

　　如果讲故事的时候，语速太快，情节太多，就会导致听故事的人心跳、呼吸全都不能舒缓下来，甚至会越来越兴奋。睡前故事是不能用这样的语气、语速和语调的。

- 小白兔和胡萝卜　/251

　　为什么睡前故事孩子越听越精神？睡前故事，角色不要太多，情节不要太复杂，更不要前言不搭后语，否则孩子听了会难以入睡。

- 肚子里有鱼　/253

　　这个故事和我编的《牙仙子传奇》的差别在于，牙仙子是经典传说里美好的想象，是孩子身体之外的存在；但"肚子里有鱼"直接侵犯了孩子的身体，会给孩子带来恐惧。所以在编故事的时候。切记不应该编小鱼骗孩子。

小巫讲座问答集锦

在孩子几岁的时候，可以开始给他编故事？　/258
给孩子讲睡前故事，他反而不睡觉，怎么办？　/258
讲着讲着，我自己睡着了，这样行吗？　/259
孩子不爱听我给他讲的故事，为什么？　/260
像《小红帽》这样的经典故事，适合几岁的孩子？　/261
对一些故事内容孩子就是不信，怎么办？　/262
孩子对讲故事总有一些要求，该怎么办？　/262
我总是记不住故事，可以看着讲吗？　/264
我总是想不出讲什么故事好，怎么办？　/265
我担心编不好故事，会给孩子带来负面的影响，怎么办？　/265
在自己编故事和读绘本之间，该如何选择？　/267

一个长长的引子

讲故事的魔力

说故事的书，自然要从故事开始。下边这个故事，是《小巫教你讲故事》大型讲座的标配开场。这样的开场，不仅是把故事讲给观众听，同时也是直观地展示如何讲故事，让观众亲身体验听故事的效果。

我会让全场关掉所有灯光，观众坐在黑暗里，我在台上，点燃眼前的一支小蜡烛，等待观众完全安静下来后，娓娓道来。

公主和印第安女人

记录：南希·梅陇[①]
改写/讲述：小巫

从前，有一位公主，她和她的妈妈，也就是女王，住在一座美丽豪华的宫殿里。公主喜欢指着那座宫殿告诉她的朋友："这儿就是我妈妈统治的地方！"

女王很疼爱公主，她对公主说："亲爱的孩子，你可以到处走一走。但是，你不可以到地下室去。"

公主高高兴兴地答应了女王："谢谢你，妈妈！"话音还没落地，公主就顺着长长、长长、长长的螺旋式楼梯往地下室走。

走着走着，她突然听到有人在呻吟。这是谁呀，发出这样痛苦的呻吟？她想自己必须违背妈妈的意旨去帮助这个可怜的人。

于是公主喊起来："喂，是谁在那里呀？我可以帮助你吗？"

---

① 作者 Nancy Mellon 及出版社已收费授权给小巫全文引用该故事。

一个长长的引子

那个声音回答道:"请救救我,请帮助我!"

"嗯,我会尽我的所能,我……我要回到上面的宫殿里去,看看我能做什么。"

公主的声音惊动了女王。

"我的女儿,你在哪里呀?"女王呼唤。

"妈妈,我……我在楼下,在地下室。但是,我是为了这个善良的、孤独的人才去地下室的!"公主慌里慌张地答道。

女王说:"我们待会儿再讨论该给你实行什么样的惩罚吧。现在,你必须去一个印第安女人那里,她会给所有不知所措而又抗命不从的公主提供有智慧的建议。她是真实的,不会伤害你。"

于是,公主穿过黑暗森林的深处。她走过的地方,白雾漫延开,分散开,把路让给她走。最后,她来到一个村落里,找到了那个有智慧的印第安女人。

"我需要你的指引。"公主告诉这个印第安女人,也向她描述了自己是怎样走到地下黑暗的密室里,并听到了向她呼唤的那个灵魂的声音。有智慧的印第安女人同意和她一起去王宫看一看。

"你许了一个非常明智而善良的愿,亲爱的公主。我很高兴在这个充满了贪婪的灵魂的世界上,还有像你这样善良的人生活着。我也不想让这个可怜的灵魂再受苦了。走,咱们一起去试试解救她。"

于是,她们两个人一起安全地穿过了那片黑暗的森林。她们走过的地方,白雾漫延开,分散开,把路让给她们走。

到了宫殿前,公主对印第安女人说:"这儿就是我妈妈统治一切的地方,这就是我们家的宫殿。不过妈妈总是忙来忙去的,忙着女王的那些事儿。"

公主和印第安女人告诉女王,她们想做什么。女王很慷慨地同意了，让她们去试一试："去吧。"然后女王又匆匆忙忙地去办理她的公事了。

"我们必须去解救那个灵魂。"公主和有智慧的印第安女人再次走下了那长长、长长、长长的螺旋式楼梯，来到了地下的密室里。

"请帮助我！请解救我！"那个灵魂深深地叹息着，呻吟着……

印第安女人问了她几个问题，听她讲自己的来历，然后告诉公主："她曾经属于一个非常善良的部落，但是其他部落的人来了，强行把她送进了这个密室，还毁灭了一切证据。从此，她被关进了这间密室，终日与老鼠为伴，直到她死去。像很多人一样，她曾被严厉地审判，这种事情会在我们任何人身上发生。公主，请你来帮助我解救这个可怜的游荡的灵魂吧。"

于是，公主和印第安女人一起祈祷，吟诵。

"去吧，你已经得到了恩赐。去吧，飞到群星那里，它们不够谦卑，去吧，为它们行善。那里有一颗五彩缤纷的星星，是温暖而友善的。不必向我们报恩，就这样飞去吧，去迎接那些星星。"

灵魂从黑暗的密室里出来，走进了光中，飞向了那些星星："谢谢你！谢谢你！"

印第安女人和公主一起走上那长长、长长、长长的螺旋式楼梯，告诉了女王下面发生了什么事情。

印第安女人问女王能否允许公主和她一起回到村落里参加一个欢庆仪式。

"虽然我们这个村子很小，但是离您还是挺近的。"印第安女人告诉女王，"我们要开一个盛大的晚会，戴上五颜六色的花环，穿上色彩鲜艳的服装，让公主和我们一起欢唱，一起跳舞。"

一个长长的引子

女王同意让公主和印第安女人一起去。印第安女人带着公主再次穿过幽暗的森林,她们走过的地方,白雾漫延开,分散开,把路让给她们走。

当天晚上,村子里举行了盛大的庆祝晚会,大家欢唱起舞。女王则安静地坐在王宫的城堡上遥望。

故事讲完后,全场一片寂静,我等待片刻,吹熄蜡烛,在黑暗里再静坐片刻,再示意工作人员缓缓地把场灯打开。

无一例外,每次开灯后,我都能看到已经睡着了的观众。的确,**听故事的效用之一就是催眠,让听众进入一种梦幻状态,这样他们才能运用到某些内在天赋。**

《小巫教你讲故事》[①]2012年出版以来,到2014年8月,"小巫教你讲故事"大型讲座在广州、大连、杭州、东莞、上海、北京、昆明等七座城市举办过,每场来宾400~700人,粗略估算,这个故事已经给超过3 500位听众讲过了。

每次开灯后,我都会问大家:有人愿意谈谈听了故事的感想吗?不少听众积极举手发言:

- 故事讲到后面我都快睡着了。如果我是孩子,从讲故事的声音里会感受到非常舒适。这个故事是善良的,像一粒种子种到内心里。
- 我刚才听故事的时候,感觉已经融入故事里了,感觉自己就是那个小女孩,特别是上下楼梯的时候,越往下走越黑,我心里很害怕。印第安女人出现后,我很想看看她长什么样子,但我看不到她,而其他的画面我都看得特别清楚。

---

① 该书的修订版《被故事滋养的童年:小巫教你给孩子讲故事》(以下简称《被故事滋养的童年》),已由北京理工大学出版社于2023年6月出版。

- 小巫老师每讲一句话，我脑子里都会浮现出画面，能感受到你想表达的感情，这个是我们平常给孩子讲故事时没有太注意到的。我们的语速和表达的方式，应该尽量让孩子产生更强的画面感。可能平时我们更关注说教层面吧。

大部分听众反馈时都提到，听故事的时候，脑海里会浮现出画面。于是我请他们拿出事前发给他们的白纸和画笔，按照自己内心浮现的画面，把故事中的印第安女人画出来。

有些听众会不好意思地说：我不会画画。我会告诉他们：没有关系，你不必是画家，咱们今天也不是绘画比赛，事后没有评比，不排名次，也不颁奖。

于是所有人都安静地、认真地画起来。我在他们中间来回走动，时时有人把画拿给我看，问这样画行不行、对不对。我会告诉他们，画画没有对错，心里有什么，笔下就画什么。

大家都画完了之后，我会请他们把自己的画与左邻右舍交换一下，看看有没有画得一模一样的。

几千名听众，没有任何两个人画出雷同的形象。

于是我感叹：现在场内有 600 个人，画出了 600 幅形态各异的印第安女人，每个人画的，都是听了我讲的故事后，自己脑海中涌现的形象，而且是 600 种不一样的形象！

七场讲座下来，就是超过 3 500 幅不同的画面！

这时我会问大家：你们知道现在会场里，这 600 幅画，是什么吗？

——600 幅原创啊！

然后我在大屏幕上播放几幅我在网上搜到的印第安女人的画像，以及我自己创作的印第安篝火晚会绘画，再问大家：如果刚才，我在讲故事的过程中，给你们放着这些画面，你们还会画出 600 个不一样的印第安女人吗？

一个长长的引子

——不会了。

在那种情况下,会场里有多少幅原创呢?

——只有屏幕上那一幅了。

这就是讲故事的魔力!听了故事,大家发自内心创造出几百幅迥异的画面来。

这时我会抛给大家一个问题:知道我为什么没有让你们画公主吗?

无一例外,这个问题会引起哄堂大笑,大家纷纷说:因为我们已经看了太多的迪士尼公主形象,思维定式,画不出原创了!

接下来的环节,我把《公主和印第安女人》这个故事的文字版投放到大屏幕上,问大家有什么感受。

- 文字很生硬。看文字,知道大概的意思,自己内心也会形成一幅图画,但是没有想得那么清楚,没有那种形象在里面,没有那么形象地走着螺旋梯呀,或者是白雾都漫延开,把路让给她们走,没有那么细致。听完故事,知道那个细节,我基本上可以把它复述出来,但是如果让我念了文字,就不一定能复述出来。
- 文字很死板,没有画面感。讲话的语气和语言跟书面是不一样的,而且浮现在脑海中的画面也会不一样。
- 我觉得我平时讲故事,好像有阅读障碍一样,一直在看文字。当我闭上眼睛后,眼睛解放了,我的思想就活起来了。我很享受非常美丽的画面感。
- 我觉得看故事,脑海里看到的就是文字,如果是听故事,脑海里会有一幅一幅的图画。

大家一致反映:文字是死板的,而讲故事的声音是充满生命力的,听故事的效果远远超过看文字。

一个原因是：我们的听觉远比阅读能力发达。人类并没有阅读的基因，更没有专门为阅读而设置的器官（虽然阅读会用到眼睛，但眼睛却并非专门为阅读而设置的器官），听觉则是我们身体上的专用感官之一；而且，眼睛只能看到前方，耳朵却能听到四面八方；眼睛闭上就看不见了，耳朵却很难被彻底关闭；盲人能够通过听觉接受完整的教育，而聋哑人则极难进行智性学习、极难达到与常人比肩的智力水平。仅从生理结构来看，听觉的地位就高于视觉。

另外一个原因则与人类的思维方式有关。思维是否有赖于语言和文字？这是科学家与哲学家一直在研究和论证的一个话题。爱因斯坦说过，语言和文字在他的思维中并不占有一席之地，他的思维元素是图像。德国哲学大师叔本华说：一旦落实到文字，思考就死亡了。苏联心理学天才维果斯基则道出这枚硬币的另外一面：一旦带来思想，文字就死亡了。

而从心魂中流淌出来的故事，则是灵动的、活跃的、有生命力的，是一种具象的旅程，与抽象的思维大相径庭；听故事的时候，我们心中会浮现一幅幅图像画面，并且有一种期待、一种渴望：下一步将要发生什么？

有些观众反映：阅读的时候会忽略掉故事中的细节，有时候干脆大段略过，直接看结尾。但听故事则不能跳过去，而是必须跟着讲故事的人，一步一步地走，不会错过任何细节。

于是我再次问大家：刚才这个故事中，有没有让你们印象深刻的细节？

——白雾漫延开、分散开，把路让给她走。

重复了几次？

——三次。

还有没有哪个细节？

——螺旋式的楼梯。

重复了几次？

——楼梯说了三次，还有豪华的宫殿。

而阅读的时候，这些细节或许并不会给我们留下深刻印象，甚至可能忽略过去、视而不见。

在讲座中，我用这种非常直观的方式，讲明白了一个道理：**为什么主张父母给孩子讲故事，而不是念绘本，更不是让孩子直接阅读**。虽然《被故事滋养的童年》这本书里花费了很大篇幅来论述这个道理，但讲座的这些环节却比文字更直观、更有说服力。

🍂 听故事的好处

诚然，听故事有一些显而易见的好处。有时候，父母们难免有些着急，希望每件事都有立竿见影的好处。

那么我们先来总结一下听故事那些显而易见的好处吧。

> 刚才听小巫老师讲故事，脑子里充满了想象，不但是对当时人物的想象，对场景的想象，而且对它后面将会发生什么事情也有不断的想象，然后不断不断地变得明晰，特别是那个漫延开的白雾，我就觉得特别浪漫，特别好。这样的听，与看着文字、看着图画相比，想象余地也非常非常的大，非常好！

这位观众说得很清楚：听故事动用了想象力。

我也问大家：刚才你们画画运用了什么能力呢？

想象力。

我接着问：大家是不是都希望孩子富有想象力？有没有不希望的，请举下手？

当然不会有人举手。

想象力是我们人类的 超能力，却并非我们看得见摸得着的具体事物。我们谁都没有见过想象力长什么模样，我也不知道哪台精密科学仪器可以测量出想象力。但是想象力会有一些具体的呈现，比如文学、艺术、音乐、建筑、科技，比如故事讲座上观众画的几千幅原创。

人类是如何发挥想象力和创造力的？从最简单最基本的经验来说，并不是阅读文字，也不是看现成的画面，文字是别人写的，现成的画是别人画的，那都不是自己的。而在每场讲座中，观众画的几百幅印第安女人，则是属于每个人自己的创作。

听故事的第一个好处就是释放孩子的想象力。市面上有人论述如何"开发"或者"培养"孩子的想象力，事实上，孩子的想象力是与生俱来的，我们"开发"不了，更不可能"培养"，唯一能做的，就是保护和释放孩子的想象力，不去破坏和泯灭它。"希望和理想皆脱胎于想象力。"（Rudolf Meyer）

特别是关灯讲故事，一片漆黑，只有一束烛光。为什么用蜡烛呢？因为日常的灯光是固定的光线，也就是我们常说的死板、呆滞、没有活力的光线，而蜡烛的火苗是跳跃的，它是活的光，会跳动、会变幻。在黑暗中，伴随着微弱而闪烁的烛光，想象力的翅膀张开了，可以任意翱翔，飞到宇宙的任何一个角落，我们可以想象任何一种场景、任何一幅画面，好像迈入了一个神奇的世界。

阅读文字或者看画面，仅仅动用了眼睛这一个器官，把孩子卷入脑的个别部分；有效的阅读，还需要运用另外的感官：运动觉、平衡觉、语言觉和思想觉，需要与世界产生离斥感，以接收非自然的身外"异物"——文字；这些能力在幼小的孩子那里尚未发育成熟，不可提前透支。

而听故事的时候，孩子则动用了多种器官，全副身心亲临其境，整个人都沉浸在故事场景里面。"听故事的时候，脑里有 23 个区域积极活动，将听觉接收的信号转化为画面，称为'内心图景'，这就是人类思维的基础。"①

刚才说到，有观众反映说，阅读时会跳过一些细节，而听故事则必须跟着讲述者走，需要专注地倾听。经验告诉我们，班上最调皮的小男孩，甚至是被成年人判定为"多动症"的孩子，平常很难坐下来听老师讲课，但只要说是讲故事，他会第一个搬着小凳子过来，还帮着维持秩序，随后老老实实地坐在那里，瞪着眼睛从头听到尾。

听故事的第二个好处是增强孩子的专注力。给孩子讲故事远远强于对孩子发号施令："坐好了！别动！认真听讲！看着老师！看书！别捅旁边的小朋友！"给孩子讲故事吧！我亲见过，调皮的孩子都特别喜欢听故事。

每场讲座讲完《公主和印第安女人》之后，我都会问大家：有没有人已经可以把这个故事复述下来？

每场都会有几名家长举手。这和我自己的经历一样，如果讲故事给我听，我基本会马上记住这个故事，但是如果念文字，则不会有这么好的记性。

这也是听故事的好处之一：增强记忆力。这跟死记硬背不一样，这种记忆是有生命力的，是鲜活的，带着养分的，属于高质量的记忆。生硬的背诵，好比往人的身体里塞石头，死沉死沉的，不仅没有养分，甚至会带来伤害，我们都会本能地抗拒。而故事的听众则在梦幻的氛围里，跟着讲述者进入场景，亲临其境，运用多方位感官和能力，记住了所有的情节和画面，好比吃到了味道鲜美、营养丰富的"面包"。我们都希望孩子具备良好的记忆力，那么记忆的内容和方式，就很值得注重哦！

观众们还发现了听故事的另外一个显而易见的好处：促进孩子语言能力的发展。

---

① 见《被故事滋养的童年》北京理工大学出版社2023年版，第7页。

很多时候，我们误解了孩子的语言发展过程，特别着急让孩子赶紧认字、赶紧自主阅读、赶紧学写字、看一幅画并照着描下来。其实没有必要这么着急，孩子早认字的弊端很多，最大的弊端之一就是遏制了想象力。

儿童发挥想象力，需要的是**无形的素材**，孩子运用幻想这种超能力来给素材进行塑形，创作出独一无二的**内心图景**。文字则是固定的有形之物，属于纯粹的智性范畴，"智性对孩子的生命产生破坏和枯萎的作用，而幻想赋予活力、激发生命"（鲁道夫·史泰纳）。

无论是科学调查，还是身边的实例，都佐证了一个事实：听多了故事，孩子会拥有丰富的词汇量和表达能力，上学后阅读能力会突飞猛进，超越那些很早识字的孩子，而写作能力和叙述能力也都会很强。

我的朋友殷智贤就是一个例子。她和妹妹在七岁上小学之前大字不识一个，只是跟着奶奶听了一肚子的故事，目前姐妹俩各自担任畅销杂志的主编，文笔优美，才气过人。

2012年，我带着女儿去纽约度假，住在我的美国哥哥艾迪家。艾迪一直以来都是我的人生导师，我们相识时，我才19岁，纯粹的黄毛丫头，总是在聆听他的教诲。《给孩子自由》里写过当年为了参加他的婚礼，我放下尚未离乳的儿子去美国一周。

艾迪是50岁老来得女，他女儿跟我女儿差不多大，很金贵很宝贝，每天晚上，他都会给女儿念绘本。我们在他家住了两星期，我女儿跟他女儿睡一张床。一天晚上轮到我值班，睡前陪她们，艾迪的女儿要念书，我说我们家是关灯讲故事的，所以那天不念书了，关了灯给她们讲故事，讲的是中国的一则寓言，说一个人懒，懒到什么地步？脖子上挂着饼，却给饿死了。我把这个故事发挥了，把这个人从出生到大是怎么成长的，为什么变得那么懒，细细讲了一遍。这个故事讲了二十多分钟，最后终于讲到他挂着大饼却还是饿死了，两个小姑娘听得津津有味。

连续几天晚上我都给她们讲故事。艾迪的夫人告诉我，女儿在阅读方面略晚于其他孩子。在纽约这种大城市里，孩子们之间的竞争也蛮激烈的，也盛行"鸡娃"和攀比之风，大家都虎视眈眈地互相盯着：你家孩子几岁开始念书的？你家孩子上学的时候阅读水平已经达到几级了？艾迪的女儿相比身边同龄人来说阅读有一点滞后，虽然从正常发展的角度来看已经很好啦，只是大家的要求太高了。

我跟艾迪说："你给她讲故事吧，先不要念绘本了。"艾迪将信将疑："哦，时隔几十年，黄毛丫头开始教导我啦！"我就给他简单地说了一下，要想提高孩子的阅读能力，最佳方式不是念绘本，而是讲故事。当时正好《小巫教你讲故事》刚出版，出发前我只拿到两本样书，带了一本去纽约，艾迪也看见了，我的书他都有，虽然他不懂中文。

一个多月之后，我丈夫也去纽约出差，找艾迪吃饭见面。回来后说，有一个莫名其妙的口信："艾迪说让我告诉你，你说的是对的！他说你跟他说了什么讲故事、什么阅读。"丈夫说他没弄明白这个口信，艾迪只是说"小巫说的是对的"。我明白这个口信的意思，艾迪已经尝到甜头了，看到了讲故事是可以促进孩子阅读能力的，并且很短时间内就已经有成效了。

即便暂且不提什么心灵滋养，只说功利性的收获，就能看到：要提高孩子词汇量、语言能力和阅读水平，最最有效的方式还真不是让他早早地看书识字，而是给他讲故事。

我丈夫的双胞胎哥哥托尼也是个讲故事高手，他们哥俩都特别会讲故事。托尼有个独生子，也是特别金贵的，每天给儿子讲故事。有一次，他们全家从新西兰南岛坐渡轮回北岛的家，那天库克海峡狂风巨浪，大家都晕船，孩子也晕，特别难受，哭闹得厉害，托尼就开始给儿子讲故事，讲着讲着，孩子就安静下来了。等船快靠岸时，他们一抬头，发现全船人都在听他讲故事！

我跟这位大伯子要过好多次他的故事，他总是说讲完就忘了，总也不给我交稿,都好多年了。几年前我跟他说过,你儿子将来上学后,阅读和写作能力会超过同龄孩子的,他还将信将疑。后来,孩子上了小学之后,果真印证了我的"预言"。

关于故事促进儿童语言文字能力,在《被故事滋养的童年》第10页"故事是开发孩子智力的最佳途径"里,有我女儿班的一个生动事例,推荐大家参阅。

本书也有很好的例证:书里收录了两个学龄前男孩编撰的故事:五岁的念念创作的《小鳄鱼的眼泪》(147页),六岁的米创作的《兔子把胡萝卜给牛伯伯吃》(222页)。念念妈晓静在"创作过程"最后一段说:

> 虽然看了《小巫教你讲故事》,在小巫老师的故事讲座和"小巫艺术养育"课程中我亲身体验到了故事的魔力,我们家也开始了每天的睡前故事,但是每每看到谁谁谁家娃娃会自己选书看书对书爱不释手如数家珍的时候,我就羡慕得不行,恨不得把儿子回炉重造。
>
> 这一切的焦虑、担心、害怕都在听完这个故事之后慢慢消失了,仅仅是每天晚上睡前听故事,太多的时候,我故事没讲完他已经睡着了,可是这并不妨碍故事中那美丽的图景在他内心的绽放和语言组织表达能力的发展,不然他怎么会自己编出这样一个美好的故事呢?

故事是母乳,故事是种子

然而,**讲故事的真正好处,具有更加深层的意义。**

一个长长的引子

有的妈妈说：它在孩子心里埋了一颗钻石，他需要的时候就会拿出来。

也有的妈妈说：像在孩子心里种下了一粒种子。

这种只可意会不可言传的意义，我们称为 心灵的母乳 。讲一个好故事，比给孩子看多少动画片、讲多少道理、进行多少品德教育都拥有更深入、更持久、更见效的作用和意义。故事是活性物质，就像母乳中的免疫因子一样，在宝宝的身体里存活很多年，并保护他一生[1]。

鲁道夫·史泰纳博士说，童话与故事是用想象力来表达自然的秘密和生命的法则，这些法则不应该用干巴巴的抽象概念带给孩子，而是应该用符号和隐喻，通过生动的画面，输送进孩子的心魂，让孩子们感受到并总结出其内蕴的生命智慧。让孩子用全副身心回应故事，唤起孩子情感层面的反应，脑随心走，从而理解其含义。

史泰纳博士还说，在学龄前，童话和故事的唯一目标是给孩子带来愉悦、欢快和滋补。小学阶段的孩子，则需要看到值得模仿的生命图像。

经常会有家长质疑：总是给孩子美好的图景，尤其是那些虚无缥缈的公主啊、仙子啊什么的，会不会导致孩子与现实世界脱节，变得弱不禁风、不能适应现实社会？

回应这样的质疑，讲多少理论，都不如直接的表演。因此，在每场讲座里，我都会请一位观众与我配合，我演妈妈，她演孩子，用周末一天的生活内容，表现出两种截然相反的养育方式：

第一种，流行而现实的养育方式。 孩子从起床开始，就安排满了各种学习内容和兴趣班，耳边充斥着妈妈的各种指令、说教、纠正；到了晚

---

[1] 关于故事滋养孩子的心灵，《被故事滋养的童年》第6页有专门的篇幅论述，推荐读者参阅。

上,孩子不肯刷牙,不听妈妈讲道理,妈妈威逼利诱,威胁孩子第二天不能参加小朋友的生日会,孩子终于崩溃了。

第二种,无条件养育。孩子提出去户外(山里或者海边)野炊,妈妈欣然同意,娘俩提着小篮子,坐在河边晒太阳。孩子捡起小石子、小松果、树枝、落叶,做出各种想象,妈妈都跟随着她。回家后,孩子不肯刷牙,妈妈给孩子讲《牙仙子传奇》,孩子听后心甘情愿地去刷牙;临睡,妈妈给孩子讲《小天使来人间》的故事,有时还给孩子唱一支动听的歌曲。

戏剧表演结束后,我会问在场的观众:你们觉得哪种养育方式下成长起来的孩子,会具备内心力量?

几千名观众,无一例外,都说:第二种。

很多家长都认为应该把"现实"世界呈现给孩子,但是,什么是"现实"呢?我们有什么资格来确定,我们心目中的"现实",就是世界真相呢?

鲁迅先生写过一个小故事:

> 一户人家生了一个男孩,满月的时候,抱出来给客人看,大概是想得一点好兆头。一个说:"这孩子将来要发财的。"他于是得到一番感谢。一个说:"这孩子将来是要死的。"他于是得到一顿大家合力的痛打。

每个孩子出生之后,一切都是未知,只有一件事情是确定无疑的:那就是他将来肯定会死去。从出生那一刻开始,我们就在走向死亡。我们这一生都在与死亡同行,死亡是生命的背景音乐,而死亡力量活跃的地方,生命才会绽放、蓬勃,如果这个世界上没有黑暗,也就没有光明,而有太阳的地方也会有阴影,光明与黑暗相辅相成,阴阳既对立又相依,这是东西方相通的古老智慧。

"现实"社会的确有很多黑暗，就因为如此，我们更要把美好带给孩子。为孩子提供美好的生长环境，不是为了消除不美好，而是让他们今后有力量面对不美好；当他与死亡力量同行时，美好令他拥有生命的力量。**如果孩子的世界里，只有所谓的"现实"，没有真实的美好，那么孩子就会失去生存的勇气。**为什么那么多年幼的孩子自杀？大家指责应试教育制度、归罪于学业压力，其实并非如此。内心有力量的孩子，不会被外在的学习压力击垮。那些自杀的孩子，是因为看不到世界的美好，严重缺乏爱和温暖，对人生彻底绝望，才决定回到天堂继续当天使。

我们的孩子，在当今电子产品横行的世界里，过早地接触了黑暗的力量（童话故事里的大灰狼形象）。电子产品，以及一切所谓先进科技，带给人间的不都是光明，而是伴随着黑暗面，但人们往往会忽视这些黑暗面。这是一个普世的道理——科技每发达一步，人伦就会退让一步。有些软件开发商针对儿童研发出 App，却并没有考虑这些东西带给孩子的是好处还是坏处。从商业利益角度出发，一门心思满足人们对舒适生活的追求，往往会无视这些追求带来的副作用，甚至伤害的后果，更会忽略科研本身应该承担起的社会责任。

把电子产品带给年幼的孩子，孩子就会"中毒"的，**美好的故事就是孩子心灵的解毒药。**

故事满足的是孩子心灵的饥渴，但是其消化过程却是我们无法窥见的。如果我带了几百只苹果去讲座现场，每人一只苹果吃下去，每个人吸收的养分是不一样的，600 个观众就会有 600 种不同的消化和吸收，所以才会产生 600 幅不同的原创画面。

孩子的消化过程也是隐蔽的，我们不能粗暴地侵犯它，也就是说，**绝对不能拷问孩子故事的意义！**否则，相当于让孩子把吃下去的东西再吐出来，还要吐得符合我们的标准，这会让孩子生病的。

养育的最基本原则之一就是信任。 我们应该相信孩子会从环境中——包括我们提供的故事中——汲取恰当的养分，相信生命的成长历程。

保护内在国王的生命

在一场讲座里，有一位妈妈站起来提问：

> 我有四点疑问。一是，故事里有两次，小女孩向同伴和印第安女人炫耀妈妈的宫殿，小孩子会学的，这样是否对？二是，白雾轻轻地为她让开了道路，为什么要让开，是因为小女孩是公主还是因为天气原因？三是，妈妈说不可以进入地下室，但是小女孩违背了诺言进入了地下室，这样小女孩会受到什么惩罚？四是，小公主是否真的会放下自己的身段和平民一起跳舞？

这位妈妈之所以有这些问题，是因为她过于唯物地看待这个故事，把所有的情节都当作实际发生的物理性、物质性、生理性的事情了，而故事恰恰不能这样来诠释。

这个故事是一个治愈系故事，充满了深刻的寓意，作者是一群14岁的少女，孩子们基于她们人生的现有发展阶段进行创作，因此编故事的时候并非用头脑设计角色、物品和情节都各自代表什么象征意义，而是完全无意识的心灵表达。

青春期前的儿童并没有纯粹的智性活动，青春期到来，童年期的灵性力量退入内心深处，纯粹的智性被唤醒，像一株植物一样绽放出来，这是一股势不可挡的力量。这对应了久远以前的人类发展阶段：在"童年期"，人类仍与灵界紧密相连，身体和心魂非常柔软，可塑性极强，深受环境的影响，没有很强的个性划分，而是听从"神"的指引；随着进化，人类身体逐渐坚固，开始个性分化，灵界隐退，人类必须依靠独立的思考来继续自身的发展。

青春期的孩子会经历一场脱胎换骨的蜕变，仿佛从灵性世界的庇护怀抱里被推出来一样，独自站立在纯粹的物质与智性世界里。越是智性的东西，离黑暗力量越近，风险也越大。故事里有螺旋式的楼梯，通往幽暗的密室。尽管答应了妈妈不下去，公主依然身不由己地沿着楼梯螺旋式地往下走，越走越黑暗。

也许你会问：难道不能阻止她下去吗？现实中的确有很多父母过度保护孩子，即便在青春期，也试图让孩子继续生活在父母的羽翼下。然而，阻止公主往下走，就等于阻止了她的成长，这不是爱，而是害孩子。往"下"走，是每个人必然的经历；能否再"上来"，则靠每个人内心的力量，这是每个生命都必须承担的风险。

公主是什么？王国是什么？很多人是这样理解童话的：童话里的金子就是实实在在的财力，国王就是一个有钱的老头子，王子就是一个高富帅，公主就是一个白富美，都是富二代。他们有花不完的金子，买得起豪宅、名车、爱马仕，可以过上荣华富贵的日子，时不时还闹点儿绯闻。

我们不能这样唯物地理解童话故事。**每个人都有一个内在的王国，这是每一个孩子与生俱来的内在世界。**王国至高无上的统领者是谁呢？是国王。那么**我们内在王国的统治者是谁呢？是"我"自己。**

我们的内在王国怎样才能达到和谐、统一、平衡？我们怎么才能健康地发展、成长、进化？我们的灵魂如何净化才能让我们成为一个高尚的人？答案在于我们如何统治我们的内在王国，作为这个王国至高无上的君主我们是否称职。

国王、王后、王子、公主，代表了我们灵魂中不同的部分，简单说，女性形象代表感性的维度，男性形象代表理性的维度，这两个维度要相匹配，达到统一和谐，我们的内在王国才是富足、稳定、健康发展的。

那些"坏蛋"的形象又是谁呢？有些是我们自身的一部分，有些是接触现实世界的时候，我们敞开了原本纯洁的心灵，一些阴暗的东西趁虚而入，比如"大灰狼"。当邪恶进来的时候，我们该如何把这"大灰狼"驱逐出去呢？

公主顺着螺旋式的楼梯往下走，接触黑暗力量；而往上走，螺旋式的楼梯上站着谁呢？女王，也就是已经净化过的灵魂要达到的最高尚的境界。这是一个非常鲜明的二元对立场景：女王在楼梯顶端，地下最深处是被囚禁的灵魂。公主和女王不是两个人，而是一个人。是什么样的举止才能让她达到这个高尚的境界呢？是善举，是高尚的行为——公主解救了被禁锢的冤魂。

每个孩子需要当上他内在王国称职的国王，灵魂要真正净化。这个净化的过程可能是痛苦的，是蛹化蝶那样的痛苦，要经受委屈、承受磨难。每一次磨难，每一种委屈，每一次挫败，每一场负面体验，都是净化，像火烧和水洗一样的净化过程。他会螺旋式地向上攀登，逐渐成为一个高尚的人，当上他的内在王国响当当的国王。

童话里的金子是什么？金子是我们的灵性财富，而不是可以花的钱。而一个未经过净化的灵魂，会把金子当成什么呢？

最重要的是——养育不当，会杀死孩子内在王国的国王！

《儿童健康指南》作者米凯拉博士在人智医疗培训演讲中指出，人类健康的指征是：精神坚守 Truth（真诚真相真理）、心灵怀有 Love（爱）、行动 Do the Good（行善），儿童健康的指征是 Self-active，Self-directive，Self-thinking（自发活动、自我指引、独立思考）。

遗憾的是：现在的孩子们习惯被动接受外界输入而不能自发行动，父母往往没有认识到——孩子拥有内在王国，需要经过自身的努力而当上国王；成年人往往没有认识到——童年，就是需要大把时间独处、发呆、出神、胡思乱想、游手好闲、不务正业，甚至感觉有些无聊……（想象力和创造力就是这样被留存、被保护、被"开发"的。）

在养育中：

- 如果我们对面前真实的孩子视而不见，忽略他的感受和需求，一味追求满足自己内心的妄念；
- 如果我们过早地给孩子灌输所谓的"知识"，过早地从梦幻世界唤醒他们，让他们过早识字、阅读、学习、接触电子媒介，剥夺他们幻想的空间；
- 如果孩子的生活内容被我们安排得满满的，各种兴趣班、补习班、作业、考试、死记硬背……没有独处、发呆的时光，没有自发尝试各种事情的机会；
- 如果我们不允许孩子表达内心的感受，不允许他们有自己的意见，而是必须听从我们的指令、引导、管教；
- 如果我们不允许孩子拥有梦想，不支持他们追求梦想，而是必须按照我们的设计去生活……

久而久之，孩子会割裂身、心、灵之间的链接，远离真实的自我，内在王国的国王被束缚、被囚禁、得不到滋养，逐渐地，国王就会被饿死、闷死、打死的。

那么，**保护孩子内在国王的生命，是所有父母的终极任务**！

编故事吗？你也行！

从 2012 年到 2015 年我们全家返美定居之前，我将"小巫教你讲故事"大型讲座带给七座城市的观众，开办了五场"小巫教你讲故事"全天工作坊，帮助妈妈们学会如何给孩子编撰故事；2014年我开发了为期五天的"小巫艺术养育"（江湖戏称"黄埔系"）课程，其中有一天就是"小巫教你讲故事"工作坊，到2019年为止，黄埔系课程一共开办过12期；在2011年到2014年连续四年内，我每年为华德福国际夏令营培训助教，其中的艺术活动中，也有讲故事的内容；从2015年至今，我又开发了为期三天的"放飞想象力"工作坊，通过更多的戏剧、言说、游戏和创作活动，深入传授讲故事、编故事的秘籍。

这本书就是这些工作坊和讲座的结晶。**我希望这些故事，尤其是它们的编撰过程，能够帮助读者们学习如何为孩子编故事。**因而我给所有的供稿学员布置下作业，不仅交来故事，也要交来故事的创作过程，这样读者们能够看到一个故事是如何构思、编撰、修改、收到我的点评之后继续修改而逐渐成形的。有些优秀的故事，在最开始的时候不成体统，经过大卸八块、大幅度删改，甚至被"枪毙"后，才死而复生。

所有的故事在收录进此书时，都经过我的再次修整，力图呈现故事的最佳面貌，这样，**您不仅能看到故事怎么编，还可以将这些故事直接讲给孩子听。**

虽然本书收录的"治愈系故事"都是针对某些行为或境况而特地编撰的，但是所有的故事都含有丰富的普遍性养分，除了特殊标明的"青春期故事"之外，基本上每个故事都可以讲给所有年龄的孩子听。

学员们写来的创作过程包含了我的现场指导，在故事后边我又专门写了评述，这些已经展现了故事创作的基本原则，此处就不再集中赘述"如何编故事"，而是放到每一个故事的实践过程里。

我希望在看了这本书后，您能够放松下来，不再觉得编故事是一件多么困难的事情，需要多么高深的学问。我希望您觉得——编故事吗？我也行！

一个长长的引子

【附】原来故事可以这样讲

陈方

在听小巫老师的讲座之前我想象不到故事是可以这样讲的。

小巫老师的讲座并不是在原定时间开始的。时间过了，工作人员上台说明，讲座推迟是因为小巫老师和主办方在协调灯光问题。忍不住腹诽：一个讲座，要多复杂的灯光啊？那时候我还想不到接下来是那样的氛围。

讲座出人意料，是从她讲故事开始的。关掉了所有的灯光，要求所有人关掉手机等电子设备，不许人员进出。黑暗降临了，整个大厅都静谧了。

小巫点燃了一支蜡烛，开始讲故事。烛光跳跃着温暖着，很遥远又感觉很近。小巫娓娓道来，故事里有一位公主和她的妈妈女王，女王说公主所有的房间都可以去，除了地下室。公主当然还是违背了女王的命令，在地下室里遇到了一缕幽魂，幽魂请求帮助，她不得不去找印第安女人帮忙。

故事一开始，我并没有适应这种形式。我像往常一样摆出了一副试图记下每句话每个字的架势，一颗躁动的心无法安静下来，头脑不停地发出各种各样嘈杂的声音。但是不久，我就被故事牢牢地抓住了。漫延开分散开的迷雾，螺旋状向下的楼梯，神秘的幽魂和印第安女人，遥远的星空，俯视的女王，像一幅幅画卷，在我面前徐徐展开。

应该说，我被震撼了。我从来没有想过，原来故事可以这样讲。这种方式古老而悠远，简单而纯粹，就好像一声沉醉的叹息，又好像一个美好的梦境。我好像听到自己小时候的心灵酸涩而饥渴的呼唤。我一定幻想过，妈妈的围裙、爷爷的烟袋里都冒出故事来，可是真的从来没有过。渐渐地，我不再相信那些所谓不现实的东西。在听故事的过程里，那些干涸好像都得到了些许慰藉和滋润，我能感到我的心，慢慢安定下来了。

小巫老师说，每个人都有不同的感受，讲座现场有600人，就有600种不同的感受。她要求我们画出故事中印第安女人的样子，虽然我不会画画，还是按照自己的想象画出来了。我心里想，那一定是一个很睿智很放松的女人。在讲座现场，600幅迥然相异的画，都是属于每个人自己的原创。就这样，我看着自己画的画，虽然很粗糙可是内心很喜欢，而且还有成就感。

通过大家的讨论，小巫老师总结了讲故事的好处：故事能够释放孩子的想象力；故事能够提高专注力，因为听故事的时候必须专注才能解码；故事还能增强记忆力，因为故事是有生命力的，是活的，把有生命的故事给了你，记忆也就有生命了；讲故事还能增加孩子的词汇量，提高阅读能力、语言能力；还能使得亲子关系更加亲密。

但在小巫眼里，她真正关注的是冰山下的7/8：故事是滋养心灵的养分。

小巫的这个故事没有通常故事的那种确定的结局。她说，真正的教育应该是被孩子消化掉，一点都不剩的，而现在的教育是让你把吃进去的全吐出来，还要比较哪个和当初吃进去的最像。通过大家的提问和讨论，小巫一再强调，听故事是潜意识无意识的活动，讲完之后不可以拷问孩子，讲故事应该越讲越进入梦幻的状态，在睡梦中深深地作用于孩子的灵魂，这才是理想的状态。孩子和故事是在一起的，对于孩子，剥离开是一种痛。

她邀请了一个妈妈和她表演了一个即兴小品，说明了两种养育方式的不同。第一种，有闪卡，兴趣班，乖孩子；第二种，妈妈倾听，给孩子讲故事。大笑之余又觉得震惊，的确我们社会的现实中，大多数人不都是第一种养育方式吗？小巫说，谁想要第一种养育方式里的乖孩子？讲座现场没有几个人想要。大家还是喜欢第二种养育方式养出的孩子，认为他精神很丰富，有安全感，和父母有联结，等等。小巫说，写多少话都不如演这样一场戏。

孩子是带着灵魂入世的，如果我们为他展现的是一个冰冷的世界，对孩子是一种惊诧，也是一种打击。故事是一种排毒剂。为什么孩子在青春期会自杀？因为孩子没有希望和理想。希望和理想来自想象力，你杀死了他的想象力也就杀死了他的希望和理想。她说，任何你不信的故事都不要讲给孩子听，任何故事都要身临其境，就好像真的发生过。

第二个故事是"神鸟"的故事，又是在同样的氛围中。这次我只是跟随小巫，感受那只小鸟的渴望、害怕、惊慌、纠结和惊喜。我不再去捕捉每个句子和词语，只是全然地去感受。有些词语我甚至没有听到，因为有一次我听到大家在笑，而我却是在另外一种状态。但是我能感到心灵在听故事的过程中隐隐作痛。我感到这个故事既是给孩子的，也是给大家的，是让人成长和疗愈的。

小巫老师说，讲治愈系故事，不要有期待，只是去播种。

小巫老师的讲座是我听过的很特殊的一课，她很少讲理论，她讲故事，她演小品，她让听讲座的人发言提问，然后讨论，引出自己的观点。讲座一开头，我习惯性地拿出手机想录音，结果发现手机快没电了，拿出充电器还是充不上电。我干脆按照要求关掉手机，小巫讲的故事还是深深地刻入了我的心里，不由得让我感慨：一切都是最好的安排。

等回到家，我也关上灯，抱着孩子上床，给孩子讲故事。曾经有多少个夜晚，我盼着她能早点睡，这样我就可以开始唯一的那么一点属于自己的生活，有时候真是舍不得睡觉。可是现在，我忽然发现，我面对一个广阔的世界，那个世界就像故事里璀璨的星空，等着我和孩子一起去认识去了解。那个世界也是属于我的，我可以在那里与孩子共享。

在我小时候，身边没有电脑、手机，我也没有什么课外书。每天晚上，我只能给自己编故事，以度过那本应该精彩却寂寥的青春时光。那些故事很多，却没有什么色彩。在关上灯的一刹那，我好像又看到了很多颜色，因为除了看到的能触摸到的现实，我真的可以加入小巫老师说的那些很"仙气"的东西。我发现其实我有很多的故事，一直想与人分享，可是我又觉得这些故事好小好卑微。给孩子讲故事让我有了一个小小的听众，这让我一方面很享受，一方面又有种小自私的惴惴感呢。

其实我家宝宝几个月的时候，我就看过《小巫教你讲故事》这本书，还照着书上讲的编过适合她年龄的故事给她听。但是让一个从小没有听过这样讲故事的人去不间断地讲故事，这可能很难。像小巫说的，文字是死的。那本书写得很好，但是我其实没有得到讲故事的精髓，得到其中活的有生命的东西。没有被这种氛围震撼过的人，恐怕也很难讲出那样的故事。

坚持不下去的时候我注意到周围不断推荐的最美的婴儿书

一个长长的引子

单,最好的阅读笔记,我把目光转向了绘本。的确,那时候在我的意识中,重复的故事多么简单,哪有五颜六色的绘本感觉好。我开始给孩子读绘本,我又开始担心孩子错过属于她那个年龄段的好绘本,纠结还有哪本好绘本还没买。

这样的结果是,孩子越睡越晚,让我很头疼。

听完讲座当天晚上,我扔开了绘本,关上了灯,从最简单的故事开始,让自己真正静下来,感受,想象,相信,让呼吸和孩子在同一频率。果然,孩子早睡了。第二天,孩子还是听完一个很简单的故事就很快进入了梦乡。

这太神奇了吧?!原来孩子要的就是这么简单!

我渐渐发现,在育儿路上,最纯粹最自然的反而是最好的。比如母乳,我用吸奶器,我找月嫂,结果我频繁堵奶痛苦得不得了,最后我扔掉了吸奶器,用最自然的按需哺乳,一直坚持到现在。比如画画,我给孩子买彩色的蜡笔,结果发现人家只需要一支黑色的笔和最简单的纸就足够。比如玩具,我给孩子买花花绿绿的各式玩具,结果发现人家需要的只是自然,只是沙和水。再比如现在的讲故事。

他们需要的很简单,却需要我们真正地用心去看见。

可以说,参加小巫的讲座,我更多地了解了自己和孩子。

——一个成长着的,22个月孩子的妈妈[1]

---

[1] 本文作者后来成为小巫艺术养育黄埔二期学员。

【附】牙仙子和小天使的故事

牙仙子传奇

你知道吗？你现在拥有的这些牙，是牙仙子借给你的，只借七年，到你差不多七岁的时候，这些牙就要还给牙仙子啦。不过，不是所有的牙一起还，而是一颗一颗地还，要还几年呢。

到你该把借的牙还给牙仙子的时候，你自己的牙就长出来了。所以，每当有一颗牙离开你，该交还的时候，你都要把它保存好，放在枕头底下，夜里，牙仙子就会来把这颗牙收回去，还会给你留下一个礼物（孩子也许问：什么礼物呀？），这个是惊喜，我不能把牙仙子的秘密透露给你。

所以呀，你一定要好好保护你的牙，不能让它们坏掉，完整无缺的牙，牙仙子才能拿回去的，她会把它种到地上，结更多的牙，借给更多的小朋友。如果你这颗牙坏了，她就种不了了，那其他小朋友就不能有漂亮的牙了……

小巫评注

源自北欧的西方民间传说有"牙仙子"形象，每个孩子在换牙期，都会把掉下来的乳牙包好，放到枕头底下或旁边，牙仙子会在夜里造访，拿走牙，放下小礼物或者现金。根据这个传统，我在一场讲座之前，临时即兴编写了这篇牙仙子传说梗概。

我女儿直到十岁，还对牙仙子坚信不疑；她有一颗龋齿，这颗牙掉了之后，她在包起来的纸上给牙仙子写了一封信："我没有好好刷牙，有一颗牙有小洞洞，如果你用不了，就别拿走了，非常抱歉！"牙仙子给我女儿写了回信，安慰并且感谢她，还是一如既往地留下了礼物。

女儿第二天起来，看到回信，狐疑地问："为什么牙仙子的字迹那么像爸爸的啊？"孩儿爹脑筋急转弯，说牙仙子身体太小了，搬不动人类的笔，只能对爸爸耳语，让爸爸写出来……

小天使来人间

从前呀，有一个美丽善良的小天使，和大天使一起，住在天上。小天使每天在天上过着无忧无虑快乐甜蜜的生活，但是有的时候，她也特别喜欢偷偷跑到云端那里拨开云层往下看。有一天看着看着，她就跑去问大天使："下面那个蓝蓝的球是什么啊？"大天使告诉她："噢，那是地球。"小天使问："我能下去吗？"大天使说："还不到时候。"

过了两天，小天使又跑到云端往下看，隐隐约约地看到地球上有山川、河流，还好像看到了草地、鲜花，非常美丽，她又跑去问大天使："我可以去吗？"大天使说："还不到时候。"

小天使特别想去，她那么想去，有一天晚上，她做了一个梦，在梦里她就真的去了那个蓝蓝的叫地球的地方，她看到了雄伟的山川河流，还有美丽的鲜花绿草。她就在草地上面，在花丛里面，在树林里面玩啊，玩啊，玩着玩着碰上一个女人，这个女人长着圆圆的脸、大大的眼睛、长长的黑头发，看上去又漂亮，又和善。小天使问这个女人："你可不可以当我的妈妈呀？"女人说："当然可以啦。"随后小天使看到她旁边站了一个男人，这个男人非常非常爱这个女人,小天使对那个男人说:"你可不可以当我的爸爸呀?"男人也说可以的。

第二天小天使迫不及待地把这个梦告诉了大天使,大天使说:"哦,这是每一个要去地球上的小天使都会做的梦。"小天使说:"那我可以去了吗?"大天使说:"你还要再等,再等月亮绕着地球走九圈,你就可以下去了。"

于是大天使就带着小天使到了一个地方,她们绕着那个蓝色的星球走了九圈,当走完九圈的时候,小天使把翅膀交还给大天使,来到一座彩虹做的桥边,小天使顺着那座桥像滑滑梯一样滑下去,滑的速度特别快,她就闭上眼睛,好像睡着了一样……等她再睁开眼睛的时候,她看到了一张笑脸,就是梦中的女人,那就是她的妈妈。

小天使卷耳

 作者:筱烟

小天使卷耳要离开天堂去人间了。她飞过无数耀眼的星辰,像一粒微尘飘落在月亮上歇息。在这里,她可以看见地球上发生的一切;她看见地球上有白天黑夜,不像天堂里总是万丈光明。

这天晚上,她发现在一个偏僻的小乡村里,有一个房间一直亮着灯,里面有个小女孩刚做了一个噩梦,醒了后也不敢喊妈妈,因为她妈妈会呵斥她,认为她胆小软弱。有一次她想与妈妈一起睡,妈妈不让,她就在妈妈床边的沙发上躺了一晚,身上被蚊子叮了好多包。这时风吹过树梢发出沙沙声,有一只猫头鹰在

"咕咕"叫，小女孩更害怕了，感到鬼怪好像就在窗户外面幽幽地看着她似的，她恐惧地把头埋在被窝里。

看到小女孩孤独无助的样子，卷耳很心疼，她飞到女孩身边，在她耳边轻轻地说："你无须害怕，黑暗里面什么也没有，那些逝去的人都变成了天使，向他们祈祷吧，他们会保护和祝福你。"过了一会儿，小女孩睡着了。

"唉，如果有一对理解、懂得自己的父母就好了。"卷耳想。

第二天天亮了。卷耳看见在一个高楼林立、车水马龙的城市里，有一家人从一辆白色轿车上下来，他们刚去海滨度完假。爸爸提着行李，呼唤着两个孩子。妈妈穿着白色纱裙，戴着白色宽边檐帽，像个小仙女。他们回到宽敞的家里。爸爸跟哥哥在聊运动会的事，妈妈在给妹妹讲故事。一家人亲亲密密，其乐融融。

"要是当他们家的小孩就好了。"卷耳羡慕地想。

妈妈给妹妹讲完故事后，就来到餐桌边，她脸色苍白，准备服药。桌上摆放着很多种药。原来几年前她得了一种病，在医院里住了两年，头发都掉光了。后来她虽然活过来了，可是要靠药物来延续生命。多可怜的人儿！卷耳难过地抹了一把泪。

人世间真辛苦，卷耳不想去了。

这时，她听到一匹马儿的悲鸣。她仔细寻找，发现在一望无际的绿油油的大草原上，有一个地方被人们圈起来了，有好多枣红色的小马驹被拴在柱子上，供人们观看骑行，主人在一旁收费。要是马儿不听主人的，就会挨主人鞭子。"那些可爱的小马，它们本应该在草原上自由驰骋的，可是现在不但被拴起来了，还动不动就被主人抽打，太过分了！"卷耳气愤地飞过去，她想去救它们，可是她就像空气一样，无形无力，根本没有办法解开马儿的绳索。

"想要帮它们吗?"一个快乐的声音说。原来是大天使,他吹着口哨,自由地在空中翻来飞去。

"嗯,请帮帮他们!"卷耳恳求。

"我也做不到,要想做到,我们得变成和他们一样的人!"大天使指着马场边的人们说。

"可是,人世好辛苦,黑暗、孤独、疾病……"卷耳垂头丧气。

"所以我们才要去啊。"大天使看着人间,若有所思,"如果怕黑,就成为一束光;如果感到孤独,就去爱他人;如果有人得了疾病,就去寻找良药。"

"你说得很有道理呢!"卷耳抬起头,她金色的头发在阳光下闪闪发光。

"我走了,再见!"大天使微笑着。

"我们还会遇到吗?"卷耳诚恳地问。

"如果有必要遇到,我们会遇到的!"大天使翻了一个跟头就没影儿了。

"好吧,我也该走了。我会回来帮助你们的。"卷耳轻轻摸着马儿的头,对它们说,目光坚定勇敢,"不知道我会成为谁家的小孩呢?"

小巫评注

《小天使来人间》是我从南希·梅陇的书里翻译过来的,它盛传于华德福幼儿园,很多老师会在班里某个小朋友过生日的时候,讲给全班小朋友听。

《小天使卷耳》是小巫养育学堂的学员筱烟的原创,这个故事更加适合讲给上小学的孩子们听。筱烟交给我很多她的原创童话故事,可惜篇幅所限,无法全部收录于此书;或许今后有机会,给她出一本专辑。

治愈系故事小屋

给孩子编故事，第一要紧的事情就是我们必须认识到它不是一件走脑的活动。头脑是编不出来真正富含养分的故事的。对这一点，鲁道夫·史泰纳博士也有所指导：

如果某人基于物质性、合理性思维发明了隐喻，那么在年轻的听众心里是毫无作用力的。在通过画面对他人讲话时，不仅仅是说了什么，或者看上去什么起了作用。一条精细的灵性溪流流淌向沟通的对方，如果对所讲述的隐喻或者图像，自己不是怀有温暖的、信奉的情感上的认同，说话的人不会在听讲的人心里留下任何印象。如果想拥有恰当的效应，我们必须像笃信现实一般，笃信我们的隐喻（就是现实）。

第一个童话故事不是被某人想出来的。只有现代试图解说童话的教授是通过思考而想出来那些理论。被想出来的童话绝对不可能具备真实性。如果现在还偶有童话出现，那也是基于在内心升起的对人类曾经经历过的时光的渴望。通过诗情画意表达的一切，要么基于对古老灵视智慧的渴望，要么基于新生的灵视能力，它不必完全浮现，而是在心魂深处发光，只留下隐隐约约的影响。唯其如此，才是真相。

我们的编故事小屋系列第一座小屋，就是 **治愈系故事**。关于什么是治愈系故事以及如何编撰，《被故事滋养的童年》里有详解，此不赘述。只想强调几点：

1. 所有的艺术活动，都具备治愈（healing）功用，无论是音乐、美术、律动、故事、诗歌、雕塑、书法……教育更是一种 healing 的艺术。史泰纳博士多次强调：教育即治疗。所有的孩子都或多或少带着一些创伤或者障碍来到学校，故事就是治愈的手段之一。

2. 所有的故事——经典童话、睡前故事、自然故事，等等——都有治愈功用，只要给孩子讲故事，就是在对他进行治愈。

3. 大部分故事属于同一种框架：主人公有了一种渴望（或曰向往），或者是领受了某种崇高的使命，为了实现渴望或者完成使命而踏上旅途，路上遇到艰难险阻（一般是三个），每一个困境都会出现高尚的形象来帮助他，而主人公历尽千辛万苦，克服重重困难，最后终于实现梦想、完成使命。

这就是人生的原型（archetype）：主人公为了崇高的目标而克服千难万险，最后帮助了世界。每一个孩子天生都向往这样的灵魂净化之旅，因为这是他们入世的动机和使命。

用这个框架，我们可以编出无数个妙趣横生的故事来。

神　　鸟

"小巫教你讲故事"工作坊北京站第一期作品
构思：乔瓦娜、布兰卡等
执笔：乔瓦娜

在一片茂密的大森林里，有一只可爱的小鸟儿。小鸟儿和哥哥姐姐住在一棵高高的大树上的窝中。每天早晨，太阳的金光透过树叶照在他们身上，小鸟儿在窝里开心地游戏、唱歌；晚上，他们在深蓝的夜空下沐浴着星光进入甜蜜的梦乡。

日子就这样快乐地过着，有一天，哥哥姐姐们拍拍翅膀，忽然发现自己飞了起来！从那以后，他们每天早上乘着第一缕阳光飞出去，晚上又披着月光飞回来，给小鸟儿带来了新鲜的小虫和果子，还有许多从来没听过的故事。小鸟儿抬头看着树叶间碧蓝碧蓝的天，羡慕地想象着故事里的世界，她多么希望自己也快快长大，和哥哥姐姐们一起飞啊！

在一个下着倾盆大雨的夜里，小鸟儿可能太想飞了，她在睡梦中拍了拍翅膀，结果不小心从窝里摔了出去，"啪"的一声掉在了地上。大树太高了，这一跤彻底把小鸟儿惊醒了！她觉得浑身好疼啊，似乎每块骨头都散架了；她觉得好冷啊，地上全是冰凉的雨水，把它的羽毛都打湿了；她觉得好害怕啊，抬头看看高高的鸟窝，不知道自己还能不能回到那温暖的地方。

小鸟儿伤心地哭了，哭声吵醒了哥哥姐姐，他们急忙飞下来，把小鸟儿接回窝里。"还是这里更暖和啊！还是这里更安全啊！刚才真是太可怕了！"小鸟儿挂着泪水，睡着了。

从此以后，小鸟儿不再渴望飞翔，最多小心地离开窝，在附近的树枝上走一走。哥哥姐姐们渐渐地越飞越远，回来得越来越少。他们扇动着羽毛丰盈的翅膀，让小鸟儿和自己一起飞。小鸟儿探出身子看看，吓得赶快缩回窝里，摇着头说："我害怕。我会摔下去的，我不飞了，再也不离开这里了！"哥哥姐姐们没有办法，只好飞走了。窝里只剩下小鸟儿自己，孤零零地一天又一天。

又是一个夜里，小鸟儿睡得迷迷糊糊的，忽然听到一阵宏大的响声。她睁开眼睛一看，眼前的景象让她惊呆了：只见一只又大又漂亮的鸟儿在夜空盘旋。她从来没见过这样的鸟儿：她的羽毛放射出七彩的光芒，把夜空都照亮了；她的翅膀又宽又大，在天空中展开，仿佛盖住了整座森林；当她飞起来的时候，就听到天际响起美妙的琴声，配着清脆的铃铛。这只鸟儿飞了几圈，忽然落下来，停在小鸟儿的窝旁。她开口说话了：

"嘿！跟我来吧！我们去一个地方，那里遥远而美丽，你的哥哥姐姐们都在那里。跟我来吧！"

小鸟儿被她的光芒照得眯了眼，失望地说："可是，我不能飞。"

大鸟儿温和地笑着说："你能飞的！要知道，你可是一只鸟儿啊！"说着，她从自己翅膀上，拔下一根发光的羽毛，然后拉住小鸟儿的翅膀，把这根羽毛插了上去。一瞬间，小鸟儿的羽毛哗哗作响，翅膀变得又大又有力。小鸟儿太高兴了，刚要抬头说声谢谢，大鸟却早已飞走，消失在遥远的天边。

"那一定是一只神鸟！"小鸟儿拍了拍翅膀，这一下，把自己拍醒了。"啊！原来只是一个神奇的梦！"小鸟儿失望地想："如果是真的，该有多好啊！"她叹了口气，回头看了看自己的翅膀，然后惊讶地发现：自己的翅膀，早已长大了！

"也许，我真的可以飞？"小鸟儿真的拍着翅膀，用力向上跳，她一下子腾空而起，离开了窝。她像大鸟那样在树上盘旋着，抬头看着树叶间的蓝天，那久违了的渴望，又在心中升起。她不顾一切地冲了上去，身体像箭一样冲到蓝天里……

"我能飞了！"小鸟儿欢呼着，"我一定要去找神鸟！我要跟她一起，去那个遥远又美丽的地方！"

小鸟儿飞呀飞，她飞出了森林，离开了山川，向着神鸟消失的天边飞去。这一路上，她遇到许许多多的鸟儿，夜晚和他们一起在别人的屋檐下休息，天亮了她就继续飞翔。她不管风吹雨打，一定要找到那个美丽的地方。

有一天，她飞到一片湖泊的上空，无意间低头看到了湖中的倒影，眼前的景象让她惊呆了：只见一只美丽巨大的鸟儿在空中飞翔，它的羽毛放射出七彩的光芒，把整个天空都照亮了；它的翅膀又宽又大，在空中展开，仿佛盖住了整个湖泊；随着她翅膀的扇动，天际响起美妙的琴声，配着清脆的铃铛。

哦！原来梦中那只神鸟，就是她自己啊！

创作过程

这个故事是第一期"小巫教你讲故事"工作坊里我们组创作的一个治愈系故事,原本的目的是要帮助一个总爱咬指甲的五岁女孩。它的创作过程一波三折,在20分钟之内,妈妈们将自己的一个个闪念、一瞬间的创意提出来,又很快改变。

咬指甲是焦虑的表现,也是因为安全感不够。在没有事情可以投入的时候,还需要咬指甲来安慰自己。我是从小吃手到大的,到现在还在咬指甲旁边的角质,咬得手乱七八糟的……

在故事工作坊里,小巫老师告诉我们,编故事分三层滋养。

小巫:编故事的三层滋养

第一层滋养,是针对具体行为的。比如有人会编一个《咬指甲的小猴子》,把指甲咬烂了,多难看啊!但这种故事效果不会好,而且孩子还会听出来是在说他,容易听不进去,引起抵触。

第二层滋养,是治愈行为背后的心理成因。对于咬指甲这个行为来说,背后的心理成因是焦虑。可以编一个克服焦虑情绪的故事,这个故事会比直接说行为更起作用,但也只是针对孩子焦虑这一种心理现象。

第三层滋养,是直接注入安全感、自信、独立等成长的力量。这就不仅仅是治愈焦虑了,而是可以讲给所有的孩子,让他们听了以后都能获得力量,解决咬指甲的问题自然也不在话下。

我理解:这就像我们总是头痛,去医院看病,医生开药一样。

第一层水平的医生,会开止痛药,缓解表面的症状,而病因却被忽略掉，病还在，止痛片本身没有治疗功用。

第二层水平的医生，会找到头痛的原因，比如是感冒，他会开感冒药，这种药显然要比止痛片好得多，但也只能局限在治疗感冒上。

而第三层水平的医生，会提出增强身体机能、提高免疫力的方案。看似与头痛和感冒都无关，但却是万能的，从根基上给予身体所需的营养。

开始时我们按照最初的想法，编的是一个"离不开宠物的孩子"，想针对依赖性的行为予以治愈，写一个孩子离不开自己养的小羊，走到哪里都带着。后来小羊越长越大，非常不方便，不得不割舍。但再往下就觉得编不下去了：这个孩子为什么这么依恋小羊？他应该依恋爸爸妈妈呀！小羊又不能照顾他的生活，不太合理。而要让孩子离开宠物，必须给予他另外一个力量。这个力量是什么呢？不再需要依赖，那么自然就是独立和成长。既然已经被赋予了独立和成长的力量，那么它能治愈的，也就不仅仅是咬指甲的行为了。

于是干脆不说人了，主人公由孩子变成一只小鸟。这只小鸟可能是野外的，也可能是家养的，它离不开从小一起长大的一只小猫。小鸟长大了，飞上了树，小猫开始还能跟着它爬上树，后来小鸟要飞远了，小猫不会飞，小鸟为了和小猫在一起就放弃飞翔。后来因为什么原因终于彼此分离，小鸟又回去看望小猫。我又有顾虑：觉得这个小猫并不是必须被抛弃的东西，它们可以理解为友情而不是软弱的依赖，就算分离，也在心里怀念着，结尾应该是很温馨的。但咬指甲却是束缚，是个要最终被停止的行为，与内心的情感没有关系，故事含义与咬指甲对不上。

然后我忽然想起鹦鹉不想离开笼子的故事，在电影《里约大冒险》里，野生的蓝金刚鹦鹉被人捕捉后养在家里，日久天长，它就不愿意离开自己的笼子了。这其实是一个很好的思路，但是又与人类联系在一起了。我发现自己只要一涉及人类，就觉得非常不好控制，可能是在以动物为主人公的童话故事里，人应该属于什么样的一个角色，我还不太明白。

鹦鹉离不开笼子这个想法只浮现了几秒钟，刚说出来我就又放弃了，忽然灵机一动就想起了鸟窝。鸟窝就是一个最初完全有理由依恋而后又必须离开的地方，小鸟都是要离开窝的，这是一种成长和独立，不管需要克服的心理是依赖还是焦虑、恐惧……都成立。这样一来，故事就不必局限于"依赖"这一种心理状态，而变成直接注入力量让主人公成长、独立。无意中，上升到第三层了。

定了主题，往下编就非常顺利了。但是中间又有了一个修改：它为什么离不开窝呢？我开始想的是：它因为翅膀还不够硬的时候太想飞了，一下子跌在地上，自那以后就害怕了，不敢飞了。有一位妈妈提出：由于试飞失败而导致不敢飞了不太好，似乎是孩子自己遇到失败就不肯成长，不如说是一些客观原因：地面又湿又冷，大树又高，摔得很疼，把它吓着了。咬指甲，也确实应该是客观因素导致的，不能说成是孩子遇到挫折就主动不肯成长。真是一个非常棒的思考！就这么写了。

这样一来，全都定下来了。大鸟是一位长辈，是鸟界的神灵，它应该飞得很漂亮，让小鸟羡慕，再给小鸟力量，这样就非常合理了。至于二元对立，如先在黑夜遇到困难，又在黑夜里遇到了光明的指引，直到最后向着光明飞翔，都是后来才总结出来的。当时想都没有想，自然而然就带进故事里了。

分组编撰过程中，小巫老师巡视到我们组，听了构思后，提出小鸟去寻找大鸟这个结尾。而神鸟就是小鸟本身，也是小巫老师给我们的建议。我一听立马起了一身幸福的鸡皮疙瘩！改成这样，故事的境界就提高得不是一点半点啦！高手就是高手！

我们演出的时候，本来设想成小鸟和神鸟都是凤凰。但小巫老师不建议把它定义为凤凰，越神秘越有力量。小鸟从湖中看到的倒影，直接就是它自己。

小巫老师还修改了一处，神鸟不但要替小鸟插上羽毛，而且需要给予小鸟一个召唤，从而激发了小鸟心中对"遥远而美丽的地方"的向往，把故事提升到新的高度。

我给自己的儿子哈吉讲过几次《神鸟》，都是他要求重复听的。第一次连续讲，是哈吉三岁刚刚上幼儿园的时候，作为典型土相的敏感型孩子，他只哭了三天。故事加上倾听，让他顺利度过了这个人生重大关头。

第二次连续讲，是帮助戒掉他摸妈妈奶，也是花了三天时间，配合亲子沟通技巧，只哭了一次，就彻底不摸了。这是在"小巫艺术养育"黄埔一期工作坊期间发生的事。

小巫评述

这是一个出神入化、炉火纯青的故事，堪称经典佳作。这个故事被我带到全国各地，在"小巫教你讲故事"大型讲座里，作为治愈系故事单元的标配，讲给数千名观众，每每都有妈妈听得潸然泪下。我还把这个故事讲给不少外国父母听，他们也被感动得热泪盈眶。

有些妈妈把这个故事带给自己的孩子，孩子们都非常喜欢听，有的孩子听了多少遍都不腻烦。

每次在讲座上讲完这个故事，吹熄蜡烛，打开礼堂灯光，我都会问一下观众："有没有人听得出来，这个故事是治愈哪种行为的？"

迄今为止，数千名观众，没有一个人猜到，这个故事的初衷是为了治愈"咬指甲"这个行为。

这个故事蕴含了丰富的营养和巨大的力量，适合讲给所有年龄段的小朋友，甚至成年人也可以从中获得滋养。

在"小巫教你讲故事"大型讲座上海站，有观众指出《神鸟》和安徒生童话《丑小鸭》有相似之处。只能说，这种故事脉络具有普遍意义：弱小的生命为了心中的向往，冲破阻碍、战胜困境，最后蜕变为英雄（偶像）的故事思路，是经久不衰的主题。

当我们自卑时，往往认为自信强大是高不可攀、遥不可及的，但其实我们每个人都可以成为心目中理想的化身，只要我们有足够的勇气，相信自己，敢于迈出第一步。

而这个故事出现在第一期"小巫教你讲故事"工作坊上，也给了我莫大的鼓舞。我一向相信父母们的智慧，相信每一位爸爸妈妈都可以成为故事大王。《神鸟》也深度滋养了我，赋予我继续前行的力量。

网络论坛里，一位妈妈的留言

感谢乔瓦娜编出这么好的故事，也感谢小巫老师4月份的故事讲座。我当时在讲座上听了这个故事非常震撼，故事所传达出来的意义跟自体心理学的一些东西很相似，这个世界没有别人，只有你自己。

参加小巫老师讲座的当晚，我把这个故事讲给我儿子听，他快六岁了。他听完之后，沉默了几分钟，问我："小鸟的爸爸妈妈去哪儿了？"我犹豫了一下，还是给了个答案："可能飞到鸟类王国了吧。"他又问："那鸟窝后来怎么样了？"我说："是啊，鸟窝后来怎么样了？"过了一会儿，他说："有新的小鸟住进来了吧！"

多棒的结尾呀！正像小巫老师说的，孩子对深层次东西的感知能力，不知道要强过成人多少倍！希望小巫老师再出新书时，把孩子们听了这个故事的后续的故事也写进去。（janeyanzi）

追兔子的公主

"小巫教你讲故事"工作坊北京站第一期作品
执笔：xxacdd

很久很久以前，在一个大城堡里，生活着一位美丽的公主。她的眼睛黑黑亮亮的，皮肤白白嫩嫩的，人们都叫她"白雪公主"。

一个夏日的午后，她的王子出远门了，白雪公主就和她的好朋友七个小矮人一起出去玩儿①。他们来到森林里的一片草地上，这里开满了五颜六色的花儿，小蝴蝶在花丛间翩翩起舞。他们跑啊跳啊，玩得可开心了。

就在这时，白雪公主突然发现草地边的林子里有一团白白的东西。走近一看，原来是一只小白兔，圆嘟嘟毛茸茸的身体，长长的耳朵，小毛球一样的短尾巴，浑身雪白的颜色，像个小雪球②。小白兔红红的眼睛正看着白雪公主呢。虽然白雪公主的好朋友里已经有小兔子了，可她还是想跟这个小兔子交朋友③，所以她走上前去，想跟小白兔打招呼。可是，小白兔突然一转身跑了。白雪公主都没来得及跟小矮人们打招呼，就赶紧跟了上去。小白兔还是往前跑，白雪公主只好跟在后面追。跑啊跑啊，追啊追啊，每次都是眼看就要追上了，小白兔又刺溜一下跑远了。

---

① 王子的角色是孩子要求加上的。——执笔者注
② 孩子加的。——执笔者注
③ 这也是孩子加的。——执笔者注

天色渐渐暗了下来，这时候她已经跑到了一片灌木丛边，小白兔往里一蹿，等白雪公主跑过来拨开树枝，小白兔已经不见了。白雪公主只好作罢回家，但她完全迷失了方向，不知道怎样才能回到她的城堡。她大声地喊："小矮人！小矮人！"没有人回答。

天色更黑了，突然，一道黑影从她头顶掠过，白雪公主吓了一跳。一会儿，又有一团黑乎乎的东西从眼前飞过，白雪公主这才看清楚了，是一只蝙蝠。她的心怦怦地跳着，腿也开始发抖。更多的蝙蝠飞了过来，白雪公主慌慌张张地向一旁跑去。突然，她脚下一滑，摔进了一个山谷里。她的腿摔伤了，好疼啊！周围漆黑一片。这可怎么办呀？她揉着受伤的腿，坐在地上哭了起来。

她哭了好久好久，才慢慢停了下来，向四处张望，山谷里还是黑漆漆一片。不过，不远的地方，好像有一团什么白色的东西。白雪公主摸索着爬了过去。原来是一只小白兔，好像就是刚才遇到的小雪球！小白兔的旁边似乎有个什么东西，白雪公主把它捡了起来。

那个东西一到白雪公主的手中，就发出了光芒。原来是一枝神奇的玫瑰花，在黑暗中散发着红色的光芒，照亮了公主身旁。借着玫瑰花的光，白雪公主看清了山谷的样子，而且，她发现前方不远处有一处台阶，顺着台阶往上看，那里有一扇门。白雪公主举着玫瑰花，带着小兔子爬上了台阶，她受伤的腿也疼得没那么厉害了。上了台阶后，她用力一推，门开了。

这时，她听见她的王子和小矮人正在叫她呢："白雪！白雪！"

"我在这儿呢！"听到白雪公主的声音，王子和小矮人都跑了过来。他们高兴地拥抱在一起。

巴特尔历险记

(《追兔子的公主》男孩版)

执笔:程阳
改写:小巫

在一个村庄里,生活着巴特尔一家。夫妻俩有个可爱的儿子,他们给他取名"巴特尔",意思是勇敢的人。他们生活拮据穷苦,但是过得很幸福,他们特别爱他们的儿子,一家人艰苦而快乐地生活着。慢慢地,孩子长大了,长成了健壮的小伙子。

然而巴特尔的妈妈却病倒了,虚弱地躺在床上,一直不能下床。看到病中的妈妈,巴特尔特别伤心,他想给妈妈找点吃的,可是家里的米缸是空的,柜子里什么都没有,爸爸去砍柴了还没回来。他独自坐在院子里发呆,看到不远处有只小鹿在吃草。他想要是能打到鹿给妈妈吃,妈妈的病就会好的,所以他回屋拿起弓箭,跟妈妈说了声:"我出去了。"便一溜烟跑了。

小鹿一看有人来了,就往森林里跑,巴特尔在后面奋力追赶。不知跑了多久,小鹿突然在前面消失了,巴特尔这才发现迷路了。他环顾四周,被这美丽的画面惊呆了:到处是盛开的鲜花和奇珍异草,美丽极了,还有各种蘑菇和从未见过的果实。他想,爸爸从没来过这里吧,要不我们早就有能吃的蘑菇了!他赶快开始采蘑菇,装满了身上的口袋。他采得可高兴了,想起妈妈能吃到他采的蘑菇,情不自禁地笑出了声。

不知不觉中天色已暗,听见有异常的响声,他猛地抬头,突然一片黑色的东西向他扑来,他急忙蹲下一闭眼,黑色的一团东西擦过他的头顶,原来是蝙蝠。巴特尔赶快起身拼命向前跑,想跑出森林,突然脚下一滑,一不小心掉进了深深的陷阱里,他当场昏过去了。

不知多久他慢慢醒来,发现他的腿被划伤了,深深的伤口还在流血。森林的夜晚异常寒冷,伸手不见五指,他抬头望着高高的陷阱口不知该怎么办:爸爸妈妈肯定特别担心我。他大声地喊:"爸爸!妈妈!"他的喊声回荡在森林里,却没有人回答他。后来,他的喊声越来越弱,他伤心地哭了……

不知过了多久,陷阱上方飞来了一只小鸟,嘴里叼着一枝玫瑰花,玫瑰花落在了巴特尔身旁,发出了微弱的光。巴特尔把花拿在手里,好像身上又有了回家的力量。他举起玫瑰花,微弱的光照到了陷阱那边的墙上,有个软梯长长地伸向天空。他爬向梯子,把玫瑰花叼在嘴里。"只要能回家再难我也要努力!"他每一步攀登都特别吃力,但每爬高一阶玫瑰花就会亮一点,爬了不知道多久,他终于接近了洞口。巴特尔抬头发现有个透明的顶挡住了洞口,他使出全身的力气攥紧拳头砸上去,透明顶被打出了一个洞,顺着洞口他爬出了陷阱,这时玫瑰花的光芒照亮了整个森林。他看见了寻找他的爸爸和他的朋友们,他和他们拥抱在一起,眼里流出了激动的泪水。

回到家他把泡过玫瑰花的水喂给妈妈喝,妈妈的病奇迹般地好了。

从此他们又开始了幸福的生活。

创作过程

编撰《追兔子的公主》这个故事的起因,是两个五岁的孩子有如厕困难，我的女儿是其中之一，我就被分到这个组来。

我女儿不肯上厕所拉粑粑，分析了半天，我们觉得最主要的原因还是两三岁的时候，家里老人在她有肛欲期表现的时候，态度比较恶劣，对她的心理产生了影响。对大便这件事情，她恐惧、不自信，觉得自己做不到。所以，在故事里出现了蝙蝠，是蝙蝠给公主带来了恐惧，然后掉到了山谷里。后来，在小兔子和神奇的玫瑰花的帮助下，公主自己爬上了台阶，推开了门，克服了蝙蝠给她造成的影响。

总而言之，这个故事可以说给很多孩子听，不只是针对拉粑粑这个行为。但当时孩子能不能体会这个含义，我还真不知道，只能静观其效。

几天之后，我又跟大家汇报了一下在家讲故事的情况。我自己都不敢相信！听我详细说吧。

一连几天晚上，孩子都不要听我讲故事，好不容易等到那一周的周日睡午觉，我告诉她，妈妈要讲一个白雪公主的故事，她终于表示愿意听了！我这一激动啊，赶紧讲了。孩子专注地听着，听到结尾说白雪公主和大家拥抱在一起，她也很高兴。然后她要求我接着再讲一个米老鼠的故事。我刚开口编"从前，在一个大森林里，有一只米老鼠"，孩子就打断我："我不要听这么可怕的故事了！我要听米老鼠跳舞的故事。"那好吧，好像刚才那个故事的氛围有些让她害怕了，我便开始编一个很普通的跳舞的故事。但是，过了十来分钟，孩子突然说："妈妈，我要拉粑粑！"然后就乖乖地起来，跟我去厕所拉粑粑了！我这个兴奋啊，还不能表现出来！

我跟老公说："你看我们编的故事神奇吧！"老公说："你自己相信吗？"他愿意相信是前段时间他督促孩子的结果，可我觉得至少故事给了孩子力量。

我想找机会再给孩子讲几遍这个故事，拉粑粑的情况肯定还会反复，但是我现在有信心了，一定能改善。

还记得小巫说的故事的三个层次吧？这个故事，并不只是针对拉粑粑这个行为的，我们是照着第二、三层次编的，嘻嘻。

小巫评述

这是第一期"小巫教你讲故事"工作坊里出现的另外一个具有神奇治愈功用的经典好故事。

如果仅仅针对行为，编一个《拉不出粑粑的小猴子》，那是没有任何治愈意义的。孩子有如厕困难，是因为经历过创伤，内心有深深的恐惧和焦虑。如果仅靠自身的力量，显然是不够的。故事里出现神奇的因素（发光的玫瑰花），则赋予主人公更大的力量，能够战胜任何困难。

原来学员们编的是魔法棒，我提出来这一形象不够美丽和高尚，大家就改为发光的玫瑰花。

工作坊做总结时，我对学员们说："不知道你们自己观察到没有？编故事时，你们的意识流已经不受头脑控制。针对'咬指甲'编出了小鸟飞翔（上天），针对'拉粑粑'则编出了跌入山谷（入地），一个上升，一个下降；一个与空气、天空、飞翔有关，一个与泥土、土地、奔跑/走路有关，非常有意思。"

这是我们自身不同层次的意识导致的，非常精准，不用花费很多脑汁思考，而是跟着感觉走就行。只可意会，不可言传。我们自己能够用语言表达出来的理解，总归是片面而肤浅的。

大家编的时候也是无意中设计了许多有意思的二元对立。比如小鸟第一次摔下窝，是在一个漆黑的夜里。后来遇到神鸟，也是在夜里，但是神鸟是以黑夜中的光亮出现的，而玫瑰花照亮黑暗中的山谷，也是二元对立。黑夜中的光亮，比白天更有鲜明的含义。

这个故事不仅治愈了作者自己的女儿，其他学员带给孩子们，也起到

了神奇的作用。乔瓦娜在"小巫艺术养育"黄埔一期工作坊期间,把这个故事讲了两遍后,儿子哈吉就戒断了必须用纸尿裤拉大便的习惯,实现了用马桶如厕。

但是必须强调,**讲故事不是为了说教,千万千万不要说破故事所谓的教育意义,不要拷问孩子**。故事是从心里编出来的,比如孩子吸吮手指、孩子排便困难的问题,如果用脑子去想:哦,吸吮手指编一个神鸟,不排便再编一个什么……那是编不好的。或者,带着目的讲故事——今天把《追兔子的公主》(或者男孩版《巴特尔历险记》)讲给孩子听,看他排不排便?要是没排便,就说明这故事没用,把小巫的书扔掉!事实是,不一定每个治愈系故事都会一讲就见效,并非凡贴上治愈系故事标签者,皆神通广大、包治百病!这种期待是不现实的。

寻找雪莲花的小斑马

 "小巫艺术养育"黄埔一期作品
执笔:晓静[1]

在一片广袤的大草原上,有一只可爱的小斑马和家人在斑马群里生活。每天小斑马在小鸟的啼叫和风婆婆的轻抚中醒来,和哥哥姐姐一起嬉戏、玩耍、奔跑、跳跃。慢慢地小斑马和哥哥姐姐们越来越有力气,越跑越远,就这样离开了自己出生的家。开始的时候小斑马还和哥哥姐姐一起奔跑,可是他渐渐地发现,他

---

[1] 作者为首期艺术养育讲师、首届小巫养育学堂班主任、第三届小巫养育学堂特聘讲师、人智医学家庭护理师。

想去的地方和哥哥姐姐们想去的地方不一样。于是小斑马就离开了哥哥姐姐向着自己向往的地方奔跑。

小斑马一边跑一边玩，大草原好美呀，在金色阳光的照耀下，浓淡相间的绿草铺成了绿绸般的地毯，一眼望不到边。一条弯弯曲曲的大河在草原上静静地流淌，在阳光的照耀下泛着如缎带般的光，蓝天白云倒映在河水中异常美丽。

突然，一片荒芜的沙漠出现在草原的正中央，一群瘦骨嶙峋的斑马在沙漠中央有气无力地或躺或卧或慢腾腾地走来走去。小斑马很奇怪，怎么会有沙漠出现在草原的正中央呢？还有或大或小的一些石头围在沙漠边缘？他小心翼翼地走进沙漠里，对沙漠里面的斑马说："你们和我一起吃好吃的青草吧。"斑马们抬头看了看小斑马，慢慢地摇了摇头，眼睛中透露着一股悲伤。小斑马太讶异了：为什么他们看着那么饿，却又都不跟我一起去吃青草呢，而且还这么悲伤？怎么都想不明白，于是，小斑马决定去采些青草送到这些斑马的嘴边，喂给他们。可是奇怪的事情又发生啦，当小斑马采回来青草的时候，这些斑马还是不吃。小斑马可着急了，他们怎么连我采来的喂到嘴边的青草也不吃呀？

正当小斑马急得抓耳挠腮的时候，太阳落山了，当太阳的光芒渐渐消失在茫茫草原上，这片沙漠突然变成了和周围一样的草原，小斑马吓坏了，他不知道这到底是怎么了。这时候斑马群走出一匹年老的斑马说："我是这群斑马的头领，我们这一片草原被巫师诅咒了，每天太阳升起的时候，这里就会寸草不生，变成荒芜的沙漠，住在这片草原上的斑马也就不能张口说话、吃东西、喝水了。只有太阳落山，黑暗来临的时候，这里才会恢复原样。"

小斑马害怕地问："那怎么样才能恢复原状呢？"老斑马说："据说在遥远的雪山上生长着一种雪莲花，它能破除巫师的魔咒。"小斑马又好奇地问："那雪山在什么地方呢？你们怎么没有人去找呢？"老斑马叹了一口气说："我们也没人知道雪山在什么地方，而且只要我们踏出这片草原，就会变成石头，你看那片石林，就是走出去寻找雪莲花的斑马变的，也只有雪莲花才能让他们变回斑马。"

听着听着，小斑马睡着了，在梦里他决定要帮助这些斑马破除巫师的魔咒。当他再次醒来的时候，太阳已经高高地挂在天空，草原又变回了荒漠，小斑马看着这些白天不能说话的斑马，告诉他们，他要去寻找雪莲花了，他一定会带着雪莲花回来帮助他们破除魔咒。

小斑马也不知道该去哪里找雪山，他跑啊跑啊跑啊，跑到了大河边，大河的对面一望无际，隐隐约约有山峰的样子。小斑马想，也许雪山就在大河的对面呢。可是大河好宽啊，河水也好深啊，小斑马试了几次都没能游过去，还差点被河水给冲走。

正当小斑马急得一筹莫展的时候，河面上游过来一只老乌龟。小斑马大喊："乌龟爷爷，乌龟爷爷，您能帮帮我吗？"老乌龟听到小斑马的喊声之后慢慢地游到了岸边。小斑马说："乌龟爷爷，我想去雪山寻找雪莲花解除巫师的魔咒，您知道怎么样才能找到雪山，带回雪莲花吗？"老乌龟慢悠悠地说："孩子，你到我的背上来，我带你过河。"就这样小斑马趴在老乌龟的背上，来到了河对岸。等小斑马上岸之后，老乌龟说："孩子，你顺着太阳升起的方向走，就能找到雪山了。在雪山之巅，有一处最纯净的地方，那里生长着雪莲花，你要在雪莲刚开花的那一刻采下它，就可以把它带回来解除魔咒啦。"

小斑马告别老乌龟又上路了。他跑啊跑啊跑啊，一直跑到月亮出来了。跑了一天的小斑马累了，在皎洁月光的抚摸下，躺在树下睡着了。突然一片乌云遮住了月亮，只看见不远处的草丛中闪烁着莹莹绿光，原来一头狼看到了这匹小斑马。狼慢慢地慢慢地向小斑马爬过来，小斑马太累了，他没有听见狼爬行时的声音。天上的星星看得好着急啊，它们暗暗地祈祷小斑马赶快醒来。可是小斑马还是睡得很沉很沉。这个时候啊，大树上的猫头鹰听到了狼爬行的声音，它咕咕地叫着提醒小斑马，可是睡梦中的小斑马还是没有听见。猫头鹰着急啊，他飞到小斑马身上，在小斑马的耳边咕咕叫，一边叫一边啄小斑马的耳朵，终于把小斑马啄醒了。猫头鹰的叫声也惊醒了附近的大象，在大象和猫头鹰的帮助下，终于赶跑了那头狼。

小斑马谢过猫头鹰和大象之后继续前行，终于来到了雪山脚下。他兴奋地向雪山跑去，想赶紧跑到雪山之巅，拿到开花的雪莲。跑呀爬呀，终于爬到了雪山的最高处，看到了闪着点点银光、快要开放的雪莲花。可是一阵暴风雪吹过，把小斑马吹到了半山腰的一个洞穴里，洞穴口还被厚厚的积雪掩盖了起来。小斑马使劲挖啊挖，可是不管怎么挖，雪堆总是那么厚，一点也不见少。渐渐地，小斑马的力气越来越小，肚子也饿得咕咕叫，又累又饿的小斑马好想躺下来休息一下，就这么睡一觉啊。

正当他慢慢就要闭上眼睛的时候，一声清脆的鸟鸣惊醒了他。他想起了草原中的那片沙漠，想起了沙漠中的斑马，心中又充满了力量。他开始环顾包围着自己的雪堆，终于在一个小小的角落里面看到了一束若隐若现的光芒。"呀，那里的雪一定很少，阳光都透进来了呢。"小斑马冲着那个角落使劲地挖啊挖，突然挖了一个五彩水晶瓶出来，瓶身散发着淡淡的光芒，绚丽耀眼。小斑马惊喜极了，他本来还在担心雪莲花怎么带回去，有这样一个瓶子在，那真是太好了。他收起瓶子，继续挖着，终于挖通了，出来啦！

"可这是哪里呀，一片白茫茫的，我该怎么走呢？"正当小斑马不知所措的时候，空中又传来了一声熟悉的鸟鸣声，抬头一看，原来是雪鹰在空中盘旋着。雪鹰冲着小斑马鸣叫一声，向前飞去。小斑马赶紧向雪鹰飞走的方向跑去，终于在太阳落山的时候，他们一起来到了雪山之巅。那里光芒绽放，雪莲花慢慢地盛开了。小斑马赶紧跑过去，把盛开的雪莲花采下，放到五彩水晶瓶中。

带上装着雪莲花的五彩水晶瓶，小斑马回到了草原上。当他打开五彩水晶瓶的时候，雪莲花的银色光芒绽放在沙漠上空，一股清冽的香气扑鼻而来，点点的雪花洒向沙漠。沙漠变成了肥沃的土地，绿幽幽的草长出来了，干枯的树木开始发新芽了，小河里也蓄满了水，哗啦啦的，快乐极了。雪花洒在变成石头的斑马身上，奇迹发生了，石头消失了，一匹匹健壮的斑马回来了，巫师的魔咒解除了。

老斑马走到小斑马面前说："谢谢你带回雪莲花解除了我们的魔咒！我老了，该卸任了，你年轻又勇敢，从今往后，你就是我们的头领！"老斑马宣布这个消息后，斑马群沸腾了，他们高兴地庆祝着。

从此以后，斑马群在小斑马的带领下快乐地生活在草原上。

创作过程

这个故事是"小巫艺术养育"黄埔一期的故事工作坊中，我们小组创作的一个治愈系故事，目的是为了帮助一个三岁半的男孩儿，他很想让大孩子们听自己的话，可有时候做不到这一点，他很受挫。于是，我们组一致认为编出来的故事应该是可以带给孩子勇气和自信的。

我们最初的设想是一匹小斑马离群独自生活，历经重重困难后回归到群体中。主要脉络是草原上发生了干旱，找不到水源和食物，斑马群要迁移到一个他们梦中的家园，那里水草肥美，更适合他们居住。小斑马和爸爸妈妈还有斑马群一起迁移，可是在迁移的过程中，他们遭遇狂风暴雨，小斑马躲避暴雨的时候睡着了。醒来后已经天黑，星星布满天空，他和爸爸妈妈还有斑马群失去了联系，小斑马突然想起妈妈曾经告诉她，向着太阳升起的那个方向前行，爬上一座高高的雪山，雪山的山谷里就是斑马群梦中的家园。于是小斑马历尽千辛万苦，躲过豺狼虎豹，终于爬上了雪山，找到了梦中家园，他发现爸爸妈妈和斑马群正在山谷里悠闲地吃草。

编写完成的时候我们觉得故事很美好，不仅没有直接把行为编进去，而且还直达第三层滋养，直接为孩子注入了自信、勇气等他所需要的力量。

可是等真正把这个故事表演出来的时候我们却发现，怎么表演都很别扭、很拧巴，小斑马被暴风雨冲散之后他的爸爸妈妈居然没有回去找他，而是直接就去了梦中家园，不仅支持的力量不在，还多了被抛弃的惶恐和不安！另外，斑马群的迁徙是否符合自然规律？小斑马离开族群的过程是什么样子的？我们都没有从细考究。所以这个故事第一版被pass掉了。

小巫老师点评的时候说：

1. 斑马离群开始新的生活要符合自然规律，而不是杜撰出来的；

2. 治愈系故事是为了疗愈孩子，同时不能给孩子增添新的恐惧，比如和爸爸妈妈走散，这是非常可怕的事情；

3. 故事中小斑马做的事情要有意义，要有高尚的目的，这样才能够起到帮助他人、解救他人的作用，使故事具有深层的力量。

故事工作坊结束后，经过查找斑马的生长规律等资料以及和乔瓦娜的讨论，我将故事修改为小斑马在长大后离群独居四处流浪的时候，发现了一群中了巫师魔咒的斑马群，他为了帮助这群斑马解除魔咒历尽千辛万苦，终于找来了解除咒语的雪莲花。

第二稿的设计中老乌龟是出现在小斑马的梦中的，他告诉小斑马雪莲花生长的地方，指引这小斑马找到雪莲花。因为雪莲花离开雪山之后会化掉，所以老乌龟还给了小斑马一个五彩水晶瓶用来装雪莲花，当小斑马从睡梦中醒来的时候，五彩水晶瓶就在他的枕边。针对这些情节，小巫老师提出了修改建议："乌龟是真实存在的动物，不是神仙，所以不必出现在梦中，而是可以改成在遇到某个困难的时候，老乌龟出现帮助了小斑马，还告诉小斑马寻找雪莲花的方向。而五彩水晶瓶也是现实存在的物品，不能凭空出现。"所以这段就改成了小斑马遇到了一条特别宽的大河，几次尝试不能过河的时候，老乌龟出现了，并帮助了小斑马。五彩水晶瓶也放到了后面的情节里，很自然地让小斑马发现了这个神奇的宝贝。

第二稿里，小斑马在雪山上遭遇了两个困难，一是被困在山脚，无法上山；还有一个是在即将到达山顶的时候被暴风雪吹走了，都是雪鹰出现帮助了小斑马。小巫老师提示最好是在三个不同的地方遇到三个不同的困难，由不同的形象来帮助小斑马，于是就将雪山角落遭遇的困难改写成了夜晚遇野狼。

第二稿结尾是小斑马和这个斑马群快乐地生活在一起，小巫老师建议改成老斑马他们拥戴小斑马为头领，因为小斑马帮助斑马群解除了魔咒，成为首领也很自然。

小巫评述

这个故事的编撰过程颇费周折。在工作坊现场，学员们经历的是大部分新手所遭遇的局限性：不能顺利找到隐喻、故事脉络过于简单、故事寓意过于肤浅，不知道怎样让主题和情节进一步升华，等等。比如，想编与勇气相关的，就仅仅想到主人公遇见并克服一个困难，难以构思更加恢宏的框架和更加崇高的使命。

还有一个常见的误区就是，可能会不自觉地编出不利于孩子的情节，比如孩子和父母失散，而父母又没有着急找孩子。

我开办了多场故事工作坊，深知并非每次的尝试都会产生圆满的结果。每次工作坊上，都有被放弃的故事，这个故事即在此列。

不过，晓静是一个爱较真儿又很执着的人，在原版被推翻后，她不死心，继续修改，三易其稿，最终编撰出目前这个优美、曲折而动人的故事。故事里那个有爱而又执着的小斑马，简直就是晓静自己的化身！确实，**好的治愈系故事，首先治愈的，都是我们自己。我们的下意识都会把自己的身影编进故事里，在创作过程中，疗愈内心未竟的愿望。**

"于是小斑马就离开了哥哥姐姐向着自己向往的地方奔跑"，暗喻每个孩子都是独立的个体，都有自己独立的生命轨迹和需要完成的使命。

"小斑马看着白天不能说话的这些斑马，告诉他们，他要去寻找雪莲花了，他一定会带着雪莲花回来帮助他们破除魔咒"，设立崇高的目标，为了这个目标而克服千难万险，完成使命，是每个人成长成熟、灵魂得到净化升华的必经之路。

虽然某些细节仍有可斟酌之处，但这个故事依然堪当一篇原创故事的经典范文供读者们参照。在编入书里时，我修订了一些词语和字句，让其读起来更加顺畅。

治愈系故事小屋

光明之杖

"小巫艺术养育"黄埔一期作品
构思：乔瓦娜、杨莹、云香
执笔：乔瓦娜

很久很久以前，有一个王国。王国里住着国王、王后和一个快乐的小王子。小王子最喜欢佩着一把又漂亮又锋利的宝剑在森林里玩耍，过着无忧无虑的生活，一天天地在长大。

有一天早上，小王子睡醒了，发现天空布满厚厚的乌云。乌云挡住了太阳，还把蓝天遮得严严实实的，一丝也不露。整个王国见不到太阳，白天像晚上一样昏暗，夏天像冬天一样阴冷。时间长了，树叶开始凋谢，花草也枯萎了，庄稼不再生长，动物们奄奄一息，连国家的子民们也都无精打采、瘦弱无力，许多人都生了病。

国王很着急，每天都在和大臣们讨论救助国家的良策，却始终没能解决。国王与王后愁容满面，唉声叹气，急得头发都白了。小王子看到了，很想帮父亲和母亲排忧解难，分担烦恼。他看着阴云密布的天空，真想用手中的宝剑把乌云都劈开！他一口气跑到森林里，冲着遮挡天空的树冠拼命地劈砍，大树上的树枝、树叶在利刃之下纷纷折断、掉落。他不停地劈啊砍啊，连着砍了七天七夜，一大片树都被他砍得光秃秃的，天空却还没有晴朗起来。

小王子又累又气，终于躺在一地厚厚的枝叶上睡着了。不知道睡了多久，他突然在梦里听到了一个声音：

"在那乌云最深最重的地方，有你想要的答案！"

小王子被这声音惊醒了，他左看右看，并没有找到说话的人。他决定不管那么多了，站起身来顺着那声音的指引，朝着乌云最深、最重的天边走去。

那天边可真远啊！小王子在森林中不停地走，累了就歇歇脚，饿了就吃点果实。

他走着走着，遇到了一大片荆棘，长着又密又尖的刺挡住了去路，他便用宝剑把它们砍断，继续前行；

他走着走着，遇到一条大河，水流又深又急，把道路截成了两段，他便用宝剑砍下来一些粗树枝，扎成木筏载着自己过河；

他走着走着，遇到了许多豺狼虎豹亮出牙齿和利爪，他就举起手中的宝剑把它们杀退，继续向着天边走去……①

越走，云雾就越浓重，越走，道路就越迷茫。小王子一气走到了云雾的深处，那里，已经黑得看不到自己的手指了！小王子跌跌撞撞地一边摸索一边探路，突然，他绊了一跤，扑到了什么人的身上。

"你来了，我的孩子！"随着一个威严又和善的声音，小王子手中的宝剑放射出了耀眼的光芒，把四周照亮。小王子一看，面前站着的是一位老人，被粗重的锁链绑在石柱上。

"您是谁？"

"光明之神！"

"您为什么被绑在这里？我们需要您！"小王子说着，举起宝剑拼命地砍那锁链。宝剑与锁链相击，迸射出无数火花，闪烁着寒光。锁链太结实了，小王子的手都震疼了，无论如何都砍不断。

---

① "三"是一个神奇的数字，故事主人公往往遇到三重困境。——小巫注

光明之神一直耐心地等着小王子："这样砍是砍不断锁链的，请你把宝剑插到锁链中间试试看。"小王子照做了，只听"铛"的一声，锁链重重地落在地上。

光明之神恢复了自由，他拿起小王子的宝剑说："这把剑本是我的光明之杖，有一天它丢失了，所以我被黑暗困在这里。现在，它回来了。谢谢你帮我把它送了回来。"话音刚落，宝剑就在光明之神手里，变回了光明之杖原来的模样。

光明之神举起失而复得的光明之杖，将它指向天空。只见浓雾聚集，乌云翻滚，天空一瞬间电闪雷鸣，下起了倾盆大雨。随着雨点越来越小，天空渐渐晴朗起来。片刻之间，风停雨住，河水奔流，山间飞瀑，树木枝叶茂盛，花草郁郁葱葱。

此时云雾散开，一束金色的阳光从云缝中照射着大地，天空出现了两道美丽的彩虹。小王子与光明之神告别，踏上了回归自己王国的路。他回过头望了望光明之神的方向，看到太阳的光辉，那是光明之杖发出的金色光芒。

创作过程

我的儿子哈吉在三岁那年，打小朋友的现象很频繁。正赶上"小巫艺术养育"课程中的故事工作坊，在下午的编故事环节中，我提出了这个问题，看能否针对这个现象编个治愈系故事。小巫老师确定了这个可选主题以后，另外两位妈妈杨莹和云香，不约而同选择了我的话题，我们成为一个小组。我们三个人的共同点是：孩子都是两至三岁的男娃。看来对这个年龄阶段的男娃来说，这是个很普遍的问题！

要编故事，尤其是高层次滋养的故事，就不能单从纠正行为入手，而是要看孩子行为背后的心理成因和需求。本着这个原则，我们首先交流了一下孩子打人的背景：都是在没有发生冲突的情况下打小朋友。然后我们就开始分析孩子的心理：孩子为什么打人？反映了这个年龄什么样的特点？打人的行为是受何种情绪驱使？是在满足自己哪方面的心理需求？他需要怎样的心理营养来满足这个需求，以代替打人的行为？……这对我们三个"学术型"的妈妈来说完全不成问题，很快得出答案：

三岁左右的孩子恰巧是入园期，刚进入第一个与妈妈分离的重要阶段。他们的眼光开始转向妈妈之外的世界，并产生强烈的好奇心。与此同时，离开妈妈就意味着要走向独立，在陌生世界的探索中必将伴随着或多或少的不安情绪：分离焦虑自不必说，面对各种新的挑战，小小的内心也不免会有恐惧。

三岁男孩的性别特点比小时候更加明显，拥有了一定的身体力量，男孩攻击的天性也开始展现，并有意识地表现在行为上。在面对焦虑和恐惧时，他不再满足于向妈妈求助，而更希望靠自己的力量来自我保护，与此同时，又对自己的能力缺乏完全的自信。这样，在不知道自己是否安全的心态下，会本能地以攻为守：我可是很有力气的！先让你们见识见识我的厉害！

看来，孩子打人的心理成因是：不安全、不自信。他需要的是：安全感、自信的力量。

分析透彻了，我们就开始编了。大家都得了《小巫教你讲故事》的真传，一致同意：绝不能将打人的行为直接编进故事里！我们怀着雄心壮志，直冲更高层滋养的故事而去。

既然孩子打人，是要证明我有力量保护自己，那是否可以编一个很善于保护自己的小动物？我先想到了小寄居蟹。小寄居蟹的一生总是在不停地换壳，当它的小贝壳住不下，整个身体暴露在外面的时候，一定很着急吧！等找到了足够大的贝壳，它就会重新获得安全感。如果用这个来比喻孩子日渐增长的力量是否可行呢？但是云香说：不行啊，寄居蟹的壳是它从海里找到的而不是自己长出来的，但孩子的力量却是属于自己成长起来的，所以寄居蟹不合适。

第一个创意被否了，我们又想到小海龟、小蜗牛、小穿山甲……它们小时候曾经弄丢了壳，总是缩在家里不敢出去，直到长大的某一天，它们才发现自己的壳又长出来了，便重新有了自信。大家觉得这个创意倒是符合我们之前对孩子的分析。

架构搭好了，我们就开始填充细节，但怎么填都显得很牵强：首先，"丢了壳"那个场景会给孩子不太舒服的感受，而且乌龟和蜗牛也不会真正弄丢自己的壳，在剧情上缺乏一些真实场景的支撑。

丢了壳不舒服，那不如改成：小乌龟小时候生怕自己的壳不够坚硬，总是很胆怯，在成长的过程中经受过一些考验，发现自己的壳慢慢坚硬起来了。这个想法比较合理！

但是说到这里，我突然对我们的主题产生了彻底的怀疑：就像小乌龟的壳自然生长一样，孩子在三岁左右会有打人的行为，但这真的是个需要被治愈的"问题"吗？孩子过了这个年龄段，身体发育和认知能力更加成熟了，肯定会产生自信和力量，打人的行为就会自然消失。哈吉的"打人"，对我的影响是什么呢？——没面子！我会受到其他家长的指责和腹诽。这只是给我带来一些麻烦而已，也许我根本不需要为了自己的面子，而去纠正孩子的行为？

想到此，我意识到问题只是我自己不接纳孩子的行为，而不是孩子真的需要被治愈。我向杨莹和云香表达了自己的疑惑，打算放弃编这个故事了。

杨莹和云香对我的接纳心态表示了赞赏，然后又一致表示：不能放弃！我们正在编的这个故事非常有价值！孩子的行为确实可以接纳，但打人的行为会给他人以及孩子自己带来很大的困扰：首先别人会很不舒服，其次因为大家都不喜欢他这样的交往方式,他自己也无法从这样的行为里得到想要的友情以及爱的联结。

她俩坚定的眼神和话语支撑着我继续编下去。小乌龟的创想在逻辑上没有问题,但我还是觉得故事里没有一个足够有力量的情节来给孩子滋养。

这时候,距离结束时间只剩十分钟了,小巫老师已经巡逻到我们这里询问进度,我们还在苦苦设想着情节。我忽然想到曾经读过小巫老师写的一个故事《金发公主》,主角是经典童话里经常出现的王子公主角色,如果把主角安排成人类,故事情节就会更加丰富。

因为打人的行为以小男孩居多,所以主角定为小王子。而打人的行为其实是孩子在展现力量,所以自然就变成了小王子手中的宝剑。小巫老师编写的《金发公主》里,开头是王国生了一场病……我灵光乍现:就让这个小王子的王国整天乌云密布,拯救王国的重任就落到小王子自己的肩上!

这个开头一起,我们都觉得非常对路。接下来大家的灵感就像大珠小珠落玉盘,顺利推动故事的发展:小王子想用剑的力量来劈开乌云解决问题,但都失败。然后让他根据梦中的指引,到天边的山洞里找到光明之神,才知道是光明之神被黑暗之神困住了,才让国家陷入阴霾。小王子想用剑劈断困住光明之神的铁锁,却怎么都不成功。最后还是把宝剑插在地上或者面前的一块石头上,才得以成功地解救了他,乌云散开,使王国上空光明重现。

杨莹提议:不如让小王子唱一首歌,锁链就自动消失了。小巫老师很欣赏这个创意,但我还是觉得唱歌解决问题固然好,但这个故事的情节还是应该围绕着宝剑进行。

这时候,别的小组已经开始表演他们编的故事了!我们三个人交头接耳讨论完了故事情节,匆匆定了角色,没来得及设计细节就上场表演了一遍。我旁白,云香扮演小王子,杨莹扮演光明之神。

展示结束,小巫老师对故事的构想加以肯定之后,又给了一个大福利——再次将这个故事提升为：重获自由的光明之神告诉小王子，这把宝剑本来是他的手杖，但是丢失了，所以自己才被困在这里。现在手杖找回来了，光明的力量得以重现。小王子把宝剑还给光明之神后，就回到自己的王国了。

有的同学感到疑惑：这样一来，小王子不就等于失去了宝剑，力量被拿走了吗？

小巫老师解释：小王子和光明之神都不是别人，而是我们心里不同的部分。宝剑代表着孩子的力量，这个力量需要与崇高和神圣的力量联结在一起，才能发挥它正面的作用。孩子打人，正是因为他不会使用自己的力量，我们编这样一个故事，让孩子的力量用在正确的地方。

就这样，在小巫老师金手指的点拨和提高下，经过几次翻炒和回锅，《光明之杖》的故事终于热气腾腾地摆上桌了。

《光明之杖》背后的故事

 为何总是打妹妹——看见孩子行为背后的心理需要

云香①

那是两年前的事情了，我和弟弟两家人都回家陪父母过春节，弟弟的女儿一岁了，由于是自己的亲侄女，我经常会按捺不住自己的喜爱之情，时不时地抱起她亲吻。当时我能很明显感觉到豆豆对我的这种做法很不满，但我并没有理解他的情绪，而是对他进行空洞的说教："宝贝，涵涵是你的亲妹妹，跟外面看到的

---

① 作者为首期艺术养育讲师、亲子沟通讲师、华德福老师。

那些弟弟妹妹都不一样,所以妈妈要经常抱她。你放心,妈妈最喜欢的是你,第二喜欢的是涵涵。"

豆豆并没有把我的话听进去,反而开始动手打妹妹,尤其是当我在的时候,他打起妹妹来毫不留情,边打还边斜眼看我,明显是一副挑战的模样。

我很恼火,这孩子怎么这样?我不是跟你说清楚了吗?你从来都不打别的小朋友,怎么到了自己妹妹这里,你就这样呢?你怎么这样自私呢?

无知的我冲着他喊:"不许打妹妹,听见没有!"

豆豆当时委屈得自己玩去了,而我则愚蠢地抱着涵涵哄她别哭。

事情的爆发是在我独自带两个孩子的一天。那天,家里人都有事出去了,只剩下我一人带着两个孩子。

一会儿豆豆要拉臭臭了,一会儿涵涵哭着找妈妈了,我越忙越乱,真是恨不能生出三头六臂来。好不容易把俩孩子都哄好了,我停下来去喝水,忽然听到涵涵大哭,我吓得赶紧跑过去看,原来豆豆在用鞋子敲涵涵的头。

看我到了,豆豆不但没有停手,反而身体转了个优美的圈,然后再用脚去踢涵涵。

我一下子气不打一处来,抓住豆豆就在他屁股上狠狠地拍了两下。拍完,自己猛然惊醒:我打孩子了!我第一次打孩子了!

看见两个孩子都在伤心地大哭,我瘫坐在地上,又是懊悔又是自责,真觉得自己废物到了极点。

事后,只要想起这件事,我都很懊悔。我知道,我到了该学习的时候了,我的知识已经不足以支撑我成为一个合格的妈妈了。

后来参加了亲子沟通课程"小巫艺术养育"、家庭系统排列等培训，学了更多心灵成长类课程，我知道豆豆当时打妹妹纯粹就是为了引起妈妈的关注，验证妈妈的爱，以便确定自己是妈妈最重要的孩子这个事实。当时，我没有发现这一点，把全部的精力都用在纠正孩子的行为上，而完全忽略了孩子行为背后的真正需求是什么，怪不得豆豆会变本加厉地打妹妹。试想当时，孩子心里该有多少委屈和伤心啊！

萨提亚有一个冰山理论，它指一个人的"自我"就像一座冰山一样，我们能看到的只是表面很少的一部分——行为，而更大一部分的内在世界却藏在更深层次，不为人所见。我们需要的，就是发现行为下面所隐藏的内心世界，这才是问题的解决之道，否则，光是纠正行为，只是治标不治本。

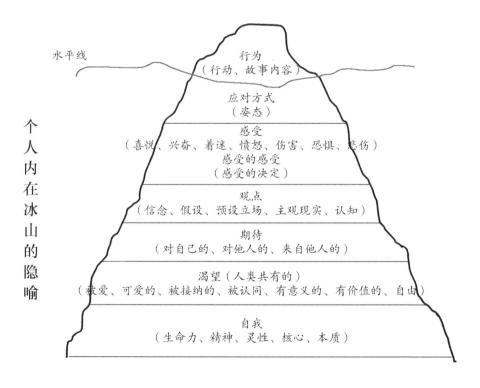

正如上图所示，冰山分为七层，最上面的一层是我们所看见的，下面则是埋在冰山下面的，我们一眼看不出来的东西。

就拿豆豆打妹妹这个事情来说，这七层依次是：

1. 应对方式：指责、攻击；
2. 感受：愤怒、恐惧；
3. 感受的感受：担心；
4. 观点：如果没有妹妹，妈妈就会爱我；
5. 期待：我可以得到妈妈的关注；
6. 渴望：爱；
7. 自我：我是不重要的，不被爱的。

在我依次填写这个冰山理论的同时，我的心又一次受到了震撼，如果不是仔细去体会、分析，我哪里能想到豆豆一个简单的打人的动作后面包含有这么多的情绪和感受？我们常常说孩子不懂事、自私、不懂得分享，可我们何时会用心钻到冰山底下去看看孩子到底是怎么想的？不懂事的到底是大人还是孩子？

在孩子打架的问题上，我通常的做法是不干涉，孩子们爱打架打去，父母们哪儿凉快哪儿待着去，我相信孩子们能依靠自己的能力找到合适的相处模式，但是像豆豆这种因情绪问题引发的频繁打人，却是需要大人帮助的。

如果我们能真正关注到孩子打人这个行为背后的真正原因（排除因争夺玩具、发生口角的打架，因为这种是完全正常的，是孩子之间交往的一种方式），那么解决问题、满足孩子需求的办法也就会应运而生。

记得豆豆刚上幼儿园约半个月后，忽然开始频繁地打小朋友，争抢玩具时会打，没有任何征兆时也打，不管老师在与不在，他照打不误，自然其他孩子也会对他的行为做出反应：孤立他，都不和他玩，给他起了个外号——最爱打人的孩子。

虽然，每次他打了别人，老师都会抓住他的手告诉他："小手喜欢做工作，不喜欢打人。"可是，豆豆打人的行为却更加严重，与此同时，在家里他也开始出现晚上反复做噩梦哭闹的情况。

所以，当老师请我去幼儿园谈话时，我心里是非常难受的，尤其当我看到一群孩子围着豆豆喊："豆豆，我们不喜欢你！你是幼儿园里最爱打人的孩子！"豆豆孤独无助而又倔强地站在中间，我心酸不已，让孩子独自面对这样的情况，这是做父母的失职啊。

当时老师建议我给豆豆讲故事，她们推荐了苏珊·佩罗的《故事知道怎么办》中的一个治愈孩子打人的故事——《张牙舞爪的小螃蟹》，让我讲两个星期试试看孩子的状态有没有改变。故事讲了以后，豆豆打人的情况明显好转，我窃喜不已，以为就此可以高枕无忧了，没想到几天后，老师又打来电话，说豆豆故态复萌，还是经常打小朋友，尤其是在老师看不见的时候！老师说："故事是会有用的，只是这个故事不是您自己编的，可能不适合您的孩子，我建议您自己给孩子编个故事疗愈一下孩子的这个行为。"

这可把我给难住了，虽然我之前经常给孩子编故事，但基本上都是没有任何目的性随口编的，真正的治愈系故事我还真没尝试过。

恰在那时，我正在参加"小巫艺术养育"黄埔一期，有一天的课程是故事工作坊。小巫老师说，治愈系故事有三个层次：第一个层次是针对孩子的这个行为的，比如孩子打人，我们就针对孩子打人这个行为，编一个故事，将孩子的行为和解决方案全部编进去（比如《张牙舞爪的小螃蟹》中，抓人是行为，解决方案是戴手套）。这是头痛医头的做法，对五岁以下的孩子可能有效，也可能无效，但对五岁以上的孩子往往起不到作用。

第二个层次是针对行为背后的心理原因编故事，比如孩子打人，他为什么打人呢？是因为嫉妒妹妹对吧？那就编一个不要嫉妒妹妹，兄弟姐妹和平友爱的故事，如果第一个层次是在部分叶子上洒水，那么第二个层次就是在所有叶子上都洒上水。而真正有效的方法应该是在树根上洒水，这也就是治愈系故事的第三个层次，也是最高层次：我不管你的行为是什么，我就看你行为背后有什么样的心理需求，根据心理需求来编故事。

就以豆豆在幼儿园打人这件事为例吧，他打人背后的心理需求是什么呢？豆豆为什么在入园半个月后，开始打人呢？

一种可能是为了赢得关注。豆豆是不是为了在新环境中赢得老师关注而打人呢？但我向老师了解后得知，他不管老师在不在都会打，甚至老师不在的时候打得更厉害，因此，他不应该是为了得到老师的关注而打人的。

另一种可能是环境的变化，给孩子带来了心理压力。孩子不知道自己在这个集体中到底是个什么样的位置，也不知道老师和小朋友们是否真正接纳自己，他很想试探一下，看看大家到底对他怎么样，而对于一个三岁多的男孩来说，他能想到的试探手段就是打人。

我想到的第三个可能是，豆豆此时恰好三岁多，这正是男孩子稍微有点力量的时候，这时的男孩子经常会像公鸡一样骄傲，仿佛自己就是国王，就是大力士，因此他很想试验一下自己的力量，更想让别人承认自己的力量。可是他又不知道用什么样的方式把这个力量展示出来，于是他就开始打人了。

弄清楚孩子打人背后的心理需求后，编故事就容易了，在小巫老师指导下，我和同组的乔瓦娜、杨莹一起现场编了这个故事（在这里我要感谢我的老师小巫的指点和两位同学的通力合作，尤其是乔瓦娜对故事的整理）。

这个故事我给豆豆讲了两个晚上，第三天开始，神奇的事情发生了，豆豆不再主动打人了！很快，他在幼儿园的被动状况得到改观，再也没有孩子记得豆豆曾经是"幼儿园里最爱打人的孩子"了！无独有偶，当时和我有同样困扰的乔瓦娜给自己的儿子哈吉讲完这个故事后，也收到了同样的效果！

这个故事之所以能有效治愈豆豆在幼儿园打人的行为，原因就在于它是对症下药的，针对的正是豆豆打人行为背后的心理原因。相反，如果我没有分析出背后真正的原因，而直接头痛医头脚痛医脚的话，故事是不可能起到这样的疗愈作用的。

我分享这个故事，不是在告诉大家一个放之四海而皆准的治愈孩子打人的故事。孩子打人的原因不同，打人行为背后的心理需求也会不一样，不一样的心理需求，就不能使用同样的故事。

做父母的，时刻都要想着孩子所谓的"不当行为"背后到底隐藏着什么样的心理需求，聆听孩子内心的声音，你会发现，其实每一个孩子都是那样的可爱、善良，每一个孩子的心理需求都值得我们去尊重，更值得我们尽力去满足。因此，发现孩子打人行为背后的心理原因，是采用何种方法帮助孩子的关键。

小巫评述

乔瓦娜于第一期"小巫教你编故事"工作坊上创作出《神鸟》这篇传世佳作（也是她本人的处女作）后，就江郎才尽了……啊，不不！我在开玩笑！相信读者们都能看出来这位文科高才生的才气和文学功底。她一直在找机会超越自己，编出和《神鸟》一样精彩而又经典的故事。在"小巫艺术养育"黄埔一期的故事专场里，这个机会终于来了！

编故事并不是一个动脑筋的过程，而是需要用心。当这三位学术型妈妈用头脑和理性分析孩子行为背后的成因与需求后，再用头脑和理性去编故事，立刻遇到重重困难。越绞尽脑汁，越编不出来。如果按照头脑的指挥编，最后的结果往往是说教意味浓厚的故事，孩子肯定不爱听。

好在这三位学员勇于推翻自己，放弃头脑，用心体会。当灵感降临时，才思便如泉涌，挡都挡不住。跟着感觉走，听从内心的呼唤，编出来的故事便有如神助，拥有强大的力量。

"打人"是幼儿常见的"问题行为"，很多家长都有类似的烦恼。但是如果给孩子贴上一个"爱打人"甚至"暴力攻击"的标签，将其归类为道德问题，用讲道理和惩罚的手段力图纠正，则于事无补，往往还会适得其反。

人们通常认为好与坏、善与恶是针锋相对的两个极端，必须去除坏，才能够得到好，但却没有意识到，它们只是同一个事物的不同侧面而已，或者可以说，坏是用错了地方的好，恶是发生在错误时空的善。

这样看来，**孩子"打人"是用错地方的力量**。如果执意去除它，则意在削弱孩子的力量，让他变得自卑和懦弱。《光明之杖》这个故事的隐喻在于：**每个孩子都有力量，用在恰当的地方，就会给世界带来光明和美好**。光明之神不是异于小王子自身的一个另外的存在，就像神鸟不是异于小鸟身外的一个存在一样。我们每一个人都是神，就像小鸟就是神鸟一样。"神"是我们更高的自我，是我们穷尽一生努力修行试图达到的最高境界。听故事的孩子会本能地理解这一点，会从这些更高自我的形象中汲取力量。

更进一步地说，**好的教育不是用身外之物居高临下地告诉孩子应该做什么不应该做什么，而是让孩子感受到最深沉的信任，相信孩子的神性，用故事和其他艺术形式，自然而然地开启之。**

（乔瓦娜和云香的成长之路也一直延续着，她们后来成为首批艺术养育讲师。）

蛮牛哥

"小巫艺术养育"黄埔二期作品
构思：青杨、艳丽、楷妈、小欣、潘潘
执笔：青杨

很久以前，有一个巨人住在一座大山旁边，他和村子里的人们是好朋友，他常常帮助村里的人种地、抓鱼，因为他力气很大，村子里的人都亲切地叫他蛮牛哥。

村子里有一条大河，蜿蜒曲折地穿过整个村子，浇灌着这里的庄稼，人们常常在河里打鱼，女人们在河边洗衣服，孩子们在河里嬉水玩耍。

有一天晚上，村子里的人们在睡梦里隐隐听到一声巨响，早上起来时却发现一直流淌的河水忽然干涸了，一滴水都没有了，只留下干干的河床。这是怎么回事呢？人们四处打听也没有消息，想着等等看水会不会回来，可是一天，两天，三天，日子一天天过去了，河里再没有见过一滴水。没有了水，地里的庄稼渐渐枯萎了，这可怎么办呢？

看到原本快乐的村子笼罩着一层愁雾，大家每天都唉声叹气的，蛮牛哥也很着急，他知道再这样下去，庄稼会颗粒无收，那么大家都会被饿死的。"不能眼睁睁地看着大家这样下去，不如我到大山深处找到河流的发源地，看看到底是怎么回事吧。"于是，第二天，蛮牛哥勇敢地朝深山出发，他要帮大家把河水找回来。

蛮牛哥翻过一座又一座的高山，穿过一片又一片的森林。这一天他又爬到了一座高山上，这座山高得都快挨着天了，隔着深深的山涧，前面还有一座比这座山还高的山。

"哦，这样子走下去，太费时间了，我得想个办法快点翻过这两座山。"蛮牛哥在大山上转来转去，忽然他发现了一棵又粗又高的大树，这棵树高得抬起头都看不到它的树梢，蛮牛哥想到了一个办法，他用力抱住大树，使劲儿摇了几下，然后用力一拔，嗨！蛮牛哥居然把这棵长到云端的树给拔了出来，他扛着树来到山顶上，把树往对面的山尖上一架，哇，蛮牛哥在两座大山上搭起了一座独木桥。

走过桥，蛮牛哥很快翻过了这两座大山，在山脚下他看到了一间小房子，房子外面坐着一位老婆婆。蛮牛哥蹲下身子，尽量小声地和老婆婆说："老婆婆，我是从很远很远的一个村子里来的，我们村子里的一条河忽然没水了，我这一路上看到沿途的河都没有水，您知道这是怎么回事吗？"

老婆婆抬头看了看蛮牛哥，叹了口气说："翻过前面那座悬崖，有一个积水潭，里面有一条巨龙守着潭水深处的一个泉眼，那是周围所有河流的源头。可是前不久这条龙出去觅食，大概吃了什么不该吃的东西，回来的时候一下子就摔进了潭里，昏睡了过去，而且它的身体刚好堵住了泉眼，所以，这周围的河流都一下子干涸了。"

"那怎么才能把巨龙叫醒呢？"

"你从这儿往回走，翻过九座山，越过九道涧，在最高的那座山顶上有一个百果园，里面有一棵活了九千九百九十九年的银杏树，你摘下九片银杏叶，再摘下九颗银杏果，拿到积水潭，把叶子铺在巨龙的身上，把银杏果塞进巨龙的嘴里，然后巨龙就可以醒来了。"

治愈系故事小屋

"谢谢你，老婆婆！"蛮牛哥听了老婆婆的话，高兴地起身就往回走，他走过了他搭的独木桥，又走过了一座一座的山，越过了一道一道山涧，终于来到了百果园的山下。百果园在一个非常非常陡峭的山上，蛮牛哥试了几次都爬不上去，他着急得四下里转着，这时他发现峭壁上垂下来好多好多粗粗的藤蔓，有了！蛮牛哥把藤蔓收拢在一起编成了一条又粗又结实的绳子，然后抓着绳子爬到了山顶的百果园。

在百果园，蛮牛哥找到了那棵长了九千九百九十九年的银杏树，摘下了九片叶子和九颗银杏果，然后又很快地回到了积水潭边，果然看到了一条金色的巨龙盘着身子睡在潭里。蛮牛哥跳下潭，把九片银杏叶铺在巨龙身上，又拿了根棍子撬开了巨龙的嘴巴，把银杏果塞了进去，然后蛮牛哥跳上潭边，焦急地等着。只见巨龙的身子慢慢开始蠕动，然后它吧嗒吧嗒嘴巴，嘀咕着："我是做梦吃了什么果子，好香啊。现在我要喝点儿水了……咦，怎么没水了？哎呀，堵着泉眼了！"

巨龙赶快飞腾起身子，原来它身子下面就有一个泉眼，挪开身子后，泉眼汩汩地冒出清冽的泉水来，并很快流满了水潭，然后又顺着水渠流了下去，这周围早已干涸的河道很快又蓄满了水。蛮牛哥看着那欢快流淌的河水，心里别提多高兴了。而他所在的那个村里的人知道了蛮牛哥为找回河水所做的一切，都非常感激他，为了记住蛮牛哥，他们把那条日夜奔腾不息的河流起名叫作蛮牛河。

创作过程

命题：针对孩子打人的行为编一个治愈系故事

《蛮牛哥》最初版本:《森林里的巨人》

　　从前在一座大大的山里，有一个大大的巨人，他的个子非常高，力气非常大，而且这个巨人非常喜欢和小动物一起玩儿。然而，他的个子太大，力气也太大了，小动物呢，又太小。有一次，他和小动物在一起，忽然听到一声惨叫，低头一看，哎呀，不好意思，原来他不小心踩到人家小猴子的尾巴了。还有一次，他看到小松鼠在树上摘松果，他就跑过去和人家握手，可一拉就把人家的爪子弄折了。

　　从那以后，森林里的小动物一见到巨人就远远躲开了。时间一长，巨人不知道为什么这些小动物不和他玩儿了。于是有一天，当小动物又一次躲开他以后，他就生气地把大石头到处乱丢，还把树木也拔倒了几棵。这下可糟了，石头砸坏了小动物的家，倒下的树木也把河流截断了，村子陷入了一片混乱，小动物们对巨人也更加不满了。巨人也知道自己这样做不好，可他真的不知道该怎么做了，于是他伤心地想："干脆我离开这里吧。"

　　巨人收拾了自己的包裹，离开了村子，他翻过了一座山，又翻过了一座山，走了好久好久，来到了一个像仙境一样的地方，这里好美好美。于是他想："干脆我就住在这儿吧。"忽然，巨人听到小河那边传来了欢快的声音，他就悄悄地走过去看，原来一个比他还要大的大巨人坐在小河边，而且有无数的小动物，有小猴子、小兔子、小松鼠等都围着他唱歌跳舞，还有好几只动物在那个大巨人的身上跳来跳去。

　　巨人惊呆了，这时有一个眼尖的小猴子看到了这个巨人，他叫了起来："快看快看，我们来了一个新伙伴！快来快来，给你果子吃。"小猴子端了盘野果子给巨人，巨人一拿却因为力气太大一下子把盘子弄碎了，他自己吓了一跳，可小猴子并没有很害怕的样子，他只是退回去重新拿了一盘果子，这回巨人非常小心地接过盘子，那个大巨人也向他微笑着招了招手。巨人来到这个大巨人的身边，他问出了心里的疑惑："我在原来的村子里，小动物们见了我就跑，可为什么你能和这些小动物相处得这么好呢？"

大巨人笑了起来："其实我原来和你一样，也和大家处不好，后来我遇到了一个仙子，她送了我一件宝贝。现在我也用不上这件宝贝了，就把它送给你吧。"大巨人扭头从身后的山洞里拿出了一个小盒子，打开来，里面是一颗金光闪闪的金孔雀蛋。大巨人把蛋轻轻地交给了巨人，说："秘密都在这里。"

巨人捧着金孔雀蛋走了，开始时他的脚步还像以前一样用力，小猴子追上了他，指了指他手里的金孔雀蛋，又做出了轻手轻脚的样子，巨人愣了一下，便放轻了脚步，他似乎明白了什么。

在工作坊里表演故事的时候，我们给故事留了这个开放性的结局，想着可以让孩子自己去想后来的故事。在最初编这个故事的时候，设定的结尾是：

巨人回到了他的村子里，小动物们还和以前一样一见到他就躲了起来，巨人先把金孔雀蛋放回自己的家里，然后他轻轻地走到村子里，把截断河流的树木搬到了一边，把挡在路上的石头清理掉，又把早先砸坏的小动物的房子一间间都修好。小动物们都躲在一边看着巨人的一举一动，大家都有些奇怪，觉得巨人和以前不一样了。

有一天，一只小鸟正在天上飞，忽然来了一只老鹰冲着小鸟俯冲了下来，小鸟惊慌得不知该往哪儿飞，地下的动物也都吓得尖叫起来。这时忽然飞出来一块石头打中了老鹰的翅膀，原来是巨人，他站在那儿又扔出了一块石头，同时大吼了一声，老鹰受了伤又看到这么大个子的巨人，吓得掉转身子就逃走了，小鸟得救了。它落在了巨人的身上，拿小脑袋蹭了蹭巨人，向他表示感谢。

小动物们也慢慢地走了出来，走到了巨人身边。巨人低头看了看大家，慢慢地坐了下来，小心翼翼地不让自己碰到任何一个小动物。他憨憨地对着大家笑笑，伸出了手掌，几只胆大的小猴子跳了上去，巨人手心里痒痒的，他忍不住哈哈笑了起来。小动物们你看看我，我看看你，也跟着笑了起来。后来呢，他们就一起开开心心地生活着。

小巫老师看过我们的表演之后，提出了修改意见：一个好的治愈系故事不能把孩子的行为直接编进去，要在故事里有正面的积极的引领。于是我们进行了又一次的修改，最终呈现出了现在的《蛮牛哥》。

小巫评述

在每一期故事工作坊里，都会有学员提出孩子"打人"或者其他的社交问题。如果是胆小、焦虑、怕生这样的问题，似乎还好办一些，编一个与爱、勇气、独立相关的故事就行了。但是"打人"这种貌似"错误"的行为就没那么容易了，家长容易用某种不好的后果甚至惩罚来"吓退"孩子的行为。比如，"打人"的后果就是大家都不肯跟你玩儿了，没有朋友了。

说实在的，《森林里的巨人》不算是必须扔进垃圾桶的糟糕故事，它其实是一个很有爱的故事，如果就这样讲给小朋友听，也能起到一定的治愈功用。但是，它顶多起到第一层与第二层之间的疗效，是一种"堵"的力量，孩子也许会收敛几天，一旦"药效"过期，难免故态重萌。而且，巨人因为天生力气大而导致破坏，暗示他与众不同，不在正常值范围内，容易让孩子感到自卑。

因此，**最好不要把孩子的行为直接编进去，也不推荐用行为所导致的负面后果来警诫孩子。正面的形象、正面的情节更有力量。**何况，前边说过，"打人"是正确的力量用在了错误的地方，用在正确的地方，可以帮助这个世界，给人间带来美好。

同是治愈"打人"行为的故事，《光明之杖》采用了带有西方味道的王子和宫殿，《蛮牛哥》则有很多中国传统民俗的元素：农业村落、巨龙、长了九千九百九十九年的银杏树、九片银杏叶、九颗银杏果……

小马壮壮

"小巫艺术养育"黄埔三期作品
创编：跃飞、小雁、峻梅、刘芳、薛珊
执笔：薛珊

从前，在一片美丽的森林边，有一个群马村，村里生活着马爷爷、马奶奶、马姥姥、马姥爷、马爸爸、马妈妈和一群小马驹儿。

在一个晴朗的夏夜，村里又有一个新成员诞生了，这个刚出生的小家伙儿看起来有点瘦有点小，于是，马妈妈给他起了个名字，叫壮壮。

壮壮看起来一点儿也不强壮,他花了整整三天时间才从地上站起来,就连学走路,都比别的小马慢。壮壮是一匹纯白色的小马,每当他低下头,看到自己那纯白的马蹄儿,就忍不住沮丧,"为什么我的蹄子跟红红和小灰的不一样呢?他们的都是棕色的,只有我的是白色的!只有我还不会跑……"

红红是一匹枣红色的小马,小灰是一匹棕色的小马,他们俩是壮壮的小伙伴和好朋友,小的时候,他们三个一起吃奶、一起唱歌、一起听马爷爷讲故事。后来,红红和小灰学会了奔跑,他们俩总是一大早就跑到村子外面玩儿去了,一直到傍晚才回家。每次回来,他们都会给壮壮带上一份礼物,有的时候是一颗红色的野果儿,有的时候是一片漂亮的树叶儿……

"壮壮,壮壮,你猜猜今天我和小灰发现了什么?"红红兴奋得满脸通红,"我和小灰穿过了村子前面的那片森林,没想到,森林的旁边居然是一片一望无际的草原!"

"对啊,壮壮,那片草原上的草踩上去特别特别的软,就像奶奶做的棉花糖!"小灰一脸陶醉,"还有好多好多一丛一丛叫不出名字的小花儿,有紫色的,有黄色的,还有粉色的,漂亮极了!我和红红简直都能闭上眼睛跑啦!闻着花香,踏着青草,听着风声,哇,实在太美妙了!"

壮壮听得津津有味,满脸神往,可是,当他低下头看到自己的蹄子,白白的,还有点软,眼神就渐渐黯淡下来……"真想去那片草原上看看!真想像红红和小灰那样尽情地奔跑啊!……要是,要是我能变得强壮就好了!!!"

壮壮把自己的愿望告诉了马爷爷。马爷爷是群马村里年纪最大、最有智慧的马,他摸了摸壮壮的头,"孩子,你真的希望自己变得强壮起来吗?"

"是的，爷爷！"壮壮立马回答。

"倒是有一个办法！"马爷爷不紧不慢道，"传说，翻过村子后面的森林，在启明星升起的地方，有一座山，山顶上有一个湖泊，当那里的天空挂起七色彩虹的时候，湖的对岸会出现金色的光。孩子，当你看到那片金色的光，你会变得无比强壮！"

"太好了！爷爷！我马上出发！"

"等等，孩子，把这个戴上！"马爷爷从他的百宝箱里拿出来一只铃铛，系在了壮壮的脖子上，"这不是一只普通的铃铛，孩子，当你遇到困难的时候，它会帮你！"

就这样，壮壮带着爷爷送的铃铛出发了。壮壮独自走进了村子后面的森林，这是壮壮长这么大，第一次离开村子，他既兴奋，又紧张。不过很快，壮壮就被森林里的景色吸引了："哇，原来小灰送给我的红色野果儿是长在这种带刺儿的灌木丛里呀！""咦，这棵树上的树叶比红红送给我的还要漂亮呢！"……

不知不觉，壮壮走到了森林深处，突然，出现了一条小河，挡住了壮壮的去路。壮壮试着迈出了一只马蹄儿，冰凉的河水激得壮壮立马缩了回来。"天啊！河水这么冷！水流这么急！水面这么宽！还不知道，河水有多深……我该怎么办？"

这时，河边来了一只小鹿，小鹿抬头看了看壮壮，问道："你要过河吗？"

"是啊！可是河水这么冷！水流这么急！水面这么宽！还不知道，河水有多深……"壮壮很沮丧，"而且，我的蹄子是白色的，还很软，我的腿也不够强壮……"壮壮越说越难过，难过得要哭了。

"啊？真的吗？"小鹿说完，不等壮壮回答，就跳着过了小河，河对岸的小鹿回过头，冲壮壮调皮地眨了眨眼睛，又重复了刚才的话,"啊?真的吗?"说完,就蹦蹦跳跳地离开了。

壮壮惊呆了,他想起来,小鹿的个头儿只到他的腿那么高,他想起来,小鹿四条腿儿加起来还没他一条腿儿粗。"小鹿都能过河,我也能!"

壮壮咬咬牙,深深地吸了一口气,学着小鹿,跳着过了小河。跳上河岸的那一刹那,壮壮胸口的铃铛突然发出了一串"叮叮咚,叮叮咚,叮叮咚"悦耳的声音,壮壮感觉四肢发热,脚下的蹄子瞬间充满了力量!"哇!我做到了!我做到了!"壮壮开心极了,"哈哈哈,我明白了,原来爷爷的铃铛一响起来,就能给我力量!"

壮壮大笑着,边走边跳,很快就穿过了森林,来到了山脚下。一路上,马爷爷的铃铛"叮叮咚,叮叮咚,叮叮咚"地回响着,壮壮走得越来越快,他的身体越来越灵活,他的蹄子越来越坚硬……

爬到半山腰,忽然间乌云密布,狂风大作,一场瓢泼大雨铺天盖地倾泻而下,壮壮急忙躲到了一旁的山洞里。走了大半天路,壮壮又累又困,山洞里黑乎乎的,一点儿光也没有,壮壮一个人,有点害怕……

突然,山洞尽头出现了一团晶莹的绿光,一闪一闪,忽明忽暗,壮壮睁大了眼睛:"这个是——啊!萤火虫!噢!天啊!原来黑夜里的萤火虫是这么的美!"这时,越来越多的萤火虫飞了过来,它们围绕着壮壮飞舞着,一闪一闪,忽明忽暗,壮壮感到自己仿佛置身于一片明亮璀璨的星空之下……壮壮的内心越来越平静,渐渐地,又累又困的壮壮进入了梦乡……

不知道过了多久,一阵风吹了进来,"叮叮咚,叮叮咚",铃声和风声唤醒了壮壮,壮壮睁开眼睛,发现山洞外的大雨已经停了，壮壮走出山洞，继续赶路。

下过雨的山间弥漫着一层薄雾，壮壮穿过了薄雾，马爷爷的铃铛"叮叮咚，叮叮咚，叮叮咚"地回响着，壮壮走得越来越快，他的身体越来越灵活，他的蹄子越来越坚硬……

山顶越来越近了，壮壮抬头望去："啊！彩虹！是七色的彩虹！"壮壮开心地叫道。"当那里的天空挂起七色彩虹的时候，湖的对岸会出现金色的光。"马爷爷的话回荡在他的耳边……

壮壮了加快了速度，他穿过了风，马爷爷的铃铛"叮叮咚，叮叮咚，叮叮咚"地回响着，壮壮走得越来越快，他的身体越来越灵活，他的蹄子越来越坚硬……

终于，山顶，到达了！壮壮激动得几乎睁不开眼睛——七色的彩虹倒映在湖面上，随着湖水波动，交织、跳跃、舞动出魔幻般绚烂的色彩，色彩的尽头是一片金色的光……

"孩子，当你看到那片金色的光，你会变得无比强壮！"

……

"金色的光！爷爷！爷爷！我看到了！我看到了！哈哈哈哈，我看到了！"

壮壮长啸一声，朝着山下的村子飞奔而去！湖面倒映出一匹乘风驰骋的骏马，他的鬃毛和他的蹄子闪烁着金色的光……马爷爷的铃铛"叮叮咚，叮叮咚，叮叮咚，叮叮咚"地在山间回荡着，久久不息！

创作过程

治愈目标：分离焦虑 / 不接受分房睡

当时，我们小组主要是要解决两个组员妈妈的问题：一个是小雁家六岁大儿子的分离焦虑，一个是跃飞家九岁的大儿子不愿意跟爸爸妈妈分房睡。小巫老师将这两个问题归为一类，引导大家找出了问题背后的原因，即孩子缺乏安全感。因此，小巫老师给我们的创作提示是：可以编一个探险类的故事，或者是独自完成一个使命的故事。

我们的讨论开始了，首先要确定故事的主角。小雁和邹蓉的儿子都是土相气质的孩子，于是，我们想到了小鼹鼠，循着小巫老师的方向，我们开始想象各种小鼹鼠历险的场景，而且是一个性格内向、特别恋家的小鼹鼠。由于鼹鼠恋家，所以肯定不会主动去探险，所以我们设想一个让小鼹鼠不得不去探险的理由，比如，冬天快来了，鼹鼠妈妈生病啦，小鼹鼠被迫必须担负起外出寻找食物的任务，等等。

小巫老师路过我们组听到了我们的讨论，她提议，把土相的小鼹鼠换成火相的马。小巫老师说，土相的孩子其实内心里特别向往自己能够成为一个火相的人，换成火相的小马对土相孩子更有吸引力，另外，小巫老师提醒我们，故事主角最好是主动走出家门，而不是被迫的。

于是，我们调整了一下思路，把故事的主角改成了一匹小马，我们设想这匹小马的妈妈年纪大，生了三天三夜才生下来它，所以它身体很孱弱，走路艰难并且不会奔跑。确认了故事角色后，我们开始讨论故事的主线，我们设想小马对自己不会奔跑的现状很苦恼很遗憾，后来由于某种诱因，它走出家门，历经艰难，最终成长为一匹自由奔跑的骏马。联系前面小巫老师提到的"主动走出家门"，我们给小马设计了一个朋友圈——一群健康活泼、会奔跑的小伙伴，它们会给小马带回外面世界里各种好玩的东西，比如红色的果子、漂亮的树叶，等等。邹蓉这时候想到她儿子喜欢恐龙蛋，于是我们把恐龙蛋也搬进了故事，并把小马对恐龙蛋的好奇心设定成它主动走出家门的诱因。

理清故事主线后，我们开始设计小马为实现能够奔跑的理想历险的场景，我们设定了四个场景：

第一个场景是小马问路。我们假定小马听到了某种传说，然后找到村子里一个古老的智者（一个老爷爷）去询问，要怎么样才能学会奔跑。智者告诉它，在启明星升起的地方有一座山，山顶有一个湖泊，当湖面挂起七色彩虹的时候，会出现一片金色的光，看到了那片金色的光，就能奔跑了。

第二个场景是森林和小河。这时的小马第一次离家，它会充满好奇，也会有担心和困惑，比如遇到河流阻挡去路不知道怎么办，等等，我们在这里设计了一头小鹿轻松过河的素材，用小鹿的轻松来刺激和增加小马过河的信心。

第三个场景，我们设定了一个半山腰偶遇暴风雨，然后躲进黑乎乎的山洞避雨的情节。黑暗中的小马很累很害怕，结合二元对立原则，我们在这个场景中加入了萤火虫的素材，用萤火虫的明亮来反衬出黑暗的美，并集体臆想了是否也能顺便治愈一下孩子怕黑的问题。

最后一个场景，雨过天晴，小马顺利到达传说中的目的地，看到了彩虹，看到了金光，变成一匹英姿勃发、跑得很快的骏马。

故事的框架基本成型了，由于时间很短，大家排练得比较仓促，于是只能用旁白多、台词少的方式表演了一遍。表演结束后，小巫老师点评：

这个故事百分之八十都很好，尤其是几个意象：一个是老爷爷——村子里的智者就不用了，它自己的爷爷就可以了；爷爷有古老的智慧、讲述古老的传说，这都是很有力量的东西。另外一个是那个湖——山那边的湖、湖上有彩虹、随着彩虹而来的金光、看到金光就获得力量，这些神性的事物组成一道美景，唤起每个人本能的渴望。故事特别利用了人类对美好事物的渴望、对力量的渴望、对神性的渴望，有渴望才有动力去探险。

但是有一个细节特别糟糕：故事一开始说马妈妈年纪大了，生了三天三夜才生下小马，这对孩子来说是一件很可怕的事情，绝对不能讲！只需说小马生下来比较弱，天生比别的马弱一点，学走路学得比较慢，别的马都能跑了，它还不能跑，而且它觉得它的蹄子白白的，看上去好像软软的，它自己就不太相信它能跑。

恐龙蛋也不是一个很好的设想。可以编成小马的小伙伴想带它出去，比如有一片大草原，草原上有许多特别美的风景，小伙伴们在上面疯跑啊、玩儿啊，特别痛快特别希望小马能加入，但是它又去不了，于是它就去找爷爷，爷爷就告诉了它那个古老的传说，鼓励它去。

也许爷爷可以给它一个东西，比如挂一个小铃铛，爷爷可以说当你遇到任何障碍——比如后边过河的时候——就摇一摇这个铃铛，看看它会发生什么事情；当它真的摇一摇时，一下子就能跳过河了。

山洞、萤火虫这些也可以，还可以安排一些更有趣的障碍和克服的过程，最后到了山顶，目前太类似《神鸟》的结局可以不要了，改成它过去一看到金光，一下子就冲下了山，冲回了家，速度很快。

小马在过河的时候，可以得到小鹿的帮助；如果你编了形象出来，这个形象不能没有用处，不能只是小鹿嗖一下过了河，然后小马也嗖一下过了河；既然形象出现了，就要对它有帮助。可以是在这个形象的帮助下，它是如此这般过的河，等它回来的时候就有了很大的对比。

别忘了二元对立，小马从弱到强，是一个强烈的对比，它回来的时候过河就没问题了，穿过阴暗的地方或者暴风雪什么的就都没有问题了，它冲回了家，冲回了村庄，跟它的小伙伴团聚了，也可以到大草原上跟小伙伴一起去奔跑了，总之，大团圆的结局！

根据小巫老师的修改意见，我们在把故事落实为文字时做了相应调整，还有很多细节都进一步明确了，形成了现在的版本。

跃飞后记

工作坊结束后回家当晚，我就给大宝讲了这个故事，大宝在我讲述的过程中不断地提出了新的问题和想法。比如，在讲完那个美丽的传说时，大宝马上就说，是不是它后来克服了很多困难找到了？我感受到孩子能够知道大概的思路。

第二天晚上，我问他今天要不要讲故事，他说要，我说要不要讲昨天的小白马历险记，他说不用了。他一边说不用，一边把那个美丽的传说自己讲了一遍，还一边手舞足蹈，好像自己也在获得那股力量，说明孩子已经感受到了故事的强大力量。但可能因为这些历险过程对二年级下半学期的孩子不够刺激，所以就不想再听了，我们后来轮流编搞笑版《三只小鸭子》。

第三天晚上，大宝要求和他继续编搞笑版《三只小鸭子》，亲子一起编故事，对孩子的陪伴意义重大。

在讲到晚上独自过夜的时候，大宝问小白马为什么不带些吃的，这样它就不会饿了。我当时没有反应过来，不知道如何回答他，就说，那我得问问小巫老师如何修改，搪塞了过去，他说好的。

第二天晚上，我说我想了想，马应该是吃草的，山上应该是有草吃的，所以不用带干粮，他觉得我说得也对，就说那你就不要和小巫老师说了，其他问题也不用和小巫老师说了。我说你提的其他想法妈妈也觉得蛮好，他说你还是不要说了。我说那好吧。

当我第二次讲到小白马遇到困难的时候，大宝立刻说："他肯定又想到爷爷的小铃铛了！"我说是的。小巫老师当初的点评和建议真是太有效了！孩子一下子就记住了、印在了心里。这些神性的东西对孩子而言有一股强大的魔力，是我这个成年人无法理解的。

山谷里的索拉图男孩

"小巫艺术养育"黄埔五期作品
执笔：李静苓[1]

很久很久以前，在离我们这儿很远很远的一个神秘的山谷里，有一个很小的小村庄，小村庄里只居住着三个人：一位老爷爷，一位老奶奶，还有一个小男孩。

小男孩不知道自己的爸爸妈妈是谁，他时常问老爷爷和老奶奶："爷爷，奶奶，你们知道我的爸爸妈妈在哪里吗？"爷爷奶奶总是慈爱地摸摸他的头，微笑着不说话。

小男孩每天的生活很简单，就是从谷底攀到山谷的腹地，在一个幽深的洞穴里，找到四颗发光的宝珠，两颗给爷爷，两颗给奶奶。爷爷的腿是瘸的，拿到这两颗宝珠摸一摸，腿脚就好使了，可以走路到田里干活种庄稼了；奶奶的眼睛是看不见的，拿到这两颗宝珠摸一摸，眼睛就看见了，可以做很多好吃的给大家吃。

只不过，这些宝珠的光只能持续一天，没有了光就失去了魔力。所以每一天的清晨，小男孩都必须去洞穴里寻找新的宝珠。虽然上山的路很陡峭，每天都很辛苦，但每当看到爷爷奶奶因为摸到了这些神奇的宝珠，脸上绽开的笑容，小男孩就觉得很满足。一天又一天，小男孩就这样快乐地和爷爷奶奶生活在一起。

这一天，小男孩依然天还没亮就开始了一个人的攀登。一

---

[1] 作者为第二期艺术养育讲师班学员、第二届小巫养育学堂班主任。

路上，他其实并不孤单，树枝上有小鸟在跟他打招呼，小猴子在林间晃来晃去地逗弄他，小兔子也从小洞里钻出来，蹦到他的腿间，挠他的小痒痒肉。小男孩快乐地回应着这些小精灵，说着早上好，还告诉它们："我现在不能跟你们玩，我得在爷爷奶奶醒来前拿到宝珠呢！等我有时间了，就来找你们。"

好不容易他到达了那个神秘的洞穴，和以前的每一天一样，他深吸了一口气，小心地从小小的洞口爬了进去。他知道，只要在黑暗中边爬边数十下，洞穴就会变得宽阔起来，他可以立起身子，找到那块褐色巨型的方石，在最下面的石头缝里，只要他把手伸进去，就能摸到四颗发光的小宝珠。

可是这一天，当他把手伸进石缝，却怎么也摸不到宝珠，一颗都没有！这是怎么回事呢？正当他迷惑的时候，从洞穴深处传出来一个怪异的声音："哈哈哈哈，你一定在找发光的神石吧？今天，它们可不属于你了！"

小男孩循着声音的方向看过去，只见一个身穿黑色大斗篷，手拿黑色魔杖的巫师，从黑暗中慢慢走出来，坏笑着看着他。小男孩有些害怕，往后退了两步，但一想到宝珠可能被这个人提前拿走了，便鼓起勇气问道："是你拿走了宝珠吗？"

巫师答道："我希望拥有世界上所有神奇的东西，用来扩展我的神力。所以，不只是今天，以后的每一天，我都会来取这些有魔力的珠子！"

小男孩一听，大声说道："你不可以拿走它们，爷爷奶奶比你更需要这些宝珠！"

巫师哈哈大笑起来："我才懒得管什么爷爷奶奶呢，宝珠归我了！"

说着，巫师看也不看小男孩，便朝洞口走出去，眼看就要消失了。小男孩心想:"没有了宝珠,爷爷奶奶今天可怎么办呢,不行,我一定要拦住他,把宝珠要回来!"

于是他很快爬出洞口,拦住巫师:"把宝珠还给我!"

"好吧,让你见识一下我的厉害。"巫师挥起魔杖,小男孩瞬间被一股强大的力量击退,好不容易稳住身体后,他知道自己一个人的力量是没法夺回宝珠的,必须寻求帮助。

小男孩对着天空吹了一声长长的响亮的口哨,只见满山的动物朋友们如旋风一般集合到了这里。"朋友们,巫师抢走了宝珠,我需要你们的帮助!"话音刚落,小动物们朝着巫师的方向一拥而上,小鸟飞到了巫师的头上,挡住了他的视线;小猴子拉住了他想再次挥舞的魔杖,还有身体,让他动弹不得;小兔子从他的口袋里找出了四颗宝珠,还给了小男孩。

巫师被一群小动物团团围住,失去了攻击力,气得直跺脚,只好扫兴地离开:"你们,你们给我等着,我还会来的!"小男孩和小动物们带着宝珠快乐地回到了山谷里,爷爷奶奶正焦急地等着他,小男孩迫不及待地告诉了爷爷奶奶今天的奇遇,爷爷奶奶听完后,互相看了一眼,微笑着不说话。

第二天,小男孩为了防止巫师再来抢宝珠,早早地上了山,他决定赶在巫师出现之前拿回宝珠。去的一路上都特别顺利,宝珠也好好地在大石头下等着他,小男孩放松下来,长嘘了一口气,心想:"这巫师也没那么可怕嘛,再说,我还有一帮好朋友呢。"于是他带着四颗宝珠数了十下爬出洞口,准备下山。

突然,眼前的一切让他惊呆了!只见,下山的路被一大片浓浓的迷雾包裹着,完全看不见了!面对眼前的一片白茫茫,小男孩心里慌极了,如果勉强往前走,虽然大概知道路的方向,可是万一踩错一步就会掉下悬崖!他对着天空,吹了一声长长的响亮的口哨，可是，可是，动物朋友们这次没有出现。

"哈哈哈哈，那帮动物也被大雾挡住去路啦，这下没人帮你了，还是乖乖把宝珠给我吧！"穿着黑斗篷的巫师从旁边闪了出来，朝他伸出了魔杖。

"原来是你制造了大雾，可是我真的不能把宝珠给你！"小男孩努力让自己镇定，他牢牢地攥着宝珠，在洞口盘腿坐了下来，闭上了眼睛。

巫师被小男孩的举动震住了，一时不知道该拿他怎么办。小男孩静静地听着周围的声音，他知道，一定能找到破解迷雾的办法，然后，他听到了"呜——呜——"的声音，一开始是轻柔的，渐渐地，那股声音越来越集中，越来越强大。

小男孩微笑了起来，他知道帮助他的人来了，是风婆婆！

他在心中呼唤着："风婆婆，风婆婆，快来助我吹散迷雾，我要找到回家的路！"从远处的云中，飘来了一位白发披肩、身披白袍、面目慈祥的老奶奶，她飘到哪，风就跟她到哪。她飘到了迷雾的中央，漂亮地转了几圈，身后的风就回旋起来，吹散了大雾，山下的路顿时清晰地显现了出来。

站在旁边的巫师一看到这种景象，气坏了，挥舞起他的魔杖朝风婆婆打去，风婆婆轻盈地绕开，绕到巫师的身后转圈圈，只见巫师被一阵狂风卷了起来，卷到了空中，他恼怒地呼喊着："可恶，我一定会回来的！"随后消失在了山谷里。

小男孩开心地回家了，迫不及待地跟爷爷奶奶说了今天的事情，爷爷奶奶听完后，互相看了一眼，微笑着不说话。

第三天，小男孩又一次早早地上路了，有了前两次的经验，今天的小男孩浑身充满了力量，他已经做好准备迎接巫师新的挑战。上山时一切很顺利，快要到达半山腰的时候，突然间，脚下的地开始摇晃，山上不断有石块滚落下来。小男孩心想："是巫师，他又来捣乱了，我必须先拿到宝珠再说！"

小男孩一边这么想着，一边加快了步伐，躲闪着掉落的石块，快速向洞穴走去。这时，小男孩已经不再惧怕幽深的山洞，他毫不犹豫地钻了进去，用最快的速度拿到了宝珠，又快速返回。但是，不幸的事情发生了，从山上掉落的巨石完全挡住了入口，他出不去了！而且整座山都在不停地摇晃，似乎整个洞穴都要被吞没。

小男孩在没有一丝光线的洞穴里，把宝珠稳稳地装在衣服里，开始摸索着努力地寻找一切能帮助他离开的工具，可是整个山洞里，除了石头，连一根能撬动石块的棍子都没有。怎么办呢？小男孩焦急之中，摸到了衣服里的四颗宝珠！"呀，宝珠一定联结着神秘的力量，它们可以帮助我离开吗？"

于是，他坐了下来，生平第一次摸着四颗宝珠，开始对它们说话："宝珠啊宝珠，我想离开山洞，回到爷爷奶奶身边，来吧，来吧，我需要你们的帮助。"四颗宝珠开始闪现出奇异的流动的光芒，小男孩兴奋极了，他知道宝珠在回应他，于是他又说："宝珠啊宝珠，我想离开山洞，回到爷爷奶奶身边，来吧，来吧，我需要你们的帮助。"四颗宝珠的光芒这次融合到了一起，集成了一道强烈的光束，照亮了整个山洞，然后光束指向了洞口，像一道闪电一般劈开了堵住洞口的石块！

这时，脚下的地也不再摇晃，稳定了下来。小男孩定睛一看，似乎洞外也闪耀着奇异的光，他急忙跑过去，哇，在光芒中齐刷刷站立着四个帅气英武的战士！他们分别身披着红色、紫色、蓝色和黄色的战袍，微笑着注视着他。

身披红色战袍的那位似乎是年纪最长的，他对小男孩说："我们来自另一片星云，名叫索拉图星，我们听到了你的召唤，前来帮助你！"另一位身披紫色战袍的战士，对小男孩伸出了手，说："我们是你的哥哥，你也来自索拉图星，现在，你已经通过了三次考验，完成了在这里的使命，可以归队了，我们来接你回家！"

小男孩激动得心脏都快要跳出来了，一切疑问都有了答案！可是，我离开了，爷爷奶奶怎么办？小男孩脱口而出："哥哥们，我必须先下山，把宝珠交给爷爷奶奶，再把他们安顿好，如果他们需要我留下，那我便留在这里。"身披蓝袍的哥哥回答他："好的，你可以自己选择，我们等着你。"

回到山谷里，小男孩迫不及待地告诉爷爷和奶奶今天发生的一切和四位哥哥的话。这一次，爷爷奶奶郑重地告诉他："孩子，我们一直没有告诉你关于你的来历。每一个来自索拉图的孩子，都带着使命而来，那就是帮助人们获得更安全和富足的生活。在成为真正的索拉图战士之前，都要在地球上经历重重考验。现在，你已经具备了足够的力量，可以回到索拉图，接受战士的训练，获得新的身份了。"

小男孩听着听着，落下泪来："可是我舍不得你们，我走了，你们怎么办呢？"

"放心吧，会有新的索拉图男孩来帮助我们的，去吧，去吧，回到你来时的星球，那里有你的爸爸妈妈，再回来的时候，地球上会有更多需要你的人。"

于是，小男孩拥抱了爷爷和奶奶，依依不舍地与他们告别。这时，所有的小动物，风婆婆，还有巫师，都来为他送行，大家一起唱着："去吧，去吧，你有新的使命；去吧，去吧，索拉图男孩。"

门外，他的四个哥哥正在等待着他，并为他披上了一件金色的战袍，对他说："走吧，我们的小弟弟，这件战袍能帮助你飞翔。"身披金色战袍的小男孩，发现自己可以飞起来了，四个哥哥用守护的姿势把他围在中间，带着他一起飞到半空。小男孩往后看了看他熟悉的山谷，绕着山谷盘旋了三圈，然后，跟随哥哥们踏上了新的征程。

后来，只要在人们需要的地方，大家总能看到一个身披金色战袍、笃定坚强的英雄出现，他拥有强大而神秘的宇宙力量，帮助大家解除危机、克服困难，大家都亲切地叫他"索拉图男孩"。偶尔，他也出现在那个小山谷中，与他的爷爷奶奶，还有动物朋友们，共度属于小男孩的温暖时光。

创作过程

我们这一组面对一个共同的困扰，就是孩子出现不同程度的分离焦虑。以我家为例，因为孩子一直是我自己带，在今年年初，我需要大概一个月一次外出学习，孩子表面上愿意接受妈妈离开，也努力地适应妈妈不在的日子，但是明显有压抑的情绪，比如跟妈妈视频聊天的时候会忍不住哭泣，还会不好意思，让妈妈先挂电话，然后他躲起来哭一会儿。据爸爸反映，有时在睡前也会情绪不稳定，会哭着睡着。然而妈妈回家后孩子表现得一切正常，妈妈似乎也找不到特别好的机会来倾听他，也担心过多的关注会引起他不必要的情绪波动。如果能创作出一个治愈性故事讲给孩子听，用不着痕迹的方法促进孩子的自我疗愈，就再好不过了。

在"小巫艺术养育"工作坊里进行小组创作的时候，我们遇到了不少困难，因为大家的孩子情况都不尽相同，人物、场景、环节设计，每一个元素都绞尽脑汁，浪费了不少时间。最后定出来的主角是一匹小马，场景是在森林里遇到了浓雾迷路了，为了回家经历了三次困难，最终找到了一片新的家园,并带领其他小马迁徙。虽然有了主脉络,但确实对编故事这件事不太得心应手,时间紧任务重,中间为了丰富故事的层次感,又加进了小兔子、小精灵、老精灵、会发光的珠子等元素,然后因为没有排练就匆忙上场了,演得磕磕绊绊的,连自己都不满意。

小巫老师点评说:小马要回家这个立意不够高尚,而且小马和森林有违和感,不符合逻辑,中间的角色插入都比较勉强,所以,这个故事需要大改。

回家后,我开始代入自己的孩子,把自己的脚穿进孩子的鞋里,去体会他的感受。面对妈妈经常性的离开和生活中新的变化,这个五岁的小男孩一次又一次地告诉自己要去接受这样的事实,他爱着妈妈,所以愿意为了妈妈去克服自己心中的不安定感。同时,他也体会着自身逐渐在加强的力量感,并为之骄傲:"我是一个大孩子了!"比如他能自己入睡了,他可以自己安排衣服和书包里的玩具了,他可以和爸爸像朋友般地商量"妈妈不在家,我们去哪过周末"的问题了。

但是,有时那些未被表达的感受还会时不时地跳出来困扰他,那些奔涌出来的思念让他猝不及防,逼出他的眼泪,攻破他的心理防线。他对这样的自己或许有些失望,有些不好意思,有些不接纳。所以,我想能疗愈他的故事,跟认同感、归属感、内在力量有关。

每一个小男孩都有英雄主义情结,结合我家孩子的兴趣点,我将故事背景设定为一个来自外星球的小男孩,带着自己的使命在地球上经历考验,最后找到自己的归属,成为一个战士,去帮助更多的人。

这个故事在编撰的过程当中,我讲给他听,并邀请他来一起创作。其中的两个关键情节:第一个是小动物们来帮助主人公打败巫师,第二个是风婆婆吹散迷雾,都是孩子的构思。我发现每当我编不下去的时候,他总能提供灵感,心中不禁感叹,孩子的智慧真是不容小觑。讲到最后哥哥们来接小男孩的时候,他面露羞涩的表情,告诉我:"妈妈,我有点不好意思。"我有些不太明白,是否这样的情节设置,对孩子来说冲击过大了?

编疗愈性故事对我来说是一件新鲜而挑战的事,在这个过程当中,我也不断地洗刷着自己的内心,让自己更纯粹、更放松地回到孩童时代,去成就和疗愈我自己的内在小孩。毕竟经验不足,虽然立意明确了,真正写起来却是一波三折,尤其是细节的过渡更是难以处理。

小巫评述

静苓描述的创作过程,再一次典型地展示出一个自然定律:每当我们开动脑筋编故事时,往往会走上穷途末路,编出来的也是毫无养分的白开水,甚至可能含着有害物质。**而当我们丢弃头脑、敞开心怀、聆听内在的声音时,就会连接上远古智慧,呈现人类发展原型。**

因为这些智慧早已隐藏在我们的身体里、灵魂中,我们带着这一切进入了尘世间。只是在尘世的烦琐生活里,我们对此毫无意识,就好像白天的光线太强烈了,我们无法看见星星一样;只有到了夜晚,日光隐去时,那一颗一颗璀璨的星星,就都在我们的视野里闪烁。

一个来自外星球的小男孩,带着自己的使命在地球上经历考验,最后找到自己的归属,成为一个战士,去帮助更多的人。这不是幻想,而是现实:每个孩子都来自宇宙,带着独特的使命,入世到地球上,经历考验,最后成长为一个成熟的、勇敢的、坚定的人,为世界和人类的持续发展贡献一己之力。

如果仔细地研究这篇故事,能够发现很多远古智慧的结晶:四颗宝珠、三次考验、金色斗篷等形象,都有着极为深远的寓意;在小男孩遇到险境、经受考验时,前来协助他的角色包括了动物界生灵和自然界元素,完美切合了人类进化的历程——每一个时期,人类都必须成为自然界王国主宰之一,才能走上下一步的进化阶段。

篇幅所限,无法在这里进行完整的解读,推荐读者们登录小鹅通平台,搜索并进入"小巫养育学堂",订阅"童话的智慧"板块。在该板块中的第三节课"理解经典童话对人类发展的启迪(下)"里,我分享了鲁道夫·史泰纳博士讲的一篇亚美尼亚童话《花后的女儿》及其解读,会有助于大家认识到静苓编撰的这篇故事与民间传说之间的异曲同工之妙。

孩子也是带着远古智慧入世的,故事呈现的画面、高尚的情怀、宏伟的图景、圆满的结局,等等,都会在孩子心中引发深深的共鸣,开启他内在力量的源泉,赋予他深度的滋养、鼓舞、勇气、信心,远远强过任何说教。

虎娃和冰雪宝剑

"小巫艺术养育"黄埔二期作品
构思:向丹、美荃、郑祎、陈方
执笔:向丹

从前有座村庄,四周环绕着翠绿的山林,一条清澈的小河从村旁流过。这里住着几十户人家,人们在春天播下种子,秋天收获粮食,过着自给自足又平静的日子。

有一天,村子外突然传来"轰轰"的声音,一条大火龙出现在村子的上空,它呼呼地朝地上喷了几团火苗并大声说:"你们必须把每年收成的一半粮食交给我,不然我就喷火烧掉整个山庄,一个月后我再来。"说完它甩甩尾巴就飞走了。

田地里被火喷到的庄稼立刻变得枯黄了,山上的几处树林也着火了,乡亲们都奔跑着去灭火。

村子里有个男孩叫虎娃，当看到火龙造成的混乱时，他心里充满了愤怒，想找到制伏火龙的办法。于是他来到村子里最有智慧的老爷爷家，请教制伏火龙的办法。老爷爷想了很久，才开口说话："记得小时候听我爷爷说过，要对付外来的猛兽，必须到东边的晨曦山找到一位神仙爷爷。"虎娃听了打定主意，一定要找到神仙爷爷。第二天，他就带上干粮辞别乡亲们朝着东方出发了。

虎娃翻过一座又一座山，蹚过一条又一条河，一路上风餐露宿。有时迷路了，但辨认出太阳升起的方向后，就继续前进；有时没吃的，就摘些认识的果子充饥；有时会碰上好心的人家，请他吃一顿丰盛的饭菜。有一天，他来到一座山顶白雪皑皑的大山脚下，山下石碑上刻着"晨曦山"。虎娃可高兴了，终于到了！

整座山静悄悄的，一户人家也没有，神仙爷爷到底在哪儿呢？虎娃正犯愁，一只小鸟飞过，虎娃大声喊道："小鸟，小鸟，你好，请问这山上的神仙爷爷在哪儿？"

小鸟停下来回答他："山顶上住着神仙爷爷，不过没有人能到达那里，从山脚到山顶要经过一道飞瀑，爬上一条铁索，经过毒蛇把守的路口，最后爬一段冰雪覆盖的陡坡，才能找到神仙爷爷。"

虎娃说："谢谢你，小鸟。不管有多难我也一定要去。"

他顺着小鸟指的路走了一段，果然看见一道瀑布飞流而下，水流很大。伴随着"哗哗"的声音，虎娃在瀑布边仔细地观察，发现有一处水流很小，旁边还有一大块岩石，从石头上跳过去的话，距离要短得多。于是，虎娃爬上石头，使劲全身力气，纵身一跃，忍着水流打在身上的疼痛，一下子就跳到了瀑布的另一端。

虎娃顺利通过了第一道障碍，更有信心了。他连跑带跳地往前走了一段，只见一条长长的铁索从一段悬崖上垂下来，在空中摇摇晃晃的。虎娃有点害怕，要是爬着爬着手一滑，摔下来怎么办？虎娃想啊想啊想到了一个好办法，他采来一根粗粗的树藤，一头牢牢地拴在自己的腰上，一头牢牢地拴在铁索上，向上爬四五步就把铁索上的树藤解下系到更高的地方，这样即使手没力气了也能挂在铁索上不掉下来。爬了好久，虎娃终于爬到了铁索的尽头。这时已经到了半山腰了，虎娃也累得筋疲力尽，他躺在草地上睡了一觉。醒来时，他觉得浑身又充满了力气，继续向山顶前进。

　　走到一片有着浓密树林的路口，虎娃听到一阵"嘶嘶"的声音，原来小鸟说的毒蛇正在那儿守着，怎么办呢？虎娃又没有武器可以对抗毒蛇。但他灵机一动，来到路旁采了些杂草做成一个圆形的球，然后躲在一边，用力将球向蛇的右边扔过去，草球顺着山坡骨碌骨碌滚下去，蛇听见动静就朝着那边飞速地蹿了过去，虎娃趁机跑进了路口。

　　虎娃跑啊跑啊，又爬过了一段冰雪覆盖的山坡，到达了山顶。夕阳照着山顶的白雪，白雪映着阳光，山顶像镶了金色的光环一样，漂亮极了。在山顶的中央有一间冰雪砌成的屋子，屋子前面站着一位慈祥的白胡子老爷爷，他笑眯眯地看着虎娃说："勇敢的孩子，欢迎你！这里有一把万年积雪铸炼而成的冰雪宝剑，你带回去对付火龙吧。"虎娃接过宝剑，一只仙鹤飞过来停在他身边，神仙爷爷说："你乘着它回家，乡亲们等着你呢。"

　　虎娃谢过神仙爷爷，骑上仙鹤，不一会儿就回到了村庄。人们都纷纷跑过来说："虎娃，你一去一回正好一个月，火龙正在那边喷火呢！"

虎娃朝大家指的地方冲过去，用剑刺向火龙。火龙看见是一个小孩，便不以为意，张牙舞爪地扑过来。虎娃挥剑奋力迎上前，火龙被宝剑碰到后感觉剧痛难忍，转身用尾巴狠狠地甩过来。虎娃猫腰躲过，回手拿剑刺中火龙的尾巴，这下火龙"啪"的一声摔在了地上。虎娃追上去准备再刺一剑，看到火龙害怕的眼神，他不忍心了，问火龙："你还要再喷火烧村庄吗？"

　　火龙说："其实我就是想要耍威风，以后我再也不干这样的事了。"虎娃说："那我们就原谅你吧。"

　　说完这些话，虎娃手里的冰雪宝剑开始融化，它滴下的一滴水落在枯黄的庄稼上，庄稼立刻变得绿油油的了，虎娃将剑抛向空中，宝剑化成了一阵细雨洒遍了整个村庄，将火龙喷火毁坏的庄稼和山林恢复了以前翠绿的样子。

　　人们欢呼雀跃，火龙看着人们开心的样子，对自己曾经做的事非常后悔。后来火龙和村子里的人们成了好朋友，它的火在篝火晚会上还派上了用场呢。

创作过程

　　在小巫老师创作故事的课堂上，我们根据自家孩子出现的问题分成了几个小组，有的是孩子不肯刷牙洗澡，有的是孩子不愿意等待，我们这一组则是由孩子怕黑、胆小的几个妈妈组成。

　　大家开始商议如何编一个故事，我们分析孩子怕黑胆小就应该有一个害怕的情境，然后通过自己的力量战胜了害怕的事，可以让孩子体会到害怕的东西其实没有想象的那么可怕。用什么做主角呢？一个组员提议用毛毛虫，因为毛毛虫弱小，战胜困难后可以发生蜕变，大家都赞同。

开头是这样的:"从前森林里,有一只毛毛虫和妈妈幸福地生活在一起。"接着我们想要让毛毛虫遇到害怕的事情,于是编了:"一天,毛毛虫醒来,没有看见妈妈,它焦急地叫着'妈妈、妈妈'。"我们觉得将气氛渲染得越严重越能体现战胜后的喜悦,决定加大困境的程度:"毛毛虫趴在树叶的边缘,树林里黑乎乎的,远处传来可怕的嘎嘎声,毛毛虫害怕极了,妈妈在哪儿呢?忽然一阵大风吹过来,毛毛虫一下子被吹到了地上,它更害怕了,于是弓起身子拼命往树上爬。"这时一个组员提议要有个角色帮帮它:"这时它遇见了一只蜗牛,蜗牛友善地问:'怎么啦?''妈妈不见了,我从家里掉下来了,我要回家!''别着急,我送你回家。'蜗牛带着毛毛虫爬呀爬呀,终于爬回了家。"

编到这儿我们觉得可以出现另一个困境了……

工作坊上,大家编完故事后,就由组员分饰角色来演绎各组的作品。前三个组演完,轮到我们了。刚开始第一节,小巫老师就指出故事情节必须符合自然规律,自然界毛毛虫妈妈(蝴蝶)产完卵就离开,没有和宝宝一起生活的情节。当时我心想幸亏我们犯了这个错误,引出编故事这么重要的注意事项。

演到毛毛虫见不着妈妈,小巫老师说:"这是故事里绝不能出现的情节,孩子的世界里没有什么比一觉醒来妈妈不见了更可怕的事了!"知道自己错得厉害,还是硬着头皮往下演。到了毛毛虫被吹下树,其他小组的学员们都笑起来,小巫老师也笑说:"这简直是一部恐怖片啊!"

我们在台上演着演着也能感觉到这个故事很不好,写的时候怎么没觉着呢?

演完后每组根据大家指出的缺点进行讨论修改,我们组在毛毛虫上转啊转啊,不知怎么重新编。小巫老师看我们一点思路也没有,过来提示:"针对孩子害怕,可以编一个勇气的故事,治愈系故事要避免直接植入真实情节,要隐喻。"经过大师指点,我们灵光闪现,便有了上面这个故事。

小巫评述

我实在佩服这组妈妈的才气！从必须扔进垃圾箱的恐怖片摇身变为具有极高收藏价值的经典大片，简直不能相信出自同一组创作人员之手，妈妈们的潜能不可小觑！

也许有读者会把这个故事当作一个耳熟能详的少年英雄拯救村民的故事来看，旱灾啊，毒蛇啊，雪山啊，瀑布啊什么的，都是现实生活的确存在的；火龙啊，神仙爷爷啊，冰雪宝剑啊，都是作者为了烘托气氛、引人入胜而想象出来的。

而实际上，故事的场景、角色、旅程和情节，都是发生在我们内心的"戏剧"。主人公走上的旅程，是一条内在旅程；主人公战胜的困难，是我们内在的障碍。战胜自己，远远比战胜一条外在的火龙要困难得多。

"当我们在自己身上下功夫时，我们就疗愈了全世界！"

我一再强调，故事角色需要有崇高的目标。也许有人会问：这跟几十年前的政治教育内容有什么不同？不同之处在于：当年的"崇高"目标是外在的，与孩子们自身几乎毫无关联；而**我们故事中的崇高目标则是内在的，是为了净化自身的灵魂，这是每个人一生最迫切的渴望和追求**。

"童话故事的角色带领我们发现自己心魂深处的宝藏。我们本能地觉察到生活的愁苦以及命运的指引。通过这些故事，我们学习到：忠诚让心魂美丽，纯净是心魂最高的喜悦。故事展现了我们在地球上出生，是因为有那么多美妙的历险在等着我们！"（Rudolf Meyer）

这个故事蕴含了深刻的原型隐喻，可能连作者自己都没有完全意识到：神仙爷爷是我们更高自我的灵性指引力量，小鸟、仙鹤来自"天上"，冰雪宝剑的固体形态象征着我们的理性，融化为水则变成我们的生命力，火代表了我们的情感、欲望、驱力，等等，因此火龙可邪可正。

这是一个非常有疗愈力量的故事，可以讲给所有的孩子，无论他胆小怕黑与否。

小刺猬和仙女果

"小巫教你讲故事"工作坊北京第二期作品
构思：朱晓慧、吕杰、徐红
执笔：朱晓慧

在冬天的大森林里，住着一只冬眠的小刺猬。虽然外面冰天雪地、寒风刺骨，但小刺猬的家里却异常温暖舒适。她生着暖暖的火炉，盖着厚厚的毯子，还准备了各种各样过冬的果子，懒洋洋地待在她的小窝里，惬意极了！

一转眼，冬天过去，春天来了。雪都融化了，小草们迫不及待地钻出了泥土，小花们也争先恐后地仰起了他们美丽的脸庞。小动物们纷纷从家里跑出来，在草地上嬉戏玩耍，向春天问好。

这时，冬眠的小刺猬也慢慢地睁开了眼睛。她伸了伸懒腰，打了一个大哈欠，从床上慢悠悠地爬了起来。她早就听到了屋子外面的欢笑声，一推开窗子，她就看到小狐狸、小马和小猪，正在离她家最近的花丛旁边做游戏。

一阵暖暖的春风迎面扑来，带来了小动物们聊天的声音。只听小猪哼哼唧唧地说："我好饿啊！一个冬天都没有新鲜的果子吃了！你们，谁有吃的吗？"

小狐狸抢着说："不如我们去找点新鲜的果子吧！"

小马笑了："你别忘了，现在可还是春天，要等到秋天果子才会成熟呢！急死我了！"

小狐狸得意地说："我要告诉你们一个从我奶奶的奶奶的奶奶那儿流传下来的秘密。"

小刺猬赶紧竖起耳朵仔细听。小猪抓了抓脑袋,慢腾腾地说:"秘密?秘密好不好吃呀?"

小马则抓住小狐狸的手臂摇了摇:"快快快,告诉我们是什么秘密!"

小狐狸神秘地眨了眨眼睛,指着森林尽头的大山说:"传说在那座最高的山的最高的山峰上,长着一棵大树,大树上结满了像红宝石一样的红色果子。据说这棵树是天上的仙女播下的种子,她每天都会用天池里的水来浇灌它。只要吃了这种像红宝石一样的果子,就再也不会怕冷,也不会挨饿啦!大家都叫它仙女果。"

"哇!好神奇的仙女果啊!我们也想吃!"小猪和小马都开始流口水了。"那我们快去山里找仙女果吧!"小马迫不及待地说。

于是,小动物们就出发向森林尽头的大山走去。小刺猬一直在很认真地听他们说话,她也很想吃神奇的仙女果。于是,她悄悄地跟在大家后面,也上路了。

小动物们翻过了一个陡峭的山坡,努力向下一个山头爬去。这时,小狐狸一回头,发现了小刺猬。她高兴地跑过去说:"小刺猬,你也在这儿啊!我们要去找一种神奇的果子,你也一起来吧!"小马也说:"就这么说定了,一起去!"小刺猬低着头没有回答,只是默默地跟在大家身边。这四个小伙伴又继续前进了。

他们走啊走,又翻过了好几个山坡,来到一条水流很急的小河边。小河的水哗哗地唱着歌向大山深处奔去,河中间有好几块黑色的大石头,河水撞在石头上,激起了一朵朵美丽的水花,在阳光下反射出彩虹一样斑斓的色彩。

小猪一屁股坐在了地上,揉着瘪瘪的肚子说:"河水太急了,我们要怎么过河呢?要不先歇一歇,吃点东西吧!"

小狐狸一边朝上游跑,一边说:"我去看看有没有桥或船什么的。"

小马则推了推小猪说:"快起来!我很快就能想到办法了!再说,现在哪里有吃的!"

这时,小狐狸已经兴冲冲地跑了回来,告诉大家不远处就有一座独木桥。于是,这四个小伙伴就来到了小桥边。小马指挥大家排好队,小心翼翼地一起过河。小狐狸第一个跳上了独木桥,小猪排第二,小马把小刺猬拉到自己前面,说:"我个子最高,让我来断后。"正当小马让大家注意脚下的时候,他自己却一不留神儿滑了一跤。他赶紧把手按在小刺猬的肩膀上,一阵刺痛从手心传来。"哎呀!你身上是什么东西啊?扎得我好疼!"不过,小马很快就稳住了身子,继续过河。

下了独木桥,小狐狸欢快地跑在了队伍的最前面,小马则兴奋地招呼大家:"快点儿!快点儿!我已经看到那座最高的山峰了!"只有小刺猬默默地和大家拉开了一段距离,低着头缓缓地跟在后面,就像最开始时那样。

这四个小伙伴继续向大山深处走,突然,前面的树丛里传来了一个奇怪的叫声:"嗷……"一只大老虎蹿了出来,朝他们扑去。"太好了!有那么多的小动物,我都饿了一个冬天了!"老虎欣喜若狂。小狐狸、小马吓得撒腿就跑,连平时动作最慢的小猪也使出了吃奶的力气逃命。只有小刺猬一动不动地站在原地,蜷起了自己的身子,只露出了背上的刺。老虎一看:"嘿嘿,怎么有个不怕我的家伙,我要去教训教训她!"于是老虎张开大大的嘴巴,对着小刺猬的背,一口咬了下去。"哎哟,好疼啊!我的嘴巴!"老虎被小刺猬的刺扎伤了嘴巴,疼得嗷嗷直叫,一溜烟儿就跑得没影啦。小伙伴们赶紧跑回来,扶起小刺猬,大家纷纷说:"小刺猬,你没事吧?你真是太厉害了,连大老虎都被你赶跑了!你的刺原来那么威风啊!"小刺猬不好意思地冲着大家笑笑。

经过这一番波折,小伙伴们很快又收拾好心情重新出发。大家走啊走啊,也不知翻过了多少个山坡,跨过了多少条河流,终于爬到了那座最高最高的山峰上。在这座陡峭的山峰顶部,果然长着一棵大树,树上挂满了红宝石一样的果子,在阳光下发出璀璨的光芒。小动物们都看呆了,大家充满向往地看着满树的果子说:"这就是仙女果啊!可真漂亮!一定很好吃!"

于是小马指挥小猪和自己一起去撞树,小狐狸和小刺猬则负责收集掉在地上的果子。可是,这座山峰实在太陡了,仙女果落在地上,很快就咕噜咕噜打着滚儿掉到山下去了。小狐狸虽然眼疾手快,也没能捡到一个果子。大家回头看小刺猬,只见她趴在地上,果子落下来砸在她的刺上,就被牢牢地扎住了。不一会儿,小刺猬的背上就扎满了仙女果。小伙伴们都欢呼起来:"太棒了!小刺猬,幸亏有你在,你的刺真是太神奇了!"就这样,小马、小狐狸、小猪和小刺猬采了好多好多的仙女果,不仅自己肚子吃得饱饱的,还给爸爸妈妈和小伙伴们都带了足够的果子。

吃了神奇的、像红宝石一样美丽的仙女果,他们果然觉得身上暖暖的、肚子饱饱的。大家高兴地围成圈,跳起舞、唱起歌来。他们欢快的歌声一直飘到很远很远的地方。

创作过程

这是故事工作坊活动中我们小组编的故事,并表演了出来。小刺猬的形象是提问题的妈妈的直觉选择,她后来想改成小兔子,但大家都觉得要尊重第一感觉。还有本来火相的动物我们选了小熊,但故事推进的过程中，扮演小熊的妈妈始终觉得演起来很别扭。小巫老师点评的时候，我们才意识到熊其实不是火相的。大家提出了很多火相的动物，为了避免选择老虎、狮子这样的猛兽，最后我们挑了不会爬树摘果子的小马。

我们组最初提出问题的吕杰说：

"我回家后，第一时间将这个故事讲给女儿听，结果她很喜欢，每天都要求讲一遍，甚至两三遍。希望这个故事能给她力量，也谢谢同一小组的妈妈们，真的是用心编出来的故事，你们太棒了！"

这个故事本来是给两个害羞、怕生、不肯和幼儿园伙伴一起玩耍的女孩子编撰的，提出问题的一个是吕杰，为她三岁半的女儿；一个是3e学校的徐老师，为她班里的一个孩子。

传说在那座最高的山的最高的山峰上，长着一棵大树，大树上结满了像红宝石一样的红色果子。据说这棵树是天上的仙女播下的种子，她每天都会用天池里的水来浇灌它。只要吃了这种像红宝石一样的果子，就再也不会怕冷，也不会挨饿啦！大家都叫它仙女果。

这是故事的"眼"，仙女果是心灵和精神的营养品，大家向往这种美丽而神奇的果实，才有力量战胜一切困难去找到那棵树。

如果没有仙女果，这个故事也成立，但就落入俗套了，只是一个普通的故事。有了仙女果，这个故事给孩子提供了更加深入和丰富的滋养。

故事工作坊里最重头的艺术活动是戏剧表演。我要求学员把编好的故事表演出来，而不是讲述出来，因为：

1. 讲故事只需要一个学员就可以完成，其他主创人员无法参与。

2. 仅仅用嘴巴讲，难免变成头脑活动，不利于大家感受故事的力量，也不容易体会到还需改进的薄弱环节。

3. 用身体参与演出，则让所有的人都身临其境，融入故事当中。

4. 在演出过程中，学员可以体察到自己的角色是否合适，比如这个故事里，学员们安排了小熊这个形象，并赋予它火相气质，但表演到一半，演员就察觉到小熊不是火相的，及时更改了它。

这是一个美妙的多用途故事，既可以归类为治愈系故事，又可以归类为气质类型故事，又因为没有太大的戏剧性起伏，整个故事笼罩在欢快、友爱的气氛当中，所以还可以当作睡前故事。

春的种子

"小巫艺术养育"黄埔二期作品
构思：兰香、艾琳、布兰卡、张晓、罗丽
执笔：兰香

从前，在一个遥远的地方，有一片茂密的大森林，大森林里住着许多动物。大森林经历着春夏秋冬的交替变换。每年冬天和春天交替的时候，森林之神就会把一粒春的种子交给一个动物，这个动物要穿过大森林，跨过一道山谷，再翻过一座山，在这天太阳的最后一缕光辉消失之前，把这颗种子送到大地之神的手中，这样，温暖的春天就会到来！

森林里有一只活泼的小鹿，他十分希望有一年能轮到他来送这颗种子。他等啊等啊，盼啊盼啊，终于在这一年他等到了这个机会。当森林之神把这颗种子送到小鹿手中的时候，小鹿就下定决心一定要按时把种子送到大地之神手中。

小鹿带着这颗种子上路了，当他走到森林深处的时候，天空忽然狂风四起，紧接着下起了鹅毛大雪，凛冽的寒风夹杂着雪花扑面而来，小鹿睁不开眼睛，冻得瑟瑟发抖，根本无法前行。小鹿心里很着急，可有什么办法呢？只能等暴风雪停下来再出发了，于是小鹿找到一个树洞躲了起来。

过了很久，暴风雪终于停了，小鹿从树洞里出来准备继续赶路。哎呀，这时他才发现，大雪覆盖了整个森林，到处白茫茫一片，根本分不清该往哪里走了。小鹿急得团团转，要是不能准时把种子送到大地之神的手中，温暖的春天就不会来临了。

正当小鹿着急的时候，一只小鸟飞来了，问小鹿："小鹿，你怎么了？有什么事情吗？"小鹿焦急地说："我准备把春的种子送到大地之神的手中，可是下了场暴雪，我迷路了，心里很着急。"小鸟听了，说："哦，小鹿你别着急，我飞得高看得远，我来指引你走出大森林。"于是小鹿就在小鸟的指引下走出了大森林。小鹿对小鸟说："谢谢你，小鸟。"小鸟说："不用谢，我也盼望着温暖的春天赶快到来呢！再见了，小鹿。"

告别了小鸟，小鹿接着往前走，不一会儿来到了一座悬崖旁边，崖下是一道深深的山谷，对岸则是小鹿需要去的地方。两道山梁虽然挨得很近，但没有桥也过不去，如果绕着山谷走，天黑之前肯定到不了目的地。正在焦急的时候，几匹小马正好从这里经过，小马们问："小鹿，发生了什么事情吗？"小鹿说："我要在太阳落山前把春的种子送到大地之神的手中，正在发愁怎么过这道山谷呢！"热心的小马们纷纷想主意，忽然一匹小马看着暴风雪刮断的树干说："有了，我们一起把那根树干架到山谷上不就有桥了？"说干就干，小鹿和小马们一起把那根粗粗的树干架到了两边的山梁上，小鹿顺利地跨过了山谷。

告别了小马，小鹿接着往前赶路，不一会儿来到了雪山脚下。整个雪山上都盖满了厚厚的一层雪，小鹿每踏一步，脚就会陷入深深的积雪里，非常费劲，不一会儿小鹿就气喘吁吁了！怎么办呀，照这速度，太阳落山前是翻不过这座山了呀！就在这个时候，几只小狗拉着雪橇经过这里，他们问小鹿："这么冷的天，你上山要去干什么呀？"小鹿说："我要在天黑前翻过这座山，把春的种子送到大地之神的手中！可我爬得实在太慢了！"小狗们听了齐声说："小鹿你别着急，赶快到我们的雪橇上来，我们拉着你翻过这座山。"小鹿兴奋地谢过了小狗，便坐上了雪橇。小狗拉雪橇的速度真快呀，尤其是下山的时候，当雪橇滑下雪山时，小鹿感到风呼呼地从耳边吹过，心情畅快极了。

翻过了山，小鹿终于在太阳的最后一缕光辉消失之前，把春的种子送到了大地之神的手中。大地之神和小鹿一起把这颗春的种子埋入土里，满心期待着春天的来临。

创作过程

故事工作坊上，念念妈晓静提出她家孩子不刷牙的问题。这个问题困扰了她好久，从"小巫艺术养育"黄埔一期困扰到二期，她运用了各种方法，困扰依旧。于是我们这一组分配的是关于孩子不愿意刷牙洗脸的状况。小巫老师提议可以从另一个角度来编故事，就是孩子和父母约定好了，要遵守承诺。

于是我们小组开始酝酿故事框架：一只动物承诺了一件什么事情，经历了一些困难，最后终于遵守了承诺。关键是送的这个东西要准时送到这一点很重要。于是有人提议送信，可又觉得这个没有那么重要，后来就有人根据看过的绘本内容，提议送春天的种子，这个种子必须在什么时间之前送到，否则世界上将一直不会有春天了。于是我们就编出了森林之神给种子、动物送种子、大地之神接受种子的主线。

那么谁去送这个种子呢？一定要找一个风向的动物，它活泼好动不专注。于是我们选择了小猴子，设计它来送种子，途中贪玩忘了这件事情，后来玩累了，就睡着了。然后一个神性的形象出现来提醒它，就是在睡梦中告诉它，于是我们就让它在梦中听见了歌声。小猴子醒后，时间快来不及了，但会出现三种动物来帮它。

之所以设计这样的情景，是觉得小孩子在面对困难挑战时，朋友的帮助会让他们不会觉得那么困难，那么有压力。先是小鹿帮它走出森林，来到河边，河边结冰，但不坚硬，小猴子无法过去，老鹰上场载着它飞过河，来到山脚下雪豹带它爬上山顶，最后还要加入些小猴子自己的努力，于是就出现了小猴子滑下山坡的情景，最后小猴子按时把种子送到了大地之神的手中。

大家表演时，出现了这样的情节：森林之神把种子给小猴子时告诉它："你要在太阳落山之前把种子送到大地之神手中，否则森林就永远笼罩在寒冬中，你能完成这个任务吗？"

小巫老师评判这里不太好，属于严重说教，会让孩子感到压力，不舒服。不如改为小猴子主动在心中想，我一定要把种子按时送到。

故事结尾大地之神对小猴子说："谢谢你准时送到了种子，森林里才会迎来春天。"小巫老师提出太直白，有说教味，不用点明。

后来小巫老师又提出小猴子不是冬天的动物，主角被推翻，又改为小鹿。小鹿一开始遭遇暴风雪迷路。故事发生的三个地点不变，森林、河流、高山不变，但帮助它的动物不得不变了。先想到小松鼠帮它，后来一查,松鼠冬眠,后来改为小鸟。过河时老鹰也背不动鹿啊!于是就想着架座桥,正好不是有暴风雪吗?那就吹翻树,用树干架桥。这个需要力气大一些、个头大一些的动物帮忙,于是就编入了小马。至于爬雪山,想到了狗拉雪橇,于是就编入了小狗帮忙,我个人觉得有些牵强,但实在想不出其他什么动物可以帮它了。

故事结尾就简单交代小鹿按时送到种子和大地之神一起种下种子迎接春天的到来,少了说教,感觉这样的结尾反而好。

晓静回家后把这个故事讲给儿子念念听,念念真的开始慢慢学着刷牙了!并且还有意外的收获,这个故事给了念念无尽的勇气和自信[①]!

小巫评述

这是一个完整而完美的故事,其框架是最常见的通用、原型式框架:主人公为了一个目标(心中的向往、渴望,或者完成一项意义重大的任务),历尽千辛万苦,克服重重困难,每每得到其他生灵的辅佐,而最终实现了心中的梦想,或者信守了庄严的承诺。

故事的养分是多层面的:每个孩子都渴望体验到生命的意义和价值;而这意义和价值必须是崇高的,才令人向往,给人动力。故事也让孩子对世界产生一种基本的信任,以及一种坚定的信念:当为了实现崇高的目标而努力时,全世界都会来帮助你!

有的读者可能会问:这跟孩子不肯刷牙洗脸有什么关系?

《神鸟》和咬指甲没有直接关系、《追兔子的公主》和拉粑粑没有直接关系、《光明之杖》跟打人没有直接关系、《公主和花儿》跟做事拖拉没有

---

① "意外的收获"指念念自己编的一个故事,见147页《小鳄鱼的眼泪》。

直接关系……（弹琴、唱歌、跳舞、瑜伽、爬山、绘画、书法、泥塑、旅游……与治愈疾病也没有直接关系，但是却颇有疗效。）

编撰治愈系故事的第一要素是：不要紧盯着孩子的问题行为，想想样去纠正。"小巫教你讲故事"大型讲座大连站，观众中有一位妈妈分享了她就孩子咬指甲这个行为编的故事：一只爱唱歌的鹦鹉，每次上台演唱之后，都要啃一啃自己的爪子，久而久之，爪子被它啃破了皮，变得非常难看……不言而喻，这种故事对孩子来说，既没有什么养分，也未必能够纠正孩子的行为，是我们编撰故事时应该极力避免的。

我最后还对这个故事做了一点修改。原稿"一会儿便来到了一条小河边。小鹿发现这条小河上没有桥，河水不知道深浅，而且水流得很急，小鹿觉得贸然下水过河不是个好主意"。隆冬时节，河都冻冰了，哪里会有湍急的河水呢？所以，我将这一处的场景修改为悬崖山谷。

仙 桃

"小巫艺术养育"黄埔二期作品
构思：叶月幽、明珠、智彤
执笔：叶月幽[1]

有一只小猴子，非常羡慕猴群中那些威武强壮的勇士。他也想像那些勇士一样，穿上金光闪闪的盔甲，保卫山林。一只老猴子告诉小猴子，盔甲都在遥远的神山上，只要爬到山顶，穿上金

---

[1] 作者为首批艺术养育讲师、家庭教育专家、儿童游戏治疗师、小巫养育学堂特聘讲师。

色的盔甲，就能获得无穷的力量①。

小猴子收拾好行囊，踏上去往神山的路。路途非常遥远，小猴子穿过幽暗深邃的丛林，蹚过浑黄湍急的河流，走过黄沙漫卷的沙漠，翻过白雪皑皑的高原。有时被烈日晒得汗流浃背，有时被冰雹砸得无处藏身，有时被狂风迷得睁不开眼，有时被雷电吓得直打哆嗦②。

终于，在历经了种种艰难险阻之后，小猴子来到了神山脚下。他顾不上休息，就急匆匆地往上爬。可是山太陡了，每当他爬到一半的时候，就会滑下来，总是到不了山顶。小猴子又急又累，靠在一棵大树下哭了起来。

这时，大树的叶子摇晃了起来，树干上出现了一张慈祥的面孔，一个苍老的声音说："我是树神，孩子，你为什么哭呀？"③

小猴子说："我要爬到神山顶上，拿到金色的盔甲，可我总是爬不上去。"

树神说："神山土里长出的仙桃，可以赐给你力量，帮助你爬上山顶。你只要……"树神还没有说完，小猴子就立刻爬到山脚的桃树上，左一口，右一口，一连吃了好几个大桃子，然后就兴冲冲地往上爬。可是，他还是爬不上去。

小猴子垂头丧气地回到大树下，树神笑眯眯地说："你呀，要

---

① 小男孩都对盔甲感兴趣，喜欢听盔甲、兵器的故事，同时又羡慕比自己年龄大的孩子的力量。——叶月幽注

② 叶儿具有低龄幼儿通常都有的风向特质，用不同句型加上不同气候的排比句式，增加对风向孩子的吸引。同时，叶儿具有土相的某些表现，描写途中跋涉的千辛万苦，可以唤起他的同理心，让他感同身受。——叶月幽注

③ 原本是想写一个精灵仙子的，但因为叶儿爸常年在外地，不能在家陪伴他，于是为他塑造了一个男性形象。——叶月幽注

吃下自己亲手种出来的仙桃，才能获得力量爬到山顶，别人种的桃子不管用的。"说着，树神拿出一颗种子交给小猴："这是仙桃的种子，你拿去吧。"

小猴接过种子，立刻刨了个坑把它埋了起来，然后眨了眨眼睛，问道："怎么还没有长出来呀？"树神微笑着说："你挖的坑太浅了，种子的根没办法扎稳呀。"

于是，小猴子挖了一个又大又深的坑，把种子种了下去，又一捧一捧把土填满。小猴子坐着等了一会儿，又抓抓耳朵问："怎么还没有长出来呀？"

树神又微笑着说："它渴了，要喝水呢。"

小猴子歪着头想了想，跑到河边打了水来给种子浇水，然后又蹲在旁边，盯着种子种下去的地方。过了一阵子，还是没有动静，小猴子又沉不住气了："它怎么还没有长出来呀？"

树神又微笑着说："它还需要养分，才能长得高大。"

小猴子去拾来了肥料，小心翼翼地撒在种子周围。这时，小土包被顶开了一点儿，一株小苗从土里探出了头。小猴子非常高兴，但马上又嘬起了嘴巴，说："它怎么这么小呀？"

树神微笑着说："总有一天，它会长成像我一样的参天大树。"从此以后，小猴子每天都来给小树苗浇水施肥，小树苗一点一点地长大了[①]。

一天晚上，狂风大作，暴雨倾盆。小猴子从睡梦中惊醒，他想起了小树苗，不知道会不会被风雨吹倒，于是立刻奔了过去，给小树苗立起支杆。白天，小猴子发现，小树苗的叶子上有很多

[①] 从种下种子开始到这一部分，情节相似，属于叠加故事，符合低龄儿童的心理特征。——叶月幽注

虫子，于是又仔细地帮小树苗捉虫子①。

就这样，日复一日，年复一年，小树苗越长越高，越长越壮，枝繁叶茂。春天，小猴子在桃花中嬉戏；夏天，他就在树荫下乘凉；秋天，小猴子捡起落叶，拼成各种美丽的图案；冬天，他就在桃树下面堆了个大大的雪人②。

终于有一天，当小猴子来到桃树下的时候，他发现桃树上结满了又大又红的仙桃。小猴子高兴极了，他飞快地爬上了桃树，左边亲亲，右边看看。小猴子吃了又香又甜的仙桃，感到身上充满了无穷的力量③。

小猴子飞快地爬上了神山，山顶上有一副专门为他准备的金光闪闪的盔甲。小猴子穿上了金色的盔甲，才忽然发现自己已经长成了一只强壮有力的猴子，再也不是以前的小不点儿了。

创作过程

这是在小巫老师的课程中现场编写的故事，虽然说是为了帮助孩子学会等待，但全篇没有一个"等"字。这也许是治愈系故事的魅力吧。

三岁半的叶儿自从能够区别昨天、今天、明天、现在、过一会儿、下次等词汇之后，就出现了不愿等待的现象，常说的话是：我就是要现在，我不要等一会儿！无论是吃酸奶还是去公园，都希望马上得到满足，否则

---

① 树神已经不再出现了，小猴子对小树苗的照料已经成为自发行为。——叶月幽注
② 小猴子开始享受等待的过程，在漫长的等待中找到了不同的乐趣。——叶月幽注
③ 吃了自己亲手种的仙桃，身上充满了力量，象征着孩子通过自身的努力，内心的力量也得到了成长。——叶月幽注

就会哭闹。在尝试了倾听、共情等方法后,决定进一步编一个治愈系故事,作为多种方法之一。

我们构思了一个小猴子种桃的故事,打算通过春耕、夏耘、秋收、冬藏的过程来让孩子体会等待。

最初的版本:小猴子看到其他猴子都去神山游玩,很羡慕,可是自己力气太小走不动。树神告诉小猴子,只要吃了仙桃,就能到达神山。小猴子立刻缠着树神要仙桃。树神给了他一颗种子,告诉他要自己种出仙桃才行。于是小猴子自己动手种桃树,从最初的等不及,慢慢开始享受等待的过程,到最后终于结出了仙桃。小猴子吃过仙桃,便出发去了神山。

小巫老师现场做了点评:

1. 去神山度假吗?目的不够高尚,不足以给小猴子种树和持久等待的动力。

2. 不要强调小猴子力气小走不动,可以编成小猴子到了神山脚下,因为没有吃仙桃,所以上不了神山。

3. 建议写成小猴子必须吃到自己亲手种下的桃子才能上神山,这样故事就有力量了。

4. 小猴子立刻缠着树神要仙桃的情节太过明显,与孩子的行为联系过紧,容易引起孩子抵触。

我们听取了意见,经过了连夜修改,才有了上面最终的版本。

小巫评述

故事工作坊前一天的课程是关于亲子沟通的技巧,叶月幽提出这个案例,我们做了倾听的练习,试图揭开叶儿不能等待的内幕,其间发觉也许是孩子想要妈妈多陪陪自己,尤其是家里还有一个吃奶的弟弟,大孩子难免感觉被冷落。

分组编故事时,我把叶月幽分到了向丹那一组,很快,她就拉着其中两个学员另起炉灶,告诉我怎么讨论都觉得叶儿的行为不属于需要勇气来治愈的类别。

其他的,叶月幽都已经写得非常详细了,在故事叙述当中也有不少点评,我都想不出来还有什么要补充的了。

七彩蜂窝镇

 原作:洋洋爸
改写:小巫

在一片繁花似锦的小丛林里,有一个蜂窝镇,里边住了许多勤劳又快乐的小蜜蜂。每年的春天和夏天,这片丛林里都是一片花海,小蜜蜂每天都会出去采花蜜,然后储存在家里作为冬天的食物。

恰在最忙碌的季节,一只叫娅娅的小蜜蜂却感到非常苦恼。她苦恼什么呢?原来,蜂窝镇里的房子都是同一个颜色、同一个样子,娅娅出去采花蜜回来,常常会进错家门,把自己的花蜜放到别的蜜蜂家里。

今天,娅娅采完花蜜回家了,当她推开家门后,发现家里的蜜蜂不是爸爸妈妈,就知道又走错门了,随后那个家里的蜜蜂阿姨送娅娅回到她的家。

娅娅一见到妈妈就伤心地哭了起来。

妈妈一边轻轻地帮娅娅擦眼泪,一边问:"这么伤心,发生什么事了?"

娅娅："妈妈，我又走错家门了！"

妈妈："又认错家门了，好尴尬。"

娅娅："别的蜜蜂不会走错，就我这样，我真没用。"

妈妈："好像只有你最容易弄错家门，这让你感觉很挫败。"

妈妈说出了娅娅的心里话，娅娅不禁趴到妈妈身上大哭起来。妈妈轻轻地拍着娅娅的后背，默默地陪着。

过了一会，娅娅停止了哭泣，说："我已经很认真地去认我们家门了，但还是会走错，该怎么办好呢？"

这时在一旁的爸爸出声了："你已经很努力地去认咱们家了，但还是没太大的改变，很沮丧也很迷茫吧？"

娅娅："嗯，是的。"

沉默了一分钟后。

娅娅："爸爸妈妈，我要飞到镇外找个方法，让我不再走错家门。"

爸爸妈妈异口同声说："太好了！孩子你要加油。"

于是娅娅飞出家门往镇外飞去。

她飞啊飞啊，碰上了一只小鸟正在窝里唱歌，她停在小鸟窝边静静地听完一首歌，说："小鸟你好，你的歌声真好听！我有件事想问问你，可以吗？"

小鸟："可以啊！"

娅娅："我常认错家门，请问你是如何认出自己的家的呢？"

小鸟："这个啊，我把我的窝搭在没有其他小鸟的树上，我只要看到这棵树就行了。"

娅娅："原来是这样，这方法不适合我，谢谢你，我要继续去寻找适合我的方法，拜拜。"

小鸟："拜拜，加油！你会找到的。"

小蜜蜂继续飞啊飞啊，碰上了一只正在悠闲地荡着秋千的蜘蛛，就问："蜘蛛叔叔，你好！我有个问题想请教你。"

蜘蛛："好啊，你问吧。"

娅娅："请问你是如何认出自己的家门的呢？"

蜘蛛听了一边笑一边说："哈哈哈！我是个背包客，走到哪里风景好就住哪里，你看我吐几下丝就成为我的床了，我根本不用认家门，逍遥自在。"

娅娅："哇！好厉害呵，可是我不会吐丝，看来这方法也不适合我，谢谢你。"

蜘蛛："不客气啦，我也没能帮到你，但我知道在智慧山有一棵智慧树，他可能会帮到你。"

娅娅听到后兴奋地说："太好了，谢谢你，我就去。"

说完娅娅就飞快地往智慧山飞去。飞啊飞啊，飞了好久好久，娅娅飞得又累又饿，就停在一棵大树上自言自语地说："哪棵才是智慧树啊，我刚才高兴过头忘记问了，现在又累又饿，太难受了。"

这时在娅娅头顶传来浑厚的声音："我就是智慧树，你找我是吗？"

娅娅抬起头来，看了看说："您就是智慧树？那太好了，我有个问题想请教您。"

智慧树："我一定尽力帮你，请说吧。"

娅娅："我经常认错自己的家门，有时还把自己采的花蜜放到别人家里，这让我很难堪。"

智慧树："原来是这样啊。在这山的背后有一片七彩花海，那里会有你想要的答案。"

娅娅向智慧树鞠躬："谢谢您，我马上去。"道谢后，娅娅攒了一口气飞快地向七彩花海飞去。

又飞了一段时间，小蜜蜂娅娅更累更饿了，几乎快飞不动了。就在这时，她眼前出现了无数的彩虹，原来她飞到七彩花海了！娅娅用尽最后的力气，飞到一朵粉颜色的花上面吃花蜜，哇！好甜好香的花蜜！

吃饱后用手擦嘴，娅娅发现，手被花粉染成了粉颜色，这时她心里灵光一闪，想到把自己喜欢的粉颜色花粉拿回家，把家涂成粉颜色，这样就不会再认错家门了！

于是娅娅带上了粉颜色花粉回家，把家涂成了粉颜色，非常漂亮。其他小蜜蜂看到了，觉得这主意太好了，也都想给自己的家涂个别致的颜色，就问娅娅怎么做到的。

娅娅告诉大家她是如何找到这神奇花粉的，然后带着大家一起去七彩花海吃花蜜采花粉。不一会儿，蜂窝镇的小蜜蜂都飞到了七彩花海，大家都去采集了喜欢的花粉，带回家涂到房子的外墙上，还画上画儿：有的涂成了奶牛的样子，有的涂成老虎的样子，有的涂成蓝天白云……总之各不相同，每一个蜂窝都是独一无二的样子。

一阵忙碌过后，蜂窝镇变得色彩缤纷，蜜蜂们也就带着这份独特之美回家睡觉了。

小巫评述

2019年年底，我的几个学员转发了这篇原创童话故事，征得原作者同意，发表在我的微信公众号里，作为对2020年的祝福。对转发过来的文字，我做了一些修订，除了精修整体文字表述之外，最重要的修改之处是娅娅与父母的对话。

这是一篇温馨美妙的童话故事,非常适合3~7岁的孩子,大家可以在睡前关上灯讲给孩子听,带给孩子温暖美好的画面和感受。它也具备一定的疗愈功能,那些因为做不好某些事情而对自己感到沮丧的孩子,那些行色匆匆、粗心大意、丢三落四的孩子,都可以从这个故事里获得力量。父母们也可以学习如何倾听孩子的烦恼,也能够从故事里汲取养分。

入园的故事

 讲述:成娟
供稿:乔瓦娜

从前,在一个美丽的小村子里,有一个小山坡,小山坡上长满了绿绿的青草,还有一朵好美好美的花,她的名字叫可鲁西。自从可鲁西从一粒小小的种子破土而出之后,就在这个小小的山坡上享受温暖的阳光、和煦的风,过着快乐的日子。村子里有一条小狗,名字叫克拉,常常来拜访她,给她表演接球、前滚翻、后滚翻、和自己的尾巴追逐等游戏。每次拜访,他总会亲吻这一朵小花,早上向她问早,晚上对她说晚安,有时候,还会陪她一起看星星。可鲁西总是散发出好闻的香味,献给小狗克拉。

后来,这个小山坡来了一匹小白马,他一来就喜欢上这只叫克拉的小狗,也喜欢小花可鲁西,于是他常常来这个小山坡找他们玩。小白马快乐勇敢又淘气,很喜欢奔跑。他总是跑来跑去,边跑边唱:我快乐的时候奔跑,我奔跑的时候快乐,嘚,嘚,嘚!他有时候从很远的地方衔回来一块漂亮的石头送给小狗,有时候带回来几滴清凉的泉水送给小花，小狗克拉和小花可鲁西更快乐了。可是有一天，小白马奔跑的时候，被一块大大的石头绊倒，受了严重的伤。于是他的主人把他带回去医治。

过了好长的时间，小白马回来了，他说，他的主人要派他去一个很遥远很遥远的地方，利用他会奔跑的腿做一些有用的事情。他来向可鲁西和克拉告别。

自此，小狗克拉和小花可鲁西常常依偎在一起，在太阳落山的时候，他们都会想念小白马：他去了什么美丽的地方呢？

有一天太阳落山，他们正在想念着小白马的时候，小白马突然"嘚嘚嘚"跑来了，他的姿态美极了，似乎是从落日中跑来的。小白马说："可鲁西，我去了一个美丽的花园，那个花园里有好多跟你一样美丽的花：有一朵叫笑鲁吉，有一朵叫宽陆媞，有一朵叫新路姬，有一朵叫朵鲁莉，有一朵叫尚无羁，还有米鲁特、栗戎虎、哈鲁吉、元娜吉、乐季里、洋斯依、糖蜜媞、家季米。

"他们每一朵都是这个世界上独一无二的，因为每一朵都是那么的不一样，使花园显得格外缤纷美丽。如果你去了那里，你会让花园变得更美，因为你也是独一无二的。"

可鲁西说："小白马，你带我去吧，我想我一定会喜欢那个地方的。"于是可鲁西跟克拉道别后，来到了这个美丽的花园。

克拉留在了村子里，小白马去了很遥远很遥远的地方，而可鲁西却留在了花园里。他们都过着快乐的生活，常常想念在一起的快乐时光。他们都知道，如果想念，就一定会见面。

创作过程

幼儿园主班老师李野：这是成娟老师写给可乐小朋友的入园故事。故事里有美丽温情的想象，也有和现实之间若有若无的隐喻。在似梦似真之间，为新入园的孩子在家与幼儿园的生活之间架起一座小小的桥，帮助他们勇敢地走向新的环境。故事里有可乐最好玩伴的名字，园里孩子的名字也经过变形，像极了孩子们说话的口吻，即那种"前语言"的状态。最重要的是，故事是老师在夜深人静时，细细编织出来的，是一颗心悄悄地伸出藤蔓，伸向另一颗稚嫩的心，就像秋初攀缘的牵牛花，或蓝或白……

小巫评述

每到9月入园季，幼儿园门里门外哭声一片。离开父母去幼儿园，是每个三岁小朋友的人生大事。如何让孩子顺利过渡，也令每个家长牵挂纠结。父母依依不舍，更加剧了孩子的分离焦虑。有人主张把孩子放下就走，有人提议跟孩子讨价还价："不哭妈妈才来接你呢！"有给孩子讲道理的：幼儿园如何如何好玩儿……也有带着孩子提前试园做好准备的……但统统收效甚微，孩子也许不哭了，但内心的紧张并没有消除，还是不爱去幼儿园，甚至动不动就生病，在家里休息。

暂且不分析某些家庭动力的因素，在这种时候，故事往往能够发挥魔力，有效地缓解宝宝的入园焦虑。成娟老师这个故事温馨梦幻、爱语绵绵，像一滴滴晶莹的露珠，落到小听众的心里，带来温暖和滋润。读者们可以向身边的幼儿园老师推荐这个故事，以此来支持她们的工作。

三颗宝石

 华德福学校玫瑰典礼故事
讲述：曹丽莉

很久很久以前，在一个村子里住着一对老夫妇，他们有九个儿子，这九个儿子生得各有不同，但相互友爱、孝顺父母，他们每天砍柴打猎，一家人日子过得很幸福。

这一年的夏天，村子里出现了一件奇怪的事情，先是连续几天太阳不见了，然后过了几天月亮也消失了，之后人们的幸福和快乐也不见了。看到村民们个个垂头丧气、愁眉苦脸，九个兄弟很难过，他们决定出门去把太阳和月亮找回来，去把人们的幸福和快乐找回来。

告别了父母之后，他们就出发了，他们走了一个月，经过很多地方，都一无所获。这一天，他们来到了一座山脚下，山脚下有间石头屋子，屋子外面坐着一个老婆婆，老婆婆看到他们就问道："你们这是要去哪儿啊？"九个兄弟就把事情的经过说了一遍。老婆婆说："在离这里很远很远快接近天边的地方，有一座宝石山，山上住着一只神鹰，它的法力无边，正是它夺走了你们失去的这一切。神鹰有三颗神奇的宝石，放在宝石山最高的地方。如果你们能拿到第一颗宝石，太阳就会高高地挂在天上，如果你们拿到第二颗宝石，月亮将照亮整个夜空，如果你们拿到第三颗宝石，人们将永远幸福和快乐。但是要去那里可不容易，路上要经过常年喷火的火山和一片汪洋大海，不管遇到什么，你们都得忍受煎熬和痛苦，一声不吭，才能最终到达宝石山。即使到达那里，光凭你们九个人的力量还不足以战胜神鹰，但宝石山下有一条天河，河中间有一个小岛，那里的人能够帮助你们。"九个兄弟还想再问个仔细，可是老婆婆闭上嘴巴什么也不再说了。

九个兄弟只好继续前行，他们走了很久，路上果然遇到了满是火焰的大山，熊熊大火向他们扑来，烧烤着皮肤，他们咬紧牙关忍受着。越过火焰山，他们又遇到了汪洋大海，海浪怒吼着向他们一次又一次地冲过来，打得他们又冷又痛，他们依然一声不吭。差不多过了半天的工夫，他们越过汪洋大海，终于来到了宝石山。

山下果然有一条天河，天河中央的小岛上住着九个年轻的姑娘，她们个个美丽得像天上的仙女。姑娘们看见九个兄弟一身破烂的衣服、磨破皮的脚、烫伤的皮肤，奇怪地问他们从哪里来，九个兄弟把他们的经历告诉了姑娘们。姑娘们被他们的诚心和勇气感动了，她说："我们知道神鹰的住处，但是想打败它并不容易，光靠你们的勇气是不够的，我们这里有一棵千年果树，树上的果子只等待勇敢的人来吃。你们吃了它将会有无穷的神力，我们愿意送给你们并且帮助你们去找神鹰。"说完，她们采来了果子，九个兄弟吃下去立刻感到力气大增，千斤重的石头轻而易举就能抬起来。于是，他们一起出发了，宝石山上悬崖陡峭，姑娘们解开她们长长的头发编成很粗的绳索，帮助勇士们爬上了宝石山。他们运用他们的神力，齐心协力，历经艰险，终于制服了神鹰。

姑娘和小伙子们找到宝石山最高的地方，看到三块石头上放着三颗闪闪发光的宝石。他们拿起第一颗宝石，只见天边光芒万丈，太阳高高地挂在天上。他们拿起第二颗，月亮缓缓地走到山后面静静地等待夜晚的到来。他们正要取第三颗宝石的时候，突然一阵大风吹过，伴随着翅膀扇动的声音，石头上的宝石不见了，这才发现被制伏的神鹰挣脱了束缚逃了出来，衔走了第三颗宝石。

他们跟在后面追，眼见着神鹰飞得越来越远，越过了天边的彩虹。他们紧跟着来到彩虹边，这时之前给他们指路的老婆婆出现了，老婆婆笑着说："你们运用你们强大的力量排除万难拿到了两颗宝石，太阳和月亮将永远不会再消失，但你们不能迈过彩虹。这条彩虹是座神奇的桥，桥的那边是个神奇的世界。如果你们要去那里，将会改变你们原来的模样，可能你们互相谁都不认得谁了，彼此也记不住了。你们还坚持要过去吗？"

小伙子和姑娘们相互看了看，他们说："找不到那颗宝石，人们将失去幸福和快乐，我们一定要把它找回来。"老婆婆说："好吧，我亲爱的孩子们，只要你们坚守你们的承诺，凭着你们的勇敢和善良，你们一定能够达成所愿。"于是，姑娘们和小伙子们一个一个跨过了彩虹……

在彩虹桥那边的神奇世界里，将会发生什么样的故事呢？他们还会坚守他们的承诺去寻找宝石吗？也许他们已经遇见了，但相互不认识，也许他们已经在一起了，正准备一起迈向他们新的旅程……

创作过程

在华德福学校里，玫瑰典礼是迎接即将跨入小学的孩子的一个重要仪式。2014年9月1日，我就职的华德福学校即将迎来18位一年级新生，其中9位男孩、9位女孩。作为一年级主班老师，我站在玫瑰门下，从爸爸妈妈那里接过孩子们的小手，从此，我的生命将和他们紧紧联系在一起。玫瑰典礼上，主班老师会为孩子们讲一个故事。这个故事是能滋养孩子并且有寓意的，故事会为孩子呈现一个大的图景，展开他未来的路。

人和人的相遇冥冥中自有天意。记得一位国外资深的华德福老师曾来学校，面对我们这群为了一个共同的图景努力前行的老师的时候，他说过的话有一句让我至今印象深刻，他说："你们目前所做的事情是你们前生早就约好的！"是啊，我们早就约好了！这些孩子，他们的相遇、相伴也必定是前生约好的。而我成为他们的老师，护送他们迈向人生新的旅程，一定也是我们从前的约定，我和他们都只是在兑现一个承诺而已……

今生，我们都有各自的使命！

在华德福学校，每年开学的第一天，都会举行隆重的玫瑰典礼。当年入学的一年级新生，每个人都被家长送到玫瑰门前，自己穿过玫瑰门，接受主班老师赠送的玫瑰花。全班人回到座位上后，会听到主班老师自编的故事。《被故事滋养的童年》里，收入了两个玫瑰典礼故事，这里再收入新的一篇。

世界各地都有古老的智慧相信今世相遇的人，源自前世的缘分和约定；而有着深刻联结的人，更可能是前世的亲人。曹丽莉老师的这篇故事，就是建立在这样一个古老的信念上。那年的一年级，迎来了9位女孩和9位男孩，他们将成为多年的同学，而丽莉老师则会是他们今后8年的主班老师，虽非亲人，胜似亲人。

丽莉老师为孩子们编了这样一段美丽动人的前世缘，相信每一位听到这个故事的孩子，都会被深深地触动，从而和陌生的同学建立起内心的联结。班集体的凝聚力，始于故事。

小学低年级的孩子，感觉自己与世界是一体的，拥有图景式思维，通过想象和感受来学习，灌输智性分析和抽象概念对他们来说不仅徒劳无功,甚至适得其反。在这个阶段,他们需要大量的艺术活动和艺术化教育,直接作用于他们的情感,丰富他们的心灵,塑造他们的生命。**对美的感受和追求是道德感与责任感的基础,感性认知是理性认知的基础。**

故事带给孩子们生动的内心图景,从而引发他们的情感反应,深深植入他们的生命。**讲一个故事,强过贴在墙上的"小学生守则",强过老师苦口婆心的"团结友爱"说教。**贴在墙上的"守则",是孩子身外的物质,和他们没有任何内在关联;老师的说教,更像是一种噪声,要么变作耳旁风,要么引起孩子们的反感。

小蚂蚁和小星星的故事

 投稿:云香

有一天,小蚂蚁出去玩,遇到了一颗小星星,小蚂蚁特别奇怪,问小星星:"小星星,你怎么不在天上待着,跑地上来玩了?"

小星星说:"我今天在玩的时候,一不小心把翅膀给弄伤了,所以我就没办法飞回天上了。"

小蚂蚁说:"那你去我家玩,好不好?"

小星星说:"好呀,不过,我的脚也受伤了,没办法走呢。"

小蚂蚁说:"没关系,我来背你吧。"

可是,小星星实在是太重了,小蚂蚁背不动呀。

小蚂蚁说:"小星星,你别着急,我回去请人来帮忙。"

于是,小蚂蚁回家请了爸爸妈妈来帮忙,请了小伙伴们来帮忙,请了小伙伴们的爸爸妈妈来帮忙,大家一起把小星星背到了小蚂蚁的家。

小星星住在了小蚂蚁的家里，他们每天一起吃饭、睡觉，一起搭积木，玩得可开心了。

很快，小星星的伤就好了，他要飞回天上去。唉，小蚂蚁可真舍不得小星星呀，要知道，小星星已经成了他最要好的朋友呢。

而小星星呢，他也特别舍不得小蚂蚁。所以呀，我们在夜里经常会看见小星星在天上一闪一闪的，那是他在眨巴眼睛，向他的好朋友小蚂蚁打招呼呢。有时候，我们还能看见有流星飞过天空，那是小星星飞下来看他的好朋友小蚂蚁呢。

创作过程

这个故事是我儿子自己提出要讲的。有一天，他在花园玩，看见一只小蚂蚁，不知怎么就想起要我讲一个小蚂蚁和小星星的故事，那时我们刚刚搬家不久，他一直有点不高兴，因为和原来的好朋友分开了。于是我就编了这个治愈系故事。故事讲完后，孩子很爱听，常常要我反复讲，有时候还会要求和我一起做角色扮演，他是小星星，我是小蚂蚁，让我背着他爬来爬去，两个人笑不可抑。

小巫评述

每个孩子在成长的过程中，都会或多或少遭遇一些不快与挫折，我们成年人需要悉心地体察孩子的心境。所谓"挫折教育"是一个伪命题，孩子已经有足够的挫折体验了，最大的挫折莫过于不被家长理解、内心感受被家长忽略。而一个温馨的小故事，就足以告慰孩子敏感的心，让他们获得勇气，渡过一个又一个或大或小的"难关"。

森林里的小路

 投稿：关艾妈

从前，有一位小女孩，她非常喜欢纺纱，可她还织不出漂亮的图案。因此她请求她的妈妈为她找一位老师。妈妈知道在离家不远的地方，就有一个织纱仙子，她不仅能纺出很细的纱，还能织出各种漂亮的图案。

可是从小女孩的家到仙子的小木屋，需要经过森林里的一条小路，如果让小女孩自己一个人走，确实比较困难，因为从小到大，她从来都没有离开过家，更别说自己一个人走到仙子的小木屋了。

于是，她的妈妈每天都会送她去仙子家。起初，小女孩不愿和妈妈分开，毕竟她从没和妈妈分开过。每次看到妈妈离开，她都会伤心好久。可是，当她开始学习纺织的时候，她又会暂时忘记离开妈妈的痛苦，毕竟纺织也会让她很快乐。

有一天，妈妈要去照顾生病的奶奶，不能再送小女孩去仙子的小木屋了。小女孩很想去仙子那里学习，可又不敢一个人去。妈妈拿出一个木头小人儿递给小女孩，说："孩子，这个木头小人儿送给你，让它陪着你走过森林小路。"

小女孩看着手里的木头小人儿，它没有眼睛，没有鼻子，也没有嘴，只有一个圆圆的头、长长的身子，还有胳膊和腿。可小女孩越看越觉得这个小人儿和妈妈长得一模一样，于是她问妈妈："妈妈，这个小人儿是你吗？"妈妈笑着点点头，小女孩高兴地把小人儿放进衣服口袋里。有了木头小人儿"妈妈"的陪伴，她又可以去仙子的小木屋了。

从那开始，妈妈再也没有送过小女孩，小女孩都是在木头小人儿"妈妈"的陪伴下去仙子那里学习的。走在路上，她会把小人儿拿出来看看，和它说话，因此小女孩不再害怕也不寂寞了。

时间一天天过去了，小女孩走在森林小路上越来越有信心了。有一天她走在路上的时候，拿出小人儿来看，一下子惊呆了，小人儿怎么不像妈妈了呢？倒是有点像小女孩自己！

小女孩把这个像自己的木头小人儿紧紧握在手里，一路上微笑着，走出了森林小路，抬头向前看时，阳光已经洒满大地。

创作过程

女儿关艾今年已经四岁了，从两岁半上幼儿园起，她就没自己进去过，我们都是陪着她等老师出来接，当然这对小托班的孩子都是正常的，我们也耐心地等着她长大。可一年前她就升入混龄班了，看着比她小的孩子都自己进教室了，我多少有点沉不住气，但我们还是愿意等着孩子自己长大，于是继续陪她等。但这对我来说，还是有影响的，因为陪她等，我上班几乎天天迟到，而我还要准点下班去接她。

我们也想过一些办法，比如，在窗口叫老师出来接，但这并没有在根本上解决问题。之前读过《小巫教你讲故事》，也觉得治愈系故事应该能解决孩子的问题，可我还是不认为自己有为女儿编治愈系故事的能力，因为编这类故事需要一定的技巧，编不好的话也起不到治愈效果，可是我也没办法请专家专门为我的女儿编个故事啊！

我下定决心，要给孩子试着编一个治愈系故事。我从心里能感觉到，孩子的问题是不敢一个人走那条路，就是从幼儿园大门到教室的那条路。我觉得我的故事里要有"路"，要有"妈妈陪或送"这样的情节，即使妈妈因为某事不能送了,孩子也需有个心理安慰物代替妈妈,这样,内心力量成长后,不知不觉中再过渡到自己一个人走。

于是就有了这个木头小人儿。因为孩子最后要把像妈妈的木头小人儿看成自己,这个小人儿就不能有什么特征,所以就成了没鼻子没眼睛的小人儿了。最初的结尾有点直白,妈妈说了一番点破主题的话,小巫老师看见后指出来了,于是就有了最终版本的故事结尾。

故事讲完后,孩子再上幼儿园时就自己进去了。开始我也不能确信是故事的效果,结果第二天又是自己进去了,我敢肯定就是了。现在孩子偶尔情绪不好的时候还会恋着我不愿意进去,但不是不敢进去。

我是第一次感受到了治愈系故事的强大。有网友问我,故事的作用真的这么大吗?我说我也是第一次见证,我猜是故事给了孩子内心力量。

通过这次经历,我领悟到妈妈是给自己孩子编故事最合适的人,因为妈妈最了解孩子,最知道孩子需要什么,妈妈的故事最能讲到孩子的心里;也因为妈妈最爱自己的孩子,有用心给自己孩子编故事的动力。这次的成功,也让我燃起了重读《小巫教你讲故事》的愿望,因为自认为这个故事情节并不新鲜,只是因为有了治愈作用,才显得独特,我还得多多汲取,以便继续编出更多更好的故事。

小巫评述

《小巫教你讲故事》出版后,部分读者来信询问:"我的孩子有××问题,请问讲个什么故事好?""对于××类型的孩子,您有什么故事吗?"

我写书的初衷是鼓励父母自己为孩子编故事,而不是依赖专家或者其他作者。父母给自己孩子编的故事,好比母乳,是为孩子量身定制的,最适合这一个孩子。关艾妈的经历,恰好证实了这一点。

故事一开始,把幼儿园老师形容为"织纱仙子",这是多么美丽迷人的形象，多么令人神往！而纺织这个动作，在古老的神话里，象征着思考。幼儿园里的学习活动，就是纺纱了。

"每次看到妈妈离开，她都会伤心好久。可是，当她开始学习纺织的时候，她又会暂时忘记离开妈妈的痛苦，毕竟纺织也会让她很快乐。"这是大多数初上幼儿园的小朋友的共同经历：舍不得离开妈妈，但幼儿园也挺好玩儿，于是就会出现"送园时哭，妈妈走开后，又玩得开心"这样的现象。

"有一天她走在路上的时候，拿出小人儿来看，一下子惊呆了，小人儿怎么不像妈妈了呢？倒是有点像小女孩自己！"这个转化故事的"眼"，关艾妈说是受了《神鸟》的启示。有了这种转化，小女孩才真正脱离对妈妈的依赖，靠着自己的内心力量来行走。

这个故事，我最后还做了一点修改。原稿中"拿着它你就会有勇气走过那条森林小路了"，这样说话太过直白，而且好像是妈妈要求孩子拿到这个小人儿才会有勇气，因此我改为"让它陪着你走过森林小路"。

月亮婆婆的护身符

 投稿：六月天的鱼

太阳公公每天都很忙，一会儿要去给种子洒些阳光，一会儿要去看看小苗发芽了没，一会儿要带些温暖给怕冷的人，一会儿又要晒晒小朋友让他们长壮点。他每天的工作都非常辛苦，所以到了晚上，就要回去休息一下，第二天再接着上班。

太阳公公晚上休息的时候，月亮婆婆就出来了。为什么月亮婆婆要出来呢？因为她知道，森林里有个小动物还不肯睡觉呢。

是谁呢？原来是小象。

月亮婆婆轻轻地问："小象小象，为什么你还不睡觉呢？"小象委屈地说："我不敢睡，因为我总是害怕空调的出风口。那里黑乎乎的真可怕。"月亮婆婆说："哦，原来是这样！别担心，我送给你一个小小的护身符，里面有月亮婆婆的魔法哟。你只要有了它，就什么都不怕了。"

"真的吗？"小象高兴地叫了起来！月亮婆婆赶紧"嘘"了一声，说："小声点儿，这可是我们的秘密。"说完，她把一枚弯弯的小月牙交给了小象。小象举起小月牙！哇，月牙散发着淡淡的光芒，让黑色的夜晚也有了亮光。咦，借着月牙的亮光，小象看清楚了空调的出风口。哦，原来出风口那里什么都没有，只不过是几片扇叶呀！那有什么好害怕的。

小象开心地对月亮婆婆说："月亮婆婆，谢谢你的护身符，它真的很有用呢。现在我一点儿也不怕了。"月亮婆婆微笑着说："好孩子，你可以把这个护身符送给需要的人。你已经不再害怕了，不过也许还有别的孩子在害怕呢。"小象说："好的，我一定照做，把护身符送给需要的人。"

创作过程

编这个故事的起因是，有几天小鱼儿总不愿意去小床，要求在大床上睡着了再去小床。问他原因，他很认真地说，妈妈，我害怕空调的出风口。我一看，头顶上的确有个空调出风口。好吧，妈妈理解，现在的你正是想象力丰富的阶段，妈妈小时候也害怕过下水管道的洞口。一天晚上上床我们正闲聊，他无意中问了一句，妈妈，为什么太阳公公要下山？他这一问，突然让我有了主意，于是编了这么一个故事。

讲完故事后,我问,还有谁需要护身符呢?小鱼儿立刻用期许的眼光看着我。我说,准备好你的小手,where is your golden bowl? 我把手合拢,小心翼翼地捧到他面前,再捂到他的手心。我说,现在护身符已经放在你手心里了。小鱼儿很宝贝地捧起自己的手,轻轻地抚摸自己的掌纹,激动地问,妈妈是不是这个?我说,是的,已经在手里了。有没有觉得手心暖暖的?他点头,把手心举向空调出风口的位置,"嗨"了一声发了下功,很得意地说"我有护身符不怕了"!

本来这个故事我只是随便编的,没想到接下来几天他都提到月亮婆婆的护身符。我说,以后你也可以把护身符传给需要的人。他倒好,来了句:"别的小朋友不害怕,他们不需要这个。这是我的!月亮婆婆给我的!"于是我悻悻然作罢!

小巫评述

为什么妈妈需要亲自为孩子编故事?这篇故事又是一个绝妙的佐证!

如果我们相信孩子来自天堂,就会理解他们和宇宙星空有着深刻的联结,能够从太阳、月亮、星星这些天体的形象中汲取能量。"月亮婆婆的护身符",多么诗情画意的意象!永恒的月亮、银色的月光、慈祥的老婆婆、秘密的护身符……孩子本能地感受到置身于安全的暖流当中,没有什么可以伤害自己。

就连把空调出风口直接编进故事里(森林里怎么会有空调出风口呢?客观看来属于犯忌的硬伤),都没有影响小鱼儿吸收故事的精髓,个中原因就在于——这是妈妈特地为他编的故事!

要让这个故事有更加普遍的意义,的确需要把空调出风口改为其他的更加符合森林实际情况的意象,比如某个阴影。

马车为什么一动不动

"小巫教你讲故事"大型讲座广州站观众自编故事
讲述：阳阳爸

土八哥是一只非常会讲故事的鹦鹉，它住在大森林里。大森林里有一块草地，秋天的草地绿油油的特好看，草地上有一辆马车，这辆马车在这里等了很久了，谁也不知道它从什么时候开始在这里的。

一只小蚂蚁走了过去，它推了一下那马车轮子，可是马车并没有动，小蚂蚁又喊了很多它的好朋友一起来推这辆马车，可是马车还是没动，小蚂蚁走开了。

过了几天，来了一只小老鼠，小老鼠在这辆马车的轮子前面看看，后面看看，然后它跳到马车上面，可是马车也没有动。小老鼠找一根鱼刺，它想去扎一下马车，可是马车轮子还是没动，小老鼠也走开了。

过了一天，又来了一只小狗，小狗围着马车前面看看，后面看看，然后它蹦到了马车上面，然后它又蹦到了马车的车把上，可是马车也没动，小狗叫了几声，它从马车边离开了。

又过了几天，来了一只熊，熊从马车旁边走过，用它的大手掌推了一下马车，马车没有动，它用脚踢了一下马车，马车还是没动，好奇怪，熊也走开了。

又过了几天，来了一头大象，大象长着长长的鼻子，它看了一下马车，它想用它的大长鼻子把马车拉走，可是无论它用多大力气，马车都纹丝不动。它又跳上了马车，在马车上面蹦来蹦去，但马车依然没有动。

于是，土八哥所在的森林里的动物们就议论起来，这真是一辆神奇的马车，为什么我们都没有办法让它动起来呢？土八哥也知道了这个事情，它说："要不，让我来想想办法吧，嗯，我知道森林边上住着一个小男孩，让我去找一下他吧。"于是，土八哥就飞出了森林，来到了小男孩住的地方，它把这个事情告诉了小男孩，小男孩想了一下说："要不，我们这样吧，我写一封信告诉全世界的人，让大家一起来拉这辆马车，我想一定会把这辆马车拉动的。"

于是，小男孩写了一封信，让土八哥传到最近的村庄里去，然后再继续传下去，让地球上所有的人都来一起拉这辆马车。很快，地球上所有的人都知道这辆马车的事情，他们也收到小男孩的信，他们非常好奇，所以他们就从很远很远的地方赶到了土八哥住的大森林里。他们排起了长长的队伍一起来拉这辆马车，可是很奇怪，虽然有这么多的人，马车还是一动也不动。大家拉了一整天，都很饿了，后来大家说："算了，我们还是走吧。"他们都放弃了，从此，森林里的动物们都知道这辆马车谁也拉不动。

秋天过去了，冬天来了。冬天下雪了，下了厚厚的雪，马车被雪掩埋了，看不见了，大家也慢慢地忘记了马车的事情。

冬天终于过去了，春天来了，打过雷，下了一场春雨，大地又长出了绿色的小草，在马车的轱辘下面有一颗种子不知道什么时候发芽了，然后，又过了一天，马车所在的地方慢慢地有了变化，有了更多的种子，那个斜坡上长了更多的小草出来。

春天过去了，夏天来到了，几只蝴蝶在草地上飞舞，还有一只蜻蜓飞到森林的池塘里，突然一声响，马车动了起来，它沿着那片小草坡滑到了池塘边的草地上。

"马车动了。"蜻蜓告诉了小蜜蜂，小蜜蜂告诉了小蚂蚁，小蚂蚁告诉了小蜗牛，小蜗牛告诉了小老鼠，于是，整个大森林里都知道这个马车动了，可是谁也不知道它当初为什么一动不动。

创作过程

这个故事其实我只想表达一个主题，就是我儿子去年四岁，我当时给他编这个故事的时候，他一直在问为什么，我觉得其实没有为什么。我觉得，其实讲故事还是很有难度的，就是你必须超越自己，你真正理解了，然后才能带给孩子故事。我的故事其实就是在回答我们成人世界中有的东西也没有"为什么"。

这是一个治愈系故事，但是对我的儿子来讲的话，他会想为什么鸟儿的哥哥姐姐离开它了？它的爸爸妈妈为什么没跟它在一起？有很多很多的问题。面对一个充满好奇心的男孩，我觉得他的问题问得很好，很睿智。但是在我没法回答的时候，我希望他自己能够去想，包括这个马车的故事，我其实不想解读，这个故事我觉得挺深的。

小巫评述

"小巫教你讲故事"大型讲座广州站，是这个主题讲座的处女航。首航就得到阳阳爸这样的故事高手支持，令我备受鼓舞。当时他讲完之后，**我说："非常好的故事，的确非常深刻，不需要解读。"**

阳阳爸是一个特别会编故事的爸爸，他后来又给我提供了好几个自编的故事，篇幅所限，没有全部收进来。

三只小兔

"小巫教你讲故事"大型讲座广州站观众自编故事

这一天,天气非常好,三只小兔不想待在家里。它们的妈妈要去拔萝卜,但是三只小兔想去它们渴望已久的游乐园,妈妈不陪着,它们怎么去呢?

三只小兔各自列举了一些理由,让妈妈允许它们自个儿去。兔姐姐跟妈妈说:"妈妈,我们已经长大了,我们也认识去游乐园的路,你就让我们去吧。"

兔妹妹也说:"对呀,对呀,妈妈,你让我们去吧。"

兔弟弟说:"对呀,妈妈,我们能自己照顾自己的,我们是大小孩了,我们会自己吃饭,自己上厕所。"

妈妈听它们这样说,就放心了,对它们说:"好吧,我的孩子,你们去吧,但是记得不要走有大灰狼的地方,天黑之前要回来哦。"

三只小兔很高兴地答应了,兔妈妈拿了一张地图让它们带上,三只小兔蹦蹦跳跳地上路了。

它们来到一个三岔路口,兔姐姐正要拿出地图查看一下走哪条路的时候,它们遇到了熊猫大婶。兔姐姐上前去问熊猫大婶:"熊猫大婶,这两条路应该走哪条路去游乐园呢?"

熊猫大婶回答说:"小兔子,你们自己去啊?你们走有紫色小花的那条路吧。"①

---

① 讲述者:紫色是我两个女儿特别喜欢的一种颜色。

治愈系故事小屋

三只小兔谢了熊猫大婶，顺着有紫色小花的那条路往前赶。走着走着，它们来到了一座大山的前面，三只小兔正想穿过大山往游乐园方向走的时候，碰到了牛伯伯。这次主动上前打招呼的是兔妹妹，兔妹妹上前跟牛伯伯问好："牛伯伯，您好！请问我们翻过那座山能到游乐园吗？"

牛伯伯说："小兔子呀，你们最好不要到山里面去，你们还是绕着走吧，绕着走才不会遇到大灰狼。"

三只小兔又感谢了牛伯伯，绕过大山往游乐园的方向赶。走着走着，它们来到一条小河边，隔着河对岸就看到了游乐园，可是河上面没有桥，它们得过河呀，怎么办呢？

三只小兔中的兔弟弟远远地发现了有一艘小船，兔弟弟过去想借小船，这时候发现青蛙妈妈坐在小船上。兔弟弟跟青蛙妈妈说："青蛙妈妈，我能借你的船用一下吗？我们要到游乐园去。"

青蛙妈妈看到三只小兔，非常热情地说："哎，小兔子们，不用借，我来载你们过去吧，快上船吧。"三只小兔高高兴兴地上了船，青蛙妈妈摇着船，把它们送到了对岸。

来到了游乐园，接待它们的是袋鼠阿姨，它们在游乐园度过了愉快的一天。三只小兔玩完以后沿着原路回家去了，回到家时天还没黑，可妈妈还没回来。三只小兔非常累了，它们各自上床睡觉了。当兔子妈妈回来的时候，看见三只小兔都已经睡着了，心里觉得特别欣慰。

创作过程

我的双胞胎女儿最近上幼儿园了。因为她们一直都有伴，所以不是特别渴望到幼儿园去有社交生活。所以我就编了个故事，一方面是缓解一下她们的分离焦虑,另一方面也是让她们爱上幼儿园。我编了这个三只小兔的故事,因为小兔是她们非常喜欢的形象。

小巫评述

下面是我在讲座现场对这个故事做的回应以及与这位妈妈的对话:

小巫:很好啊,这个故事非常好!首先它的意象非常好,也有很好的韵律:在经典童话里,"三"是非常重要的一个数字。你设立了三只兔子,又设置了三个障碍,每一个障碍都有一个权威和智慧的形象出现帮助小兔子,第一个是熊猫,第二个是牛,第三个是青蛙,而且这三个权威形象也代表了我们自然界里面不同的元素,尤其是水元素,用青蛙做代表是最恰当的。

你设想的岔路口、高山、河流这三个意象,对于孩子来说寓意都是很深刻的,可能你自己没有想到,但是他所接受的要比你设想的多得多,这就是为什么不能说破故事的意义,因为我们已经很狭隘了,看不到那么多的寓意。

其实我们给孩子编故事,不是我们的头脑编的。这个故事不是你头脑编的,而是你心里编的,你的心灵所接触到的东西,远远比你的头脑要多。你自己也说不出来为什么能想出这些意象来,你给的养分是你自己不能完全诠释的。

妈妈:其实我是有参考《米奇妙妙屋》的一个小故事,但是不完全一样,它们故事里也是有几道障碍,有高山,但是没有河流。

小巫:所以我说自然界里的重要元素正好都被你放进去了。但我有一个疑问,大灰狼是怎么回事?

妈妈:我觉得小孩离开家到一个陌生的环境,他们心里面可能都会臆想一些不确定的害怕的因素,我是想通过这个故事告诉她们有时候困难并没有想象中那么大,你们已经长大了,可以通过别人的帮助或者说通过自己的力量去克服它或者绕开它,所以我就加了大灰狼在里面。今天早上我在微博里问你,这个故事我跟她们讲了好多好多遍了,我实在忍不住要引导一下,我问你能不能引导她们,问她们小白兔在这个过程当中得到哪些人的帮助呀之类的,因为我都说了好多遍了,我都说腻了。

小巫:我建议修改两个地方:

一是取消大灰狼这个形象,没有必要,反而会破坏这个故事的力量。所谓害怕的东西其实属于成年人的臆想,不是孩子的臆想。

二是小兔子们不是去游乐园,把游乐园这个场景改换成一个更加美好的地方,更加满足我们内心渴望的一个地方,这样才值得他们排除各种困难去到达。

最后,千万不要拷问孩子们!千万不要设置问卷!就像我刚才说的,你这个故事中的养分远远超过你自己头脑可以想到的东西。你以为这是让孩子不要害怕、寻求帮助、克服困难的故事,其实这都是非常肤浅的表面意义,如果你拷问孩子,并且"引导"她们按照你的思路去理解,那么这个故事就失去了它真正的意义和价值。

奶精灵的故事

 投稿:多多益善

从前,在高高的天上,有一群奶精灵。他们像天使一样,在天上飞来飞去。

有一天,有一个奶精灵,看到地上的一户人家生了一个小宝宝，这个宝宝的名字叫杰里米①。杰里米刚出生的时候呀，可小了。他一颗小牙都没有，什么东西也吃不了；他不会说话，只会哭；他也不会走路，只能自己躺在小床上。

奶精灵飞到了杰里米的家里，来照顾他。奶精灵一来呀，杰里米的妈妈就有了好多好多的奶。杰里米肚子饿的时候呢，就可以吃妈妈的奶；杰里米想睡觉的时候呀，就可以躺在妈妈的怀里，吃着妈妈的奶，香香甜甜地睡着了。

在奶精灵的陪伴下，杰里米一天天慢慢地长大了。杰里米长出了一颗小牙、两颗小牙、三颗小牙、很多很多的小牙，他可以吃很多很多的好吃的了，可以吃稀饭呀、小包子呀、干饭呀、小馄饨呀、面包呀、饼干呀、红萝卜丝呀、土豆丝呀、小豆腐呀、小丸子呀，可以吃苹果呀、梨呀、香蕉呀，还可以喝牛奶。

杰里米会坐了，会爬了，能自己站起来了，会走路了，会跑、会跳了，能从很高的台阶上"通"的一声跳下来了。

杰里米的个子越来越高了，站在餐桌旁边，他都能看到餐桌上的菜了；妈妈下班回来，杰里米能帮妈妈开门了，出去玩回家，杰里米都能帮爸爸用钥匙开门了；站在小凳子上，杰里米能自己洗手了。

杰里米的力气也越来越大了，出去玩，杰里米能自己把圆竹筒提起来，放回去了；杰里米能自己把有水的小盆子端起来了。

杰里米还能帮妈妈做好多事情②。

……

有一天，奶精灵告诉杰里米："杰里米，你长大了，可是呢，

---

① 这是多多很喜欢的一个小熊布偶的名字。——多多益善注
② 这些关于长大了的描述，都是多多同学亲身经历的。——多多益善注

别的爸爸妈妈家又有小宝宝了，他们那么小，一颗小牙都没有，什么东西也吃不了；他不会说话，只会哭；他也不会走路，只能自己躺在小床上。

"我要走了。不过奶精灵还是爱杰里米的，我们永远都是好朋友，我会经常回来看你的。奶精灵虽然离开了，杰里米的爸爸妈妈、爷爷奶奶会一直陪着杰里米的。

"奶精灵走了以后呀，杰里米的妈妈的奶就会越来越少了。杰里米吃妈妈的奶不够吃的时候呢，也没有关系，因为杰里米有很多的小牙了呀，杰里米可以吃很多很多好吃的了。晚上睡觉的时候呀，杰里米吃完了妈妈的奶，可以唱唱歌呀，说说话呀，左边翻翻，右边翻翻，找一个舒服的姿势，就能香香地睡着了。半夜醒来呀，杰里米可以吃一点妈妈的奶，也可以不吃妈妈的奶，左边翻翻，右边翻翻，找一个舒服的姿势，就可以像大人一样，香香地睡着了，杰里米的爸爸妈妈会在旁边陪着杰里米的。"

说完这些，奶精灵就和杰里米告别了，飞到别人家去了。

奶精灵飞走以后，杰里米妈妈的奶果然越来越少了，不过没有关系呀，因为杰里米有很多的小牙了呀，杰里米可以吃很多很多的好吃的了；晚上睡觉的时候呀，杰里米吃完了妈妈的奶，可以唱唱歌呀，说说话呀，左边翻翻，右边翻翻，找一个舒服的姿势，就能香香地睡着了。

半夜醒来呀，杰里米可以吃一点妈妈的奶，也可以不吃妈妈的奶，左边翻翻，右边翻翻，找一个舒服的姿势，就可以像大人一样，香香地睡着了，杰里米的爸爸妈妈会在旁边陪着杰里米的。

刚开始的时候呀，杰里米不太习惯，他还要吃几口妈妈的奶，然后妈妈会把他放到小床上，左边翻翻，右边翻翻，找一个舒服的姿势，就可以像大人一样，香香地睡着了。慢慢地，杰里米半夜醒来，也可以不用吃妈妈的奶，就能自己睡着了。

奶精灵回来看望杰里米的时候，高兴地对杰里米说："哇，你又长大了一点点了，半夜醒来都可以不吃妈妈的奶睡着了。祝贺你，杰里米，我要送你一个大大的礼物。"

第二天，奶精灵送给了杰里米一个大大的礼物，里面是一个大大的铁轨和小火车。杰里米非常喜欢这个礼物，每天都要玩很长时间[①]。

慢慢地，杰里米妈妈的奶越来越少，越来越少，终于有一天，妈妈的奶再也没有了。

不过呀，杰里米已经长大了，成为一个真正的小伙子了，他再也不需要吃妈妈的奶了。

创作过程

白天陪伴多多的时候，每一点点小小的变化，我都会很夸张崇敬地表示着欣喜，恭喜他长大了。小人儿也自我迅速膨胀，小胸脯挺得高高的，得意地浅笑着，为自己长大了而感到骄傲。

其实，我是想传递给多多：就像会走了、会跑了、会自己洗手了、能帮妈妈一起包包子一样，不吃妈妈的奶，是成长过程中的一件值得祝贺的事情。

离乳，对于多多，还是比较大的变故，尤其是半夜，小人儿半梦半醒

[①] 因为目前的主要目的是断夜奶，这部分我特别强调了下。多多最近很喜欢邻居小朋友的小火车，我就借着这个发挥了下。去小朋友家玩的时候，我还特意捣鼓了下，yy已经晚上不用吃妈妈的奶了，这个小火车是yy的奶精灵送给yy的礼物，祝贺他长大了。——多多益善注

的时候，平时都是躺着哼哼，多多要吃奶，多多要吃奶（我们一直是他躺着、妈妈抱起来坐着喂的模式）。这几天多多醒来，要么大哭，要么使劲挣扎，不要妈妈抱，要妈妈走，人长大了，力气也大，我抱起来都扛不住人家的折腾。等他发泄够了，最后才会要求"多多要吃奶"。

　　白天我出门，人家在家和爷爷奶奶爸爸玩时顺着呢，等我一回家，一点点小事就哼哼唧唧的，闹个不停。有一天临睡，吃完了奶，躺在床上，一会儿要妈妈走、妈妈离开、妈妈去客厅、多多要一个人睡……等我真的起身了，小人儿又不让妈妈走。

　　幸好我有心理准备，这么大的变故在前，陪伴了多多两岁半的奶精灵就要离开了，小人儿不舍，妈妈我又何尝不是呢？

　　幸好是假期，我可以提供高质量的陪伴，晚上闹腾时，我也会耐心地强调奶精灵虽然离开了，但还是爱多多的，依然是多多的好朋友，并会经常回来看他的，而爸爸妈妈也会一直陪伴着多多。妈妈在，妈妈在，妈妈在。

　　我这个人泪点比较低，常常说着煽情的话，把自己都煽哭了。孩子都睡着了，我自己还在掉眼泪。

　　多多半夜起来哭闹的时间越来越短；哼唧了两天后，白天心情好得不得了，每天都唱呀唱呀的，还能编出来"多多说，要吃奶了，要吃奶了，可是呢，妈妈却没有反应"的段子；清醒的时候，要求吃奶，我们约定"一边吃三口"，妈妈数完三下，人家也能很顺利地松口。多多已经从以前的妈妈奶随时供应、吃呀吃呀吃不尽的状态，认识到妈妈的奶会有"没有"的一天。

　　我很为多多骄傲，虽然我们还在断奶的路上，我不着急，因为我非常享受拥着小人儿在怀里温软的感觉。我相信离乳的过程会很顺利的。温情的奶精灵的故事，也会一直陪伴着我们，在多多慢慢长大的日子里，见证他每一次的成长历程。

这个过程,感触挺深的。断奶,对于我这个妈,不舍的心情一点儿也不比孩子差呢。

我个人体会,这个故事可以醒来以后讲,孩子吃奶的时候也可以讲,即使孩子睡着了,也可以讲,他都能听到的。

"结合孩子的生活",选一个孩子熟悉的主角,融入孩子的生活,更容易让孩子接受;这么大的孩子,大概还停留在"我的生活就是大家的生活"的经验层面吧。

至于是不是要给个期待,其实我觉得不是最重要的。我是机缘巧合,就提了下,但现在有些后悔强调得太多了。每次给孩子买玩具,心急给他玩的,不是他,是我自己,现在我得囤着等人家长大,不能太心急了。

我觉得顶顶重要的,是通过故事告诉孩子怎么办;拒绝的同时需要替代方案。我的好朋友就有走弯路的经验,开始说,不吃妈妈的奶但是可以摸,这就又添了一个戒摸的过程。

有人说,半夜醒来,不吃妈妈的奶,可以喝牛奶,我觉得这个习惯如果养成了,还不如直接塞妈妈奶省事呢,爸爸妈妈睡不好不说,半夜喝奶,孩子尿的次数多,又容易醒。

还有人说,不吃妈妈奶,可以妈妈抱着睡觉。这个更要不得了,扛着抱着睡,这么大的孩子,也是个力气活呀。

所以呀,我很"后妈"地给多多指了条明路:像大人一样,翻来覆去,找个舒服的姿势,就能睡着了。

当然,自己的孩子,妈妈是最了解的,妈妈总会有办法,不是吗?

母乳妈妈都知道,给学步儿离乳,比给婴儿离乳更困难(但这绝非提早离乳的理由,长期母乳喂养的益处远远超过最后的那点儿不方便)。

离乳不仅是一个身体的、生理的事件,更是母子双方一次强烈的感情经历。离乳是一个双向的分离,有时看似宝宝舍不得离乳,其实更加舍不得的那个人往往是妈妈。母子双方都享受了那么久的幸福,要割舍开,会带来撕心裂肺的感觉,至少也是惆怅、怅惘、失落、五味杂陈……

我给成千上万名妈妈提供过母乳喂养的指导,也目睹过无数妈妈经历离乳的"阵痛"。离乳是一件非常私人的事情,属于母子双方的"私事儿",旁人需要提供支持和帮助,而不能指手画脚。你们可以想象,当我在网上读到《奶精灵的故事》时,有多么欣喜!**离乳这件事情,终于有好故事来助阵了!这故事不仅是写给母乳宝宝的,更是写给母乳妈妈的。**

这个故事是多多妈妈为多多量身定做的,带着浓浓的"多多味儿"。**读者朋友们拿去讲给自己的孩子时,还是要根据自己孩子的身量,再次"剪裁"一下,以适合自家的情况。**

小鳄鱼的眼泪

 讲述:念念(五岁)

从前,有一只小鳄鱼,在遇到困难的时候只知道哭。他被坏人用针扎,用棍子打,不仅把身上扎得哪都是针孔,背上还被打裂了一道长长的口子,那道口子从头裂到尾巴上,他也是只知道哭。哭着哭着小鳄鱼开始打坏人,并且是一边哭一边打坏人。可是坏人总也打不走,突然,一滴眼泪掉落的时候,他透过眼泪看到了坏人的弱点,于是小鳄鱼知道可以用光线枪打败坏人。可是小鳄鱼没有手就没办法拿光线枪,这时候出现一个人,这个人拿着光线枪,去打小鳄鱼说的坏人的弱点,就这样打跑了坏人。后来又过了一段时间，小鳄鱼背部的伤口愈合了，长出了新的皮肤，是绿色的。不仅如此，他的尾巴、头、肚皮等其他部分的皮肤也都变成了绿色。

创作过程

晓静（念念妈）：故事是从口腔医院治疗牙齿回来之后的下午念念讲给我听的，听完之后我第一感觉故事里的小鳄鱼就是他自己，因为那一段时间发生了好多事情，我和幼儿园的老师在不同程度上都对他形成了一些伤害，我想这个故事就是他对这些伤害的一次疗愈。

讲故事的一个月前念念突然变得害怕去幼儿园，这是念念进入幼儿园两年半以来第一次发生这样的事情，每每一说到要去幼儿园，孩子就说肚子疼；去幼儿园时走到幼儿园门口就跟我说肚子疼，怎么也不肯进园。孩子也曾在吃饭的时候告诉我以前温柔善良的老师变得粗暴，每天都大声呵斥孩子们，虽然和他无关，可是他很害怕，也很讨厌老师这种行为。那时候的我特别焦虑，哪儿还顾得上倾听啊！生怕他以后再也不去幼儿园，直接告诉娃转园，必须转园，转到保定唯一的那所华德福幼儿园！至于他什么转班的意见之类的，那不在我的考虑范围。幼儿园一个班的老师这样，其他班的老师必定也是这样的，一丘之貉啊，我还能让我的孩子继续在这样的幼儿园受苦受难吗？打着为了孩子好的旗号，我就风风火火地开始了一系列有关转园的折腾。

所以故事的开始小鳄鱼不敢反抗只知道哭，因为没有人去关注他的感受，没有人支持他，只是压制他。幼儿园里老师压制着他不许说话不许动，必须按照规定一板一眼地生活一天；回到家里我还雪上加霜，要求他必须按照我的想法来做。于是小鳄鱼的伤口从头裂到尾，整整贯穿全身，那对孩子来说真犹如寒冬一般。

等待转园的那段时间我自己在家带孩子，我的情绪相当不稳定，烦躁的时候吼孩子，吼完之后又愧疚，愧疚的时候才会有耐心听一听孩子说什么。所幸每天晚上睡前故事没有断，那一段时间的睡前故事下意识地就选择了《光明之杖》《神鸟》《伊莎贝尔历险记》《春的种子》《寻找雪莲花的小马》《小英雄除妖》《湖心的羽毛》等这些故事。只《光明之杖》和《小英雄除妖》念念就要求我重复讲了五六遍之多。

而在那段时间孩子高烧39摄氏度三天，持续发烧五天，右脸肿得跟山东饸面馒头一样大。医生诊断为根尖炎，那五天对我来说挺煎熬的，也正是这五天让我慢慢地平静下来，去回顾整个事件，发现我根本就是把孩子排除在外的，幼儿园事件触发了我内心的伤痕，我一直把自己圈养在心里去抚慰小时候上幼儿园受挫的自己，不愿意睁开眼看孩子。发烧给了我一个警醒，让我看到曾经的我和现在的孩子是不一样的。重新静下来跟孩子讨论幼儿园的问题，最后我们决定不转园，只转班。当做出这个决定的时候，我看到他明显轻松了许多。然后跟幼儿园园长约谈，确定转班事宜。

我想在我那么差的状态下，孩子还能突出重围，真的是这些故事给到了他支持的力量。当这些力量在他的内心翻腾的时候，那一定是波涛汹涌的，勇敢和坚强就在这波涛汹涌中慢慢生长着。所以就有了故事里面他的反抗，哭着反抗，在泪水中看到坏人的弱点，坚持到有人来帮忙，整个过程是非常艰辛和困难的。就这样，疗愈性故事和我间歇性的耐心帮助孩子身体里内在王国的国王复苏了！故事里有一个人站了出来，帮助小鳄鱼拿起那把光线枪打败坏人，那个人就是孩子内在王国的国王。而光线出现得多么奇妙，用光线枪消灭坏人，犹如阳光消融黑暗一样。当国王打败敌人，王国里面的皑皑白雪开始消融，寒冬慢慢消退，孩子的内心春暖花开，于是小鳄鱼的伤口不仅愈合了，还换了一身绿色的皮肤。绿色，那是生命的颜色。当故事讲完的时候，我不仅感觉到生机在他体内的萌发，而且还疗愈了我焦虑的心。

记得念念刚出生的时候我就看过相关文章，提到阅读绘本的诸多好处，所以五年下来家里也积攒了100多本各式各样的绘本。令我焦虑的是：除非我强硬命令，念念是不会自己主动去看的，更别提要养成每天阅读的好习惯了。长此下去他将来语文能学好吗？词汇量是不是也会像我一样匮乏？上小学之后的作文该怎么办啊？他是不是从此以后就是个啥都不会的学渣？焦虑、担心满脑子飞啊。虽然看了《小巫教你讲故事》，在小巫老师的故事讲座和"小巫艺术养育"课程中我亲身体验到了故事的魔力，我们家也开始了每天的睡前故事，但是每每看到谁家娃娃会自己选书看书对书爱不释手如数家珍的时候，我就羡慕得不行，恨不得把儿子回炉重造。

这一切的焦虑、担心、害怕都在听完这个故事之后慢慢消失了，仅仅只是每天晚上睡前听故事，太多的时候，我故事没讲完他已经睡着了，可是这并不妨碍故事中那美丽的图景在他内心的绽放和语言组织表达能力的发展，不然他怎么会自己编出这样一个美好的故事呢？

小巫评述

鲁道夫·史泰纳博士在论述童话和故事的重要性时说：让人类以隐喻（metaphor）的方式接收到生命的秘密——在它们以自然法则的方式呈现之前——是至关重要的。

我们讲给孩子的故事充满了隐喻，而孩子们会本能地理解这些隐喻，看到故事所呈现的"**有生命的画面和生动的道德意义**"（史泰纳），这些都会作用于孩子正在成长中的生命能量。同时，他们自己也会运用隐喻来表达内心感受，甚至进行自我疗愈。五岁男孩念念的这篇创作恰巧佐证了讲故事的巨大功用！

晓静是"小巫艺术养育"黄埔一期的学员，作为我的助理，也参加了黄埔二期（后边还参加过更多期），所以有幸近水楼台先得月，拿到课程学员编撰的故事，讲给孩子听。

关于这篇故事的解读，晓静写得非常清楚，我就不多啰唆了。

【附】焦虑，如影随形；故事，治愈的良药

小脆[1]

今儿讲的这个药，不是给娃的，是给妈妈们的。

我一直觉得，这个世界上没有不焦虑的妈妈。也许你现在不焦虑，那可能你曾经焦虑过，可能孩子还没有出现令你焦虑的情况，可能你一直在焦虑只是自己没发现、不承认。是的，我一直是这么以为的。

我曾经是个焦虑的妈妈，而且是属于上面说的最后一种，没发现自己焦虑。

我的老大是个早产宝宝，出生时两斤，把她从医院接回家之后，我每晚陪她睡觉，有时候午夜梦回，睁眼看见她静静地躺在那里，忍不住要去摸摸她的呼吸，确定她还活着。我是高血压导致的妊高征合并重度子痫，这是孕期挺凶险的事，一不留神很可能一尸两命，或者大人孩子只能保一个。这样的情况，让我不敢再怀孕，如果再来一次这种情况，我不知道事情会发展到哪个方向去。

---

[1] 本文作者是小巫艺术养育黄埔一期学员、首批艺术养育讲师、音乐治疗师。

而我是那么害怕这个孩子死去,有时候不仅幻想,她会不会有什么疾病我没有发现,她会不会出什么意外。当时看过一个日本人写的文章,说他小时候病得很重,医生们都宣判他没救了,他的妈妈守着他,他就问:妈妈,我是不是要死了?他妈妈平静地告诉他,没关系,如果你死了,我会再把你生下来。我看完,一方面为这位妈妈的智慧而赞叹,一方面不禁悲从中来,如果我的孩子死了,我连再生下她的能力都没有。

于是我不停地去学习知识:母乳喂养、亲子沟通、音乐治疗师培训、"小巫艺术养育"、人智学、西医、心理学、自我成长……我无法停下,我告诉自己,孩子在医院住院两个月我没有恐惧,是因为不知者无畏(那个时候为了让我坐好月子,老公一力承担孩子所有病情,只告诉我好消息。对于孩子的几次重病,在她住院期间我并不知情)。现在的我,一定要站在最高的山峰上,做到一览众山小的无畏,我要掌握所有可以帮助她的知识,这样她就不会有事了,她会好!那个时候,我不懂这叫焦虑。

我最大的焦虑问题在于我闺女的睡觉问题。这个睡觉问题,经历了几个阶段。

在一岁之前,她人还小,睡觉到点儿就被我奶睡了。一岁之后突然有了变化,那时刚刚接触"爱和自由",以为在睡觉这件事上,当然也要"让孩子做主",认为她困了自然会睡,于是天天都要过了12点才能入睡。我上班回来本身就没多大精神,天天熬过12点对我是一场极大的考验,基本上是"作为母亲我应该亲自陪伴她"这个信念在支撑着我每天陪她熬夜。就算这样,她依旧经常半夜醒来要求玩耍,有时候甚至两三个小时。这个时候我很焦虑而不自知,每天白天靠咖啡支撑,不停检讨自己没做好。

我一边告诉自己是因为自己上班没陪好,一边寻求帮助,华德福的老师云香告诉我要让孩子早睡,我恍然大悟,原来睡觉这事不能这样。之后一段时间调整作息,不仅孩子睡眠规律了,大人也非常轻松。

这个时候我正在上"小巫艺术养育"黄埔一期,深深地被故事的魅力所吸引。翻看老师的书得知那些自己看得入迷的故事不适合给三岁前孩子讲的时候,恨不得自己闺女赶快长大,好让为娘一展身手!我也是个在主流教育培育下长大的人,心中自然没有那么多想象力流淌。于是我先从《小巫教你讲故事》里看了故事,基本是背给孩子听。如果忘了哪个情节,还得反复翻看书来增强记忆。甚至出现过指着某个玩具说,闺女你看那是什么,然后我赶紧抽空翻下书的情景。慢慢地,我也可以开始凭空"瞎掰"一些故事了。我发现,只要你肯走出第一步,而不是天天说:我不会编故事啊,我没想象力啊。一天天讲下来,真的会有进步。原来想象力这个东西,还是会慢慢回来的!

在今年年初(注:2015年),我在北京昌平参加音乐治疗师的培训,因为孩子太小,我带了婆婆和孩子一起上课。天气很冷,我闺女终于在元旦那天感冒而发烧了,这次发烧,我按照人智医学的处理方法,没有给退烧药,让闺女凭借自己的防御治愈能力烧了过来。也曾经一度失去信心,想要给予她我以为是"好"的帮助,小巫老师和艺术养育讲师班的同学们一直在精神上支持着我,陪我度过那70多个小时。

这次之后,我闺女的睡眠问题突然变得非常糟糕。不仅整夜整夜的不睡,而且还会毫无理由地发脾气哭闹。我的焦虑每天都处于上涨状态,不停地在群里求问小巫老师和几位同学,问她们遇没遇到过这种情况,怎么办。

这种情况在过年期间达到了最高潮。大年初一的时候,我该讲的故事也讲了，歌也唱了，她要求我抱着她下地溜达也溜达了，要吃奶也吃了，甚至训也训了，吼也吼了，她一脸无所谓地吃奶，我一个人躺在床上崩溃地默默流泪。最后在半夜11点多她自己把自己哄睡了。我坐在床上一夜无眠。大半夜拿起手机追问老师：怎么办？怎么办？孩子难道不应该早睡吗？为什么我做什么都不行？之前不是睡得很好了吗？怎么全变了？我要如何做才能让她早睡？我该怎么办？怎么办？？

过了两天，乔乔介绍了一个朋友给我，她在电话里听完我的描述后说，你太焦虑了。我听到这句话突然很震惊。我这叫焦虑吗？我难道不是只是因为孩子睡觉的事有点困惑吗？我不应该要求她早睡吗？挂上电话之后，我一直在细细思索。我到底处于一种什么状态。当我开始认真觉察自己的时候，好像一切都明了了。原来我如此焦虑。那这么焦虑的我带的孩子，能不焦虑吗？

别人是无法告诉你那个所谓的正确答案的。带孩子的答案一直在我们自己心底。认识到这一点之后，我又开始每天认真讲睡前故事，认真规律作息。睡前故事有自己的特点，要轻柔平缓，三岁之前的孩子要听重复性的情节。其实何止是三岁之前的孩子，当我一遍一遍真的把心沉到故事里去，本来好像听上去挺无聊的重复故事，其实也在按摩着我自己的内心。温柔的情节如丝似水，划过心田，自己内心的那个小孩也是如此喜欢听到这样的故事。不要把讲睡前故事当成任务，要带着自己的真情实感，去和孩子做最深层次的交流。都说要和孩子有联结，有联结。这联结怎么来的，睡前讲故事简直就是最佳时机！只有大人的呼吸平稳，孩子才能跟随你的节奏，只有我们不再焦虑，孩子才可以逃避焦虑。

就这样，几个月下来，闺女的睡眠又变得非常规律。不仅她规律，我也经常可以体会到自己的变化。这不仅因为我开始更多地觉察自己，故事也功不可没。小巫老师常说，故事也可以滋养成年人，是真的。

5月16日的西安故事讲座，是故事主题讲座全中国最后一场。我很庆幸自己在现场。当老师点燃烛火娓娓道来的时候，我跟着公主走过长长，长长，长长的楼梯。跟着以为自己不会飞的小鸟划过湖面，看到自己的倒影。同时，默默地擦掉留下来的泪水。故事的魔力，说一千道一万也无法言明，但只要你开始，总有一天你会亲见它的神通。

可能你想问：那么你还焦虑吗？我觉得，没有不焦虑的妈妈，但是，我有救命的良药呀。

那么，你要来一起讲故事吗？

谨以此文献给"小巫艺术养育"讲师班的同学，你们都是我亲爱的药引子。还献给我群里的妈妈们，都一起且行且焦虑吧！

青春期故事小屋

可能有些父母会疑惑：青春期的孩子，还会对讲故事感兴趣吗？童话类故事还会对他们起作用吗？

说实在的，大部分人对青春期都有很深的误解，其中之一就是误认为青春期孩子不需要故事了。实际上，**任何年龄段的人都爱听故事，故事对任何年龄段的人都有滋养和疗愈的作用。**

青春期的孩子在经历一种波澜壮阔的变化，我们甚至可以把它叫作一次新的诞生。任何诞生都伴随着阵痛，还有强烈的情绪，而且这种阵痛和情绪是双向的：对于父母来说是一次分娩，对孩子来说是一次诞生——一个新的生灵出现了！很多父母会发现：孩子跟小时候完全不一样了！简直像是换了一个人一样！于是会经历面对新生儿时的那种手足无措、慌乱感和无力感。

不少孩子在青春期长得很高大，外表很像成人，父母往往误把他们当作成人来对待。实际上，他们还不是成人，依然迫切地需要父母，只是他们对父母的需求和以前不一样了。他们内在情绪的变化非常强烈，仿佛是大海上的风浪一般，而父母就要做波涛汹涌的大海里牢固的灯塔。

因为身体的变化和成长中的阵痛，青春期是抑郁症、焦虑症、强迫症和自杀倾向等心理问题的高发阶段。孩子急需成年人的理解和支持，这个时候，好的故事就能发挥神奇的作用。

而青春期的特征之一又是纯粹的智性逐渐诞生，孩子们渴望真实，能够理解因果关系，那么过于梦幻童真的故事，显然就不再适合他们了。但这并非意味着要剔除一切童话元素，恰恰相反，王子和公主的形象对青春期的孩子依然具备强大的影响力，这股力量升入了一个更高更深的境界；青春期的孩子们迫切需要看到生命的意义、需要树立理想和崇高的价值观，恰当的童话故事可以提供这些必要的养分。

这也并非意味着前边的故事不能讲给青春期的孩子听。我曾经把《神鸟》和《光明之杖》在不同场合下讲给几位青春期的孩子，他们都受到了深深的震动。《公主和花儿》是专门为青春期女孩编撰的,但是可以讲给所有年龄段的孩子听;本书最开始的《公主与印第安女人》则是一群青春期少女创编的故事,典型地反映出这个时期的成长历程。

这一章节的代表作是《樵夫的女儿》,关于这个故事的创作过程和解读,也是篇幅最长的。解读这个故事,就是在解读青春期。**所有的成人,也能被青春期故事疗愈。**

中间有四篇以国王和玫瑰花为主题的故事,来自"放飞想象力"工作坊的一个创作环节,没有任何针对性,却不难看出全都是写给了自己内在的少男少女;这些故事的情感氛围和画面,对于小孩子来说过于凝重,却很适合青春期孩子。

最后三篇故事,是华德福国际夏令营助教培训周里,我带学员们做戏剧练习时,衍生出来的"副产品"。这些故事蕴含的情感和意义比较成熟和复杂,不适合讲给小孩子,却能给青春期的孩子带来能量。

樵夫的女儿

"小巫艺术养育"黄埔六期作品

创编:菲菲、婉筠、胡爸、七七、玲儿

执笔:闫虹 Megan

改写:小巫

从前,有一个樵夫,和他的三个女儿住在一片山林的旁边。

有一天,樵夫要去镇上赶集,集市上,他卖掉柴火,再买来生活用品。他叫来三个女儿,问她们想要什么礼物,他可以顺路带回来。大女儿跳了支舞，说爸爸我要一条漂亮的长裙子。二女儿唱了首歌，说爸爸我要一把莱雅琴。小女儿还什么都不会，一时想不起来要什么礼物，就说爸爸我要一个惊喜吧。

樵夫在集市上忙活了一天，卖掉了所有的柴火，买了生活用品。但他没忘记给女儿们的承诺。他挑了集市里最美的一条长裙子，也找到了一把音色很好的琴。但是，惊喜长什么样呢？他每到一个摊位，都问有惊喜吗，不是碰到说没有的，就是碰到糊弄人的，哪来什么惊喜！樵夫有点失落，找了一棵树，坐下来歇着。

这时，一位老奶奶走到了樵夫身边，问："年轻人，看你愁眉不展，是有什么烦心事吗？"

樵夫说："别提喽，我答应给我小女儿的惊喜怎么找都找不到。"

老奶奶："你是说给小女儿的惊喜啊，我这里就有啊。"

樵夫："真的吗？太好啦，如果你有我小女儿要的惊喜，我愿意拿我今天卖柴换来的所有金币来跟你换。"

老奶奶："哈哈哈哈，我一枚金币也不要你的，只要你答应我的一个条件。"

樵夫："什么条件？"

老奶奶："这个惊喜可以给你，但你回家碰到的第一样东西，要让我带走。"

樵夫一口答应了，老奶奶拿出一只布包，递给他，然后就离开了。

可樵夫隐隐觉得不对劲。"回家后我碰到的第一样东西……"樵夫琢磨着，"不就是我的女儿吗！我怎么可能把女儿送给别人呢？要不然，我等女儿们睡着了再回去！"

三个女儿在家等了一整天，天都快黑了，集市早就散了，爸爸却还没有回家，她们开始着急了。大女儿说，我要做饭等爸爸回来，他闻到饭的香味一定马上就回来了。二女儿说，那我去收拾屋子，当家里被收拾得闪闪发亮时爸爸看到亮光就能回来了。三女儿什么都不会做，决定跑到家门口去等爸爸回来。

三女儿托着腮帮子坐在路边，等啊等啊。天越来越黑，她开始害怕起来，埋着头，嘤嘤地哭起来，哭着哭着睡着了……

樵夫好不容易等到天黑，他起身向家的方向走去。快要到家门口的时候，小女儿被他的脚步声惊醒，她看到爸爸，立刻高兴地飞奔过去，边跑边喊"爸爸，爸爸"，一下子扑到樵夫的怀里。

樵夫惊呆了，几乎是带着哭腔说："你怎么在这儿！"

三女儿说："我在这等你回来，等了好久了。爸爸，我们进屋吧。"

樵夫拖着脚步和三女儿一起进屋了，另外两个女儿闻声也过来了。爸爸将手中的礼物递给大女儿和二女儿，两个孩子高兴极了，捧着礼物又唱又跳。

三女儿看着爸爸，也等着她的"惊喜"。

樵夫叹了一口气，把布包递给三女儿，然后扶着三女儿的肩膀说道："我今天找遍了整个集市，都没有找到你要的惊喜。后来我遇到一个老奶奶，她说她可以给我一个惊喜做礼物，但是要拿我回家碰到的第一样东西去交换。我想着等你们都睡着了再回来，可是我回到家，还是先碰到了你。"三女儿也惊呆了，哭了起来。

老奶奶不知什么时候已经走进了樵夫的家，她看着三女儿，轻轻说："跟我走吧。"

三女儿不得不跟着老奶奶走了。她拿着布包，边走边抽泣。

老奶奶一直拉着她的手，微笑着慢慢往山脚下走。渐渐地，三女儿停止了哭泣，开始好奇，老奶奶到底要带她去哪里。

老奶奶把三女儿带回了她自己的家。一进门，首先映入眼帘的是一台织布机，上边挂着一匹还没有完成的织锦。老奶奶微笑着对三女儿说："我想要织一匹五彩斑斓的锦缎，现在还缺少最闪亮的金色和最纯净的银色。我老了，没有力气去完成这个任务。你还年轻，可以帮助我。你要到对面那高高的山上去采撷早晨的第一缕阳光，还要收取月圆之夜那最纯净的月光，把它们带回来，把织锦染好，你就可以回家了。"

三女儿一听原来是这样的事情，不禁放松下来，点点头。第二天天还没亮，她就爬起来，将织锦从织布机上取下，系在了身上，走出老奶奶的家门，开始朝着山顶攀登。这是一座好高好高的山啊！三女儿走啊走，爬啊爬，不知道翻越了多少道山梁，每次她都以为已经到了最高处，但是登上去一看，后边还有更高的一道山脊。有些地方没有路，地上长满了荆棘，一脚下去满腿划痕，鲜血淋漓，疼痛难当；有些地方又都是光秃秃的大石头，四肢并用才能爬上去，不少石头又光滑又陡峭，手和脚都没地方扒住。好几次，她以为自己要摔下去了，必须全身贴在山坡上，定定神再接着爬……就这样，不知过了多久，她终于爬到了山顶。

站在山顶上，她看到那缓缓升起的太阳露出了光亮[①]，三女儿赶快解下织锦，举起来迎着阳光挥舞，可是布没有任何变化，她换了各种角度和动作，让阳光照射这块织锦，可还是没有变化，小女儿感觉又疲惫又丧气，头上的汗珠顺着她的脸颊滴下去，她

---

① 工作坊戏剧表演和学堂讲课时，在这个环节，我唱了一首英文歌 *Golden Sun Arise*（《金色太阳升起》）。

不由得用织锦抹了一把汗，哇！擦到汗水的地方竟然变成了金色！小女儿高兴极了，继续把汗滴甩在织锦上，直到那上边散发着金灿灿的光。

三女儿带着已经染好金色的织锦走下山。现在还需要找到银色。过了一些日子，到了月圆之夜，三女儿在傍晚时分出发，她穿过了层层森林，一路上，斑驳的月光照着她脚下的路，森林里有各种声响、各种影子，她有时候不禁感到有些害怕。

夜半时分，她来到了森林正中的那个湖边，这里是一片开阔地，夜空如清冽的宝石，一碧如洗，一盘圆月当空悬挂，银色的月光像瀑布一样倾泻下来，湖水映照着月亮，月影随波荡漾。三女儿从身上解下织锦，在夜风中挥舞着，希望能够收到这纯净的银色之光，可似乎一切都是徒劳的。夜色一点一点地退去，月亮也逐渐偏到天边，再等一会儿，天就要亮了。三女儿站在湖边，着急地哭了起来。泪水滴到湖水中，湖水竟慢慢变成了银色荡漾开来。小姑娘欣喜地拿起织锦，在湖水中漂来漂去，织锦上银光闪闪，仿佛月亮的光辉[1]。

织锦完全染好了！三女儿往老奶奶家跑，赶回家时，天已经大亮，老奶奶正在慢悠悠地做饭，像往常一样等她回家。三女儿欢呼着跑到老奶奶面前："织好了！老奶奶，织好了！"老奶奶接过织锦，细细地看。"好美丽的锦缎啊，金色的线闪闪发光，银色的线温柔似水。这块织锦，找到了它的主人，已唤醒它的魔力。"说完，老奶奶把这块织锦披在了三女儿身上，微笑地看着她说，你现在可以打开那个惊喜了。

三女儿打开带到老奶奶家的布包，里面包裹着一面镜子，她

---

[1] 此处唱了一首与湖水和月亮有关的歌《西湖船》。

举起镜子照照自己，发现镜子里面竟然是一位美丽而高贵的公主，有着长长的金发，浑身上下熠熠生辉。只听老奶奶对她说："你的爸爸本来是这个国家的国王，你和姐姐们都是公主。但是，在你们很小的时候，王国被一个法师施了魔法，王宫变成了一座森林，国王变成了樵夫。只有当你织出这世间最美丽的锦缎时，魔法才会被解除，你们才能恢复真实的身份。现在，你可以回家了。"

三女儿，现在，她是三公主了，飞奔出老奶奶的家门，朝着王宫所在之处跑去。

这个故事是"小巫艺术养育"黄埔六期的部分学员集体创作的，最初的版本是在黄埔六期第三天故事工作坊的下午，有一个接龙讲故事的环节。我先是让学员们用一个现成的故事接龙来讲，讲完之后就继续重头再讲。这个活动的目的是让大家学会怎么讲故事。我给大家的那个故事是比较搞笑的一个故事，所以到了最后一组学员的时候，他们就笑得太厉害了，讲不下去。我给他们的这个故事也是为什么黄埔六期被称为鸭子群的来历。

最后一组学员就说我们讲一个原创的故事吧，最开始他们讲的故事[1]是这个样子的（随故事附上当时的创作过程和小巫评述）：

从前有一个樵夫，他有三个女儿，大女儿、二女儿和三女儿。樵夫非常心疼他的三个女儿。有一天樵夫要上集市去，他对三个女儿说，我要上集市去，你们要我带些什么礼物回来吗？大女儿说我想要一顶天蓝色的帽子，二女儿说我想要一双美丽的水晶鞋，三女儿很心疼爸爸说，我只要一根擀面杖就好了。樵夫记

---

[1] 本篇故事以及后续文字摘自"小巫养育学堂"中《童话的智慧》讲稿，整理：洁欣。

住了女儿们说的话，和她们拥抱道别说：你们在家里乖乖的，我去集市了，晚上我一定会尽快回来的。

女儿们在家里一会儿唱歌，一会儿跳舞，就这样等着爸爸回来。天气渐渐晚了，还是不见爸爸，她们不再唱歌，不再跳舞，趴在窗子上往外看，望啊望啊，可就是望不到爸爸的踪影。

大女儿说："外婆家离我们不远，我们到外婆家去等爸爸吧。"

二女儿说："我觉得有点害怕，我不想出门。"

三女儿说："虽然我也有点饿了，但我们还是在家等爸爸回来吧。"

樵夫在外面工作了一天，非常辛苦，但是他记得给女儿们带礼物。他找到了一顶很漂亮的帽子，也找到了美丽的水晶鞋，可是他在集市上找了半天也没有找到那根合适的擀面杖。他真的很不想让他的三女儿失望，就在回去的路上边走边找。恰好，他看到路边有一棵歪脖树，有一根粗粗的树枝斜斜的，很适合做一个擀面杖。他就把树枝砍了下来，修理成了擀面杖的样子。

樵夫回到家，女儿们见到爸爸非常开心。樵夫把礼物送给女儿们，大女儿拿到帽子，戴在头上，转了几个圈。二女儿穿上水晶鞋，也跟着大女儿的舞步跳了起来。小女儿拿到爸爸亲手做的擀面杖，觉得非常意外，也非常开心。于是，她拿着擀面杖来到厨房，拿出面粉，和爸爸一起为家人做了一顿好吃的面条。

创作过程

上面是我们在"小巫艺术养育"课程黄埔六期中创作的最初版本，有了开头，有了悬念，可是后面没有冲突和收获。在首期"放飞想象力"工作坊中，小巫老师邀请黄埔六期里的七位学员一起把这个故事完成。

我们首先改动的是三女儿的礼物，从擀面杖改为好玩的东西。爸爸带回家一个没有眼睛也没有嘴巴的洋娃娃。三女儿要带着洋娃娃爬上高山，在高山上种上种子，开出七色的花。娃娃的眼睛和嘴巴就能长出来，带她看世界。

这个时候我们有三个人感觉不对劲，没有了大女儿和二女儿的必要性，然后就陷入了逻辑是否合理，三姐妹之间是互相帮助还是互相贬损的讨论之中。关于任务的设定，由爸爸来设定是否预设太强了？我们就都卡住了。

小巫老师走过来询问了现状提醒道，三女儿可以要一个惊喜，爸爸在寻找惊喜的过程中遇到了一个神奇的人物，比如一个仙女给了他一个小包袱，爸爸将小包袱带回家，里面的未知就是最大的惊喜。而且即便还是遵循娃娃的思路，娃娃最好是孩子自己缝的。她带着娃娃玩，又遇到了那个仙女。这个娃娃没有感官，直到她看到这个世界最美妙的景观和听到最动人的声音，以及闻到最香的味道，吃到最美味的食物之后，娃娃就会有自己的感官，就会活起来。小巫老师还提醒我们，故事不要太俗，不要老想着现实，而导致全都是泥土里的东西、现世的东西。

老师走了以后我们就再次沉淀，重新开始。那故事在第三轮改为大女儿要一条花裙子，二女儿要一个蝴蝶结，三女儿要一个从未见过的惊喜。樵夫在市集上找不到惊喜，寻找的路上遇到了一个老奶奶。老奶奶向樵夫走来，主动询问，她给了樵夫一个包裹，但需要爸爸拿一样东西进行交换，就是爸爸回到家遇到的第一件东西。爸爸想着自己回家看到的第一件东西肯定是三女儿，就找了个地方睡了一下，想等着三个孩子睡着之后再回家。三个女儿在家里等得很着急，后来三女儿出门去找爸爸，在路上睡着了。爸爸等到天黑之后带着包裹回家，路上被三女儿绊倒了。

然后我们又陷入了逻辑思维的讨论中，比如说这里面是否应该有骑士等。

这时候小巫老师在各组巡视，她又巡视到我们这一组，提醒我们樵夫第一个看到的还是三女儿，所以三女儿跟着老奶奶走了。那三女儿帮助老奶奶做了什么事情呢？发生了什么神奇的事情呢？

茶歇过后，我们再来第四轮。三女儿的情节就改为下面这样子：她坐在门口等爸爸回来。樵夫回到家院门关着，推开院门三女儿就飞奔了过来。樵夫向三女儿解释了缘由，打算把三女儿交给老奶奶。老奶奶来了，带走了三女儿。在老奶奶家里有一台织布机，老奶奶让三女儿给她织布，要织一块世界上最漂亮的布。这块布上有五彩斑斓的颜色，要用非常漂亮的金丝线，以及各种颜色的原材料。三女儿答应帮忙，虽说她很想念她的爸爸和两个姐姐。织布机上已经有了红色、蓝色和绿色，老奶奶说她现在还需要最纯净的金色和什么呢？

小巫老师给我们提议"和最纯净的银色"。最纯净金色和最纯净银色的线从哪里来呢？最纯净的金色来自太阳光，最纯净的银色来自月光。还可以收集雨后彩虹的七色光。这个收集的过程是老奶奶要告诉她的，因为老奶奶是有智慧的，这就是一个青春期的故事。完成这些任务之后，三女儿就可以回家了。这也是要提前和三女儿说的。

听了小巫老师的建议，我们又开始思考。最纯净的金色，比如第一缕阳光。最纯净的银色是如何收集的呢？我们就试图让染色变得合理化。小巫老师听到这种讨论就问我们是不是都是理工科的，结果还真的大部分都是学理工的。老师再次提醒我们，不用完全符合现在的科学原理，可以天马行空一些。

好，第五轮又开始了：小女孩在老奶奶家一直哭，说她想回去见爸爸。老奶奶说如果你可以织出这世界上最美丽的布就可以回家了。布上要有我给你的三个宝袋。你可以用这三样东西收集三种颜色。第一个宝袋里有一些鲜花，用阳光滋养它就可以染成金色。第二个宝袋里又是什么什么，可以染上银色。这时候又有人说我总感觉要有眼泪，青春期的泪水。

有人说到浣纱，如此美妙的意境就激发了大家的灵感。三女儿在爬山的时候流下的汗水就代表成长的力量，能够染上最纯净的金色。夜晚的月光、成长的别离与思念带来的泪水，就能够染上最纯净的银色。

如何收集金色和银色，又成了我们讨论的重点，又陷入逻辑考量和科学论证当中。又想到三女儿可以多爬几次，体现她的辛苦，以便汗水更加纯净。然后关于惊喜究竟是什么，这个故事更深的寓意是什么，以及如何结尾，我们再一次陷入了讨论当中，陷入了脑海中的场景和期望的结尾。比如老奶奶是不是一个落难的公主，谁会在这个故事中得到转化，等等。

小巫老师又再次过来提醒我们，所谓青春期的转论，就像是一个化蝶的过程。重点是在三女儿身上，她是女主角，三女儿披上这块布，她就会成为公主。

好，就这样，第二天我们集体进行了第六轮创作，经过细节的修改，成为最终的定稿。

小巫评述

看黄埔六期学员写来的创作过程，这个叫小巫插了好几次嘴。但这还不是今天你们听到的版本，我今天给大家讲的故事还不是从六期学员那里收到的版本。因为当时他们是用戏剧的形式表演了这个故事，剧本本身如果从文学创作的角度来看是比较粗糙的，很多细节都是缺乏的，甚至出现了情节不连贯的情况。因为现场是学员表演，他们通过动作和舞台的特质来把故事讲完整。对于文字版我进行了再创作，添加了很多细节。

"青春期故事小屋"中的第一个故事是我自己添了700多字之后的版本。比如说爬山的时候，原作只是说"好高好高的山啊，费了好大的力才爬了上去"，中间就什么都没有了。我看到这里不禁暗自捧腹，估计这些人谁都没有真正爬过山，爬山的过程他们是形容不出来的，你们听到的三女儿爬山的情节都是我添加上去的。

这个故事真的不是用脑子想出来的，而是来自存在于我们每一个人内心中的原始记忆（primal memory）。这个故事的开端非常像一个经典的格林童话《唱唱跳跳的百灵鸟》，但是七位主创人员说他们谁都没有听说过这个童话，当我了解到这一点的时候，觉得挺震惊的。

《唱唱跳跳的百灵鸟》也是说一位爸爸要出远门，他有三个女儿，问女儿们要什么礼物，大女儿说想要珍珠，二女儿说想要钻石，三女儿说想要一只唱唱跳跳的百灵鸟。爸爸出门之后也是找到了前面两个女儿要的珍珠和钻石，但是没有找到百灵鸟。在回家的路上，在城堡旁边的一棵树上，他发现了一只百灵鸟，就是他想要的。但是当他想抓这只百灵鸟的时候，有一只狮子跳了出来，不许他抓这只鸟，谁要抓鸟它就吃掉谁。爸爸跟狮子说他想要这只百灵鸟，可以付很多钱。狮子说钱救不了你，你可以要这只鸟，但是你必须把回家之后碰到的第一个东西送给我。后面的情节也是爸爸回家之后碰到的第一个人就是三女儿，他只好把三女儿嫁给了狮子。而实际上狮子是一个受到魔咒的王子，后面还有很多十分复杂曲折的情节。

这篇童话很长，但前面的桥段跟《樵夫和三个女儿》如出一辙，而创作人员没有一个人听过这个故事，可见我们内在的原始智慧（primal wisdom）是相通的。还有其他的经典童话传奇故事跟这两个故事的开端有异曲同工之妙，比如在英语世界流传很广的童话《美女和野兽》、瑞士童话《魔法王子》，还有中国四川民间传奇《蛇大哥》，它们的开头都和《唱唱跳跳的百灵鸟》如出一辙。再举个例子，黄埔一期的学员创造的《公主与花儿》开始的情节与格林童话《睡美人》有相似之处。

所有的经典童话都是我们心魂力量发展的原型和模板，所有故事里面

的旅程都是内在心魂的旅程。这些旅程被转化，通过我们的想象力变成了具备实体形状的角色，变成了实实在在的故事情节。

现在我们就从头看一下《樵夫和三个女儿》这个故事的寓意。樵夫有三个女儿，上节课说了，三是一个神奇的数字，是一个灵性的数字。我们每一个人都会本能地感觉，必须是三个女儿，而不是其他的任何数字。我们自身有多重的三元性：身—心—灵、脑—心—身、愿力—情感—思考、感知心—智力心—意识心，等等；世界也有多重的三元性。任何故事里，所有的角色都是我们内在的一部分，这个故事也不例外。

大女儿和二女儿代表了三元性里的两元，但重点是三女儿。我们来看一些要点，我一共提炼出来13条：

1. 老奶奶要把三女儿带走，三女儿要离开她的家，离开以前一直给她提供安全、温暖和熟悉环境的家，这象征着青春期，孩子要跟父母有彻底的分离；同时它也象征着在我们的灵性发展的过程中，是要做出牺牲的。

2. 老奶奶把三女儿带走了，象征着孩子们有这样一种感觉——他们好像是从灵性的天堂被推出来了一样，必须自己独立地站在这个世界上；当然老奶奶还伴随着她，老奶奶就是远古智慧的化身，这些智慧在她的内在一直跟随着她。

3. 三女儿跟着老奶奶走，然后慢慢地停止了哭泣，开始好奇老奶奶到底要带她去哪里。正像是青春期的孩子对外在世界、对广泛世界的感受，是从这时候才开始唤醒的。

4. 老奶奶把三女儿带回自己家，让她看到一匹没有完成的织锦，想让三女儿帮助她完成织锦。如果你看过《小巫教你讲故事》就会知道，编织、纺织这个动作象征着我们纯粹的智性，我们的思考（俗称"思绪"——绪就是线头），恰是在青春期的时候苏醒了。

5. 在童话中出现的金色和银色都象征着整个宇宙，也就是整个世界的综合，包括人间和灵界。太阳的光芒以及月亮的光辉在青春期的时候都存在于我们的思考当中，因为只有青春期孩子的想象力才有这样的力量，飞升出去；尤其是孩子，他们本能地理解超世界、超感官以及灵性世界。

6. 三女儿把织锦从织布机上取下来，走出老奶奶家门，开始爬山，向山顶攀登，这象征着她开始渴求知识、渴求真理，这是从青春期开始的。在华德福教育中，从出生到七岁孩子生命的主题——世界是善的；从七岁到十四岁孩子生命的主题——世界是美的；从十四岁到二十一岁孩子生命的主题——世界是真实的。也就是说对真实的渴望，对真理、智性知识的追求也是青春期开始的。尘世的意识开始苏醒了，同时也踏上了一个内在心魂的旅程——这是爬山的寓意。

7. 太阳和月亮都象征着什么？太阳的品质是温暖、智慧、爱，是万物的起源，也是生命赖以生存的必不可少的养分。我们人类、地球的进化过程，整个物质世界的来源，是从温暖开始的，是最原始的存在形式，最原始就是温暖。在《迈入生命真相的大门》核心板块里，我们也了解到，我们的"我"，在入世过程中，要和谐地进驻我们的身体，必须是要有温暖的，我们的身体和心灵必须是温暖的，"我"才能进驻。太阳无私地奉献自己，无条件地将光明和温暖带给世界，这是太阳的一部分品质。

8. 月亮的品质是什么？月亮自己不发光，它反射的是太阳的光。所以月亮的品质之一是一种反思、反射，如实地反射、如实地记录，也就是说跟记忆有关。大家可能都知道，人类的繁衍再创造的力量是跟月亮相关的，女人每个月都要有月经，所以月亮是繁衍生殖、创造的力量，它跟"生长"联系在一起。

9. 金色的太阳光芒也代表了我们的梦想和理想，去找到太阳光、去收集太阳光、去染上太阳光那金色的光芒，象征着再次接触到、唤醒我们内在的梦想和理想。没有太阳光，没有理想，我们会陷入黑暗，甚至是死亡。

10．三女儿历尽千辛万苦完成了这些任务。我们也都知道，在童话当中，角色经历的所有这些艰难困苦，都是灵魂净化的过程。我们看到三女儿付出了流血、流泪、流汗的艰辛，付出的这些代价，也使得她的心魂配得上她的灵。她通过这个旅程，找到了真正的自我。

11．回到家穿上织锦之后，她变成了公主。也就说她的灵魂已经完成了净化的旅程，她被宇宙的光的能量浸透着，全身浸透着光的力量，表现为她穿上了被太阳染得发光的裙子。裙子上有金色，是像太阳一样的金色，象征着她可以去跟更高的灵魂结合在一起。月亮般的银色代表着她可以与灵性合二为一，驾驭思考的力量。

12．我们再看一下三女儿整个转化的过程：她原来就是樵夫的女儿，后来才知道是被施了魔法。我们在童话当中也经常看到，王国被巫师、怪兽、魔鬼施了魔法，国不成国，王位也丢掉了，也有变成石头被石化了的，或者陷入沉睡，影射了在当今人类的灵性传承受到了很大的威胁和侵害，王国岌岌可危。我们人类已经变得非常非常的唯物，非常非常的物质化，只认可我们感官可以接触到的东西，而忘记了灵性，与灵性完全脱节了。这就是为什么王国被施了魔法，王宫没有了，国王也没有了，王位丢掉了。

13．在童话故事中，女孩的形象是很纯洁的、尚未苏醒的意识状态，但她又是完全开放的状态，可以接受真正的智慧。长着金发的公主，是说这个女孩已经被智慧之光点亮了，同时她也获得了自由。

我相信这个故事的主创人员根本就没有想到自己编的这个故事居然可以有这样的寓意，所以说故事不是用脑子编出来的，故事是从我们心里涌出来的。我们的心只要没有和灵界失联，还保留着灵界给我们的记忆的话，我们就可以编出这样的故事来。这样的故事也确实是对我们孩子的生长，对孩子的生命体是最好最好的养分。**现代生活当中有很多硬化甚至是趋向死亡的力量，对于这样的力量来说，童话故事是最好的解药。**

公主和花儿

"小巫艺术养育"黄埔一期作品

构思：小脆、小莫、小敏、小璐

执笔：小脆

改写：小巫

在一片美丽的土地上，有一个富饶的国家。善良的国王和王后统治着他们的人民，大家安居乐业，唯一美中不足的是，他们没有孩子。王后一直向上天祈祷，希望可以得到一个孩子。

终于有一天，王后怀孕了。经过10个月的孕育，漂亮的小公主诞生了。这本来是一件全国上下为之雀跃的事情，但是就在公主诞生的那天，王宫里来了一位女巫。女巫告诉国王和王后，这位公主背负着一个天生的诅咒：不可以让她接触哪怕一小束火焰，如果让火焰灼伤她的手指，全国上下将发生非常可怕的事情。说完，女巫就走了，只剩下不知如何是好的国王和王后。

经过商议，国王和王后决定找一个贴身的女仆照顾小公主，不让她碰到任何跟火有关的东西。为了防止意外出现，她玩耍的区域也受到了限制，她只可以在她卧室所在的那座宫殿里玩，不可以去王宫其他地方。

公主就在大家无微不至的关怀下，渐渐长大。她是那么聪明和漂亮，全国上下都非常喜欢她。她的贴身女仆每天跟她在一起，确保她无法碰到任何可以灼伤她的火焰。一切看上去都非常美好。

有一天，公主在花园里玩耍，感觉有些冷，贴身女仆回到宫殿去取公主的披风，留下公主自己走在花园里，她突然听到有人在哼着歌。她顺着歌声找啊找啊，看到有一个小姑娘，在一棵苹果树下捡苹果。小姑娘看到公主来了，对她行礼，原来她是王宫里新来的小侍女。公主对人非常友善，问道："你这是在做什么呢？"小侍女说："亲爱的殿下，我在捡树上掉下的苹果，这样等我回家的时候，就可以为我的父母做苹果派了。"之后，热心的小侍女还告诉了公主做苹果派的方法。

公主听完非常好奇，她也好想为自己的父母做一次好吃的苹果派。虽然公主从小就背负了诅咒，但是从来没有人告诉过她这件事情。大家只是默默地不让她去接触危险，并没有告诉她为什么。

热切的好奇心和为父母做一道好吃的苹果派的心思，在公主心底滋长，她多么渴望可以完成这一壮举！终于有一天晚上，她趁贴身女仆睡觉的时候，偷偷来到了宫殿的厨房里，想要完成苹果派，第二天，给自己的父母一个惊喜。

可她是从来没有做过活计的公主呀，当她走到火炉旁边时，那些小火苗像跳舞的小精灵一样，欢欣鼓舞般地舞动着，轻轻地亲吻了她的手指。公主被烫得"啊"的一声，手里的盘子掉在地上。与此同时，可怕的事情发生了。整个宫殿像来到了最寒冷的极地，厚厚的冰层迅速铺满王宫，并且向宫殿外蔓延，大家在睡梦中被冻住，再也无法张开双眼。

公主被眼前的景象吓呆了，完全不知道这是怎么回事。宫殿里一片寂静，所有的人都被冻住了，没有人可以帮助公主。公主只好向宫殿外边走，看看能不能找到可以帮助她的人。

从未出过宫殿大门的小公主，走上了自己的旅程。

公主走出王宫，进入了森林。夜晚，月光照在树上，风儿吹在叶子上，发出沙沙的声音，公主觉得好孤单好害怕啊。她一直往前走啊走啊，越走越深，越走越暗。

这时，远处出现了一处黄色的灯光，公主赶紧飞奔过去，原来是一个简陋的小木屋。公主往门里一看，屋子里坐着一个老婆婆，正对着她微笑，而这个老婆婆正是预言了公主命运的女巫，虽然公主从来没有见到过她。

公主推门进去，诉说了自己的遭遇。老婆婆说："公主，我知道如何能解救你的父母和仆人们，但是，这一切都需要付出勇气和辛苦。你愿意吗？"

公主有一些胆怯，迟疑了一下，还是说："我愿意！"

老婆婆说："我这里有一朵有魔力的花，当它绽放的时候，向它许愿，它就可以满足你的愿望。但它现在快枯萎了，需要你的精心照料才可以再度绽放。它需要每天清晨阳光洒下来时的第一颗露珠，还需要最高的那座山头正午12点的一缕清风，还要在月亮刚刚出现时对它清唱歌曲。这样持续七年，它就会开放。当它开放的那一瞬间，只要你许下愿望，宫殿就会解冻，你的爸爸妈妈、王国里所有的民众都会复苏，恢复原来的样子，你也可以回家了。"

于是公主捧着这朵有魔力的花儿，精心照料。每天，天还没亮，公主就出门，让花儿得到第一颗露珠的滋养。中午的太阳好烈呀，公主在山上走得又热又累，汗流浃背，每每都快支持不下去了，可还是努力地爬到山顶，清风拂过耷拉着的花瓣，也拂过公主的脸，一下子就清凉了。夜幕降临的时候，公主就坐在草地上，轻轻、轻轻地把母亲给她哼过的歌谣，唱给花儿听。

日复一日，年复一年，公主每天重复着艰辛的劳作，没有休息过一天，就这样过了整整七年，有魔力的花儿终于又重新开放了！这的确是一枝非凡的花朵，花瓣薄如蝉翼，在阳光下，从不同角度看去，闪耀着不同的光泽，五彩缤纷，变幻无穷，让人一眼看去，就如中了魔法一般，沉醉在美妙色彩的闪动之中。

公主呢，也长成了一个美丽的少女。她发现，她走过的地方，鲜花就会绽放，散发出摄人魂魄的香气；鸟儿也跟着她，唱着婉转动人的歌曲；凡是她的手抚摸过的物品，都会披上一层金色的光泽；在夜晚，她的身上仿佛穿了一件月光和星光编织的斗篷，在黑暗中闪闪发亮，照耀着脚下的道路。

公主把有魔力的花儿交还给小木屋里的老婆婆，在心里默默地许下愿望，朝着自己的家，也就是宫殿的方向，坚定地走去。

创作过程

问题：11岁女孩，做功课时会把最难的放在最后，拖到不能再拖才去做。

分析：没有兴趣的事情不想去做。有兴趣的可以很快做完。

故事针对：11岁女孩进入青春期，需要的是对自己生活的掌控，需要的是内心的支持和力量。

编故事时的考虑：

1. 11岁的女孩应该会对公主、城堡等感兴趣，因此我们的主角设置为住在城堡里的公主。

2. 像大多数现在的女孩子一样，公主是一个被父母控制住这也不让做、那也不让做的女孩。这就像我们现在很多的孩子一样，父母替他们处理好了所有的事情。

3. 我们的故事里有国王和王后，但是国王和王后限于身份，不会时刻跟随在公主左右，他们派遣一个女仆常伴公主，替公主做所有的事情。

4. 需要有两三个情节，描述公主被阻拦去做一些力所能及的事情。

5. 公主渴望自己控制自己的生活，于是设计了出逃的情节。

6. 公主需要遇到一个状况，这个状况让公主做了之前在城堡里被限制去做的事情，让公主在不知不觉中得到了成长，明白自己也是有掌控自己的内在力量的。于是我们需要有一个公主遇到某人、帮助某人的情节。

7. 某人被设计成老婆婆／女巫／仙女之类的，有着神奇力量的角色。小敏的建议是被女巫抓走，但小莫、小脆、小璐认为被抓走之后的情节会过于冗长，矛盾关系不是很好处理，因此否决了。三人建议突出"善"的力量，让公主去帮助这个具有神奇力量的角色，从而发现自己的力量也是非常强大的。

8. 小敏认为女巫是邪恶的代名词。因此我们对于是否使用"老婆婆""女巫"等角色纠结了一阵。小莫说，《小巫教你讲故事》里讲过，女巫有时候代表的是具有智慧和力量的形象，并不是代表恶势力，因此最后确定使用"先遇到老婆婆"，后来知道是一个"女巫"。而公主是在出逃之后迷路，才找到了女巫的小屋。

9. 在考虑公主通过做了某件或某几件事情而获得成长的情节时，组员考虑过程中有几个版本：

① 最初想的女巫能力是类似百花仙子，掌控凡间花朵。如果她花园里的花都开了，则整个凡间的花都会开。如果她的花开不了，那么整个凡间的花也不会开放。公主在女巫的指导下，帮她打理了花园，当公主最后看到花园开满鲜花、凡间因此也遍布鲜花的时候，便明白了自己具有力量。

② 故事是否要添加另外一个弱小的角色？比如某个小朋友或者小动物生病了。这个女巫需要公主去帮她做几件事情，来帮助这个弱小角色恢复

生命力。

③ 女巫失去了一些神力，象征她神力的花朵在枯萎，女巫的生命也在流逝。这个时候公主去做了几件事情，帮助花朵盛开，而花朵盛开后，女巫的神力也恢复了。之后她可以帮助公主回家。

最后选定的是版本③。

10. 在公主去帮助女巫做那几件事的时候，考虑的是和前面女仆不让她做的事情相互辉映。因此补充前面故事的细节：

① 公主想去照顾花朵，被女仆说花儿刺太多，会扎到手，不让她动。

② 公主想登上宫殿内的一个小山包，看看城堡外面的世界，被女仆劝阻说会摔到，不让去。

11. 公主帮女巫做的事情是：

① 收集太阳升起前的第一滴露水，要收集满一个比较长的天数，这个天数当时我们没有确定，说过100天、365天。最后表演的时候小敏现场发挥说七七四十九天。收集到的露水，用来浇花。

② 要爬到很高的山峰上，抓到每天飞出蜂群的第一只蜜蜂。因为时间关系这个细节没有商量好，表演的时候小脆发挥为蜜蜂要围着花儿跳舞。

12. 花儿开了之后，女巫恢复神力，送公主回家。故事结束。

我们的初始故事是这样的：

从前有一个小公主，她的国家非常富饶，国王和王后非常爱她。但是国王和王后总是怕公主会伤害到自己，不许她做这个，不许她做那个，还派了一个女仆每天跟在公主身边，帮她处理一切事情。

公主去到花园里，看到美丽的花朵，很想上去闻一闻，摘下来。可是女仆阻止了她，说花儿有刺，会扎到她的手，怕有蜜蜂，蜇到她。公主失望地走开了。她又想登上花园里的一个小山坡，看看外面的世界，女仆又阻止了她，说怕她从山坡上跌落，摔到自己。公主只能做一些大家允许她做的事情。她有时候看着窗外的森林，好想出去啊。当然，森林也是大家都不让她去的地方。

终于有一个晚上，公主偷偷溜出了宫殿，来到她向往已久的森林里。

月光照在森林里，发出清幽的光辉，天上的星星也一闪一闪的，好像在和公主说话。小公主非常高兴，她兴奋地在森林里玩了一个晚上，直到早晨的时候才发现自己迷路了。

正在她着急的时候，看到前面出现了一间小木屋。她推开门进去，发现里面坐着一个老婆婆。

老婆婆告诉她，自己是一个女巫，但是她所有的法力都来自一朵花，现在这朵花要凋谢了，所以自己也失去了法力。如果公主可以把这朵花照顾好，重新开放，那么女巫的法力也会恢复，就可以送她回家了。

要让这朵花重新开放，需要每天早晨在太阳升起前收集到第一滴露水，持续49天。还要在最后一天爬上最高的山峰，抓到第一只飞出蜂窝的蜜蜂，让它围着花朵来跳舞。

公主坚持49天都在太阳升起前采到了第一滴露水，并且排除万难登上了最高的山峰，抓到了第一只飞出蜂窝的蜜蜂。

等她把这些都带给花朵后，那朵快要凋谢的花，便奇迹般地绽放了。老婆婆也因为花朵恢复了生命，而恢复了自己的法力。于是，她把公主送回了家。

编完后，我们四人按这个故事进行了表演。

小巫老师看了后，现场提出了指导意见：

1. 在很多神话故事里，人和神最初是合一的，神指导人的思维，因此不让人类去碰触一些东西。比如《睡美人》里的纺锤，纺锤代表的是智性思维。睡美人碰到纺锤后被扎破手指，流下的血代表了人神分离，人类有了自己的理性思维和通过血液而获得的智慧。而这种分离又是非常痛苦的，是需要付出代价的。智性思考属于物质意识，令人硬化，所以会出现整个城堡（即我们的头脑）被石化这种画面。睡美人陷入昏睡，意味着指引她的高层力量隐藏起来了，这恰巧是青春期最大的变化；要等待她的"灵"（真爱的王子）来解救她，身、心、灵达到和谐统一，才可以苏醒。

2. 我们的故事可以效仿这个思路。比如女巫可以在故事一开始就出现，告诉大家，这个女孩身上附有魔咒，不可以碰到什么东西，因此她才被父母限制起来。

3. 可是她还是碰到某个东西，于是让整个城堡的人都变化了，可以是变成石头之类的。

4. 之后她离开家乡，又遇到了这个女巫。在帮助女巫做了几件事情之后，她才可以找到解救大家的方法。

5. 在帮助女巫做事情的时候，情节需要设计得再合理一些。

6. 最好不要出现抓蜜蜂这样的情节，以免孩子模仿。

最后，我们吸取了小巫老师的意见，故事就呈现出全新的样貌来了。

小巫评述

这是一个绝妙的为青春期女孩编撰的故事！

首期"小巫艺术养育"课程（黄埔一期）是十分特别的一期培训，整个课程分为十周，从二期开始改为连续五天。学员小璐刚来上课时，倾诉她和11岁的女儿之间的沟通出现了障碍，随着课程的推进，以及她回家之后的练习，母女之间的交流有了极大的改善。妈妈意识到自己不应该包办女儿的生活，对每一个细节都提出要求，而是需要放手让孩子管理好自己。

只是对于已经习惯被妈妈包办的孩子来说，虽然被包办时百般抵触和对抗，但获得"自由"后又不一定马上能够有条理地安排好自己的生活。有些父母会习惯性地退回到原来的动力秩序当中，但聪明的小璐却提出用一个治愈系故事来帮助女儿。

这个故事的雏形非常好，每个妙龄少女都是在壁垒森严的宫殿里备受呵护的公主，女孩子自然而然会对公主这个形象产生共鸣。故事第一版的情节则流于表面化，甚至直接把父母的行为——过度保护、过度限制——编进了故事里：公主必须偷偷逃离城堡，才有一番奇遇；但奇遇对于公主有什么意义呢？她回到城堡后，国王、王后就不再限制她了吗？这之间缺乏逻辑关联。

之所以会遇到这样的障碍，还是因为大家把公主、国王、王后、宫殿，等等，当作实际的物质存在，分成互相独立的角色和物体，而没有意识到，这些角色和物体都暗喻着一个人的整体构成。

故事第二版开篇参照了《睡美人》的脉络，其实是一个有普遍意义的原型情节。青春期是儿童发展过程中最为波澜壮阔的时期，孩子告别了童年的黄金时代，开启了纯粹的智性思考，也迈上一个艰难的旅程：彻底脱离父母的价值体系，创建自己独特的价值体系，成为一个独立的自由的个体。

然而，**成长成熟都是需要付出代价的**。智性思考令人硬化（城堡被石化）；童年时期一直相伴左右的灵性力量退入内心深处（睡美人陷入长眠），而《公主和花儿》的作者们仿佛得到神灵的指引，写出契合这个过程的隐喻：公主接触到火苗（与格林童话《圣母的女儿》里的火焰异曲同工），引发整个宫殿被冰冻。她需要独立完成一项特殊的使命，让自己的灵魂得到净化，才能解除这个魔咒。

这个故事收入本书时，我又做了几处修改：

1. 原稿：虽然公主从小就被种下了诅咒，这个诅咒没有来源，不是人为种下的，改为"背负着"。

2. 原稿：正在她经受着这巨大的惊吓，完全不知所措的时候，在她出生时来访过的那位女巫又出现了。她对公主说："如果你想拯救你的父母和臣民，你就要开始属于你的旅程，去尝试救治大家。"这个情节的设置有些问题，女巫的指示语焉不详，没有说清楚公主应该去哪里。其实在整个宫殿被冻住后，公主最本能的反应就是去宫殿之外求救，无须仙人指路并讲带有说教意味的话。

3. 原稿：公主往门里一看，坐着一个老婆婆，正对着她微笑。老婆婆和女巫应该是一个人。智慧的化身不要分成太多相类似的角色。

4. 原稿里，公主的任务只用七天时间，而七天不足以构成多大的困难，一晃就过去了。截稿时，我修改为七年，这恰好对应了儿童发展的时期划分，七年为一个完整的阶段。

5. 原稿：就这样过了七天，花儿又重新绽放了。公主对着花儿，许下了愿望：我希望——王宫不要再被冰冻，大家都还是恢复到往日的样子。

只听到远处一阵欢呼声，公主知道，她的愿望成真了！

公主飞快地向王宫跑去，她知道她的父母在等待着她！

如果仅仅过了七天，公主大概还是一个依赖父母的小姑娘。而七年则是不一样的时空感。我大幅度修改了结尾，让这个故事具有更加深远的意义和治愈性力量。

国王和玫瑰花系列

为期三天的"放飞想象力"工作坊活动之一,是我从一本语文教科书里随便摘取一些词语,学员们各自编成一个故事,故事里要用到所有挑选出来的词语。

在第四期"放飞想象力"工作坊这个活动中,使用的词语如下:国王、黄昏、冬天、音乐家、森林、玫瑰花。

即便就是这样随机抽取寥寥几个互不相干的词,也能编出来既风格迥异又意味深长的故事!只要我们肯努力一点点,每个人的想象力都是取之不尽用之不竭的生命之泉。当然,这些故事首先滋养的都是作者本人,工作坊本来就是为她们开办的嘛!当她们展示自己的故事时,在场的所有人都能看到:她们的内在青春期少女,被自己编的故事深深地触动和疗愈了。

的确,最佳的疗愈往往来自那个需要被治疗的人,而且任何疗愈都离不开自身的努力;外求不一定能奏效,自己就是最好的治疗师!

世界上最美丽的玫瑰花

作者:刘宇

从前,有一位英明睿智的国王。王国在他的统治下繁荣昌盛,人民安居乐业,他深受爱戴。

但是国王被一件事深深困扰着,那就是他最美丽的小公主不会说话。国王为了她遍寻名医,所有的大夫却都束手无策。小公主听得见世间所有的声音,但是无法发声。

为了排遣寂寞,小公主学会了很多乐器,想让乐器替她表达,但也总是不开心。王后为此很难过,经常会在王宫附近森林里小河边的一块大石头旁暗自垂泪,国王每当这个时候也总在旁边默默相陪。

一个冬天的黄昏,在聆听了小公主一首哀伤的小提琴曲后,王后又无法抑制内心的伤痛,来到小河边的大石头旁哭泣。国王拥着王后,无言地给她安慰。

突然,国王发现王后脚下厚厚的白雪中钻出了一枝嫩绿的小苗,长着两片单薄翠绿的小叶子。

小绿苗冻得瑟瑟发抖,说:"尊敬的王后陛下,我是您的九十九万九千九百九十九滴眼泪浇灌出的心灵之花。爱本该是我的阳光,美本该是我的食粮。在我盛开的时候,您和国王本该会得到无穷的欢乐。可是现在是冬天,我太冷了,快要冻死了!如果没有世界上最动听的音乐声来温暖我、滋养我,那么当我的两片叶子都掉落下来的时候,我就会死去,你们也就永远不会再快乐了。"

国王听了大吃一惊,他马上命令大臣昭告全国,让所有优秀的音乐家都前来为小绿苗演奏音乐。可是无论音乐家们的演奏多么优美,小绿苗还是很快变得枯黄。一片叶子掉了下来。更多的音乐家赶来了,他们不分昼夜地演奏,但是很快,另一片叶子也快要掉下来了。

就在所有人都绝望的时候,小公主带着她最爱的曼陀铃琴来了。她演奏了一首无比优美动听让所有人都落泪的乐曲，所有在场的人都认为这是他们听过的最优美的乐曲。

但是小绿苗的最后一片叶子还是摇摇欲坠。小公主急得哭了起来，她不要爸爸妈妈永远不快乐，她想帮助自己的爸爸妈妈！突然，她发现自己能哭出声了，她能发出声音了！小公主试着用颤抖的声音轻轻地唱起了一支歌谣。唱着唱着，她觉得自己心里的焦急、痛苦、忧郁、哀伤，全部都随着歌声流走了。她的歌声里，充满了喜悦、光明、力量和爱。

唱着唱着，在场所有的人，包括国王和王后，都泪流满面。大家感觉好像被前所未有的温暖的阳光紧紧拥抱，浑身充满了力量。冰雪融化了，小绿苗奇迹般地挺起了腰杆，转瞬之间就长大了，它开出了一朵谁都没见过的世界上最美丽的玫瑰花。

国王的玫瑰花

作者：胡颖颖

冬天悄悄地来临了，整个王国都被皑皑白雪覆盖。年迈的老国王每天只能在黄昏时走动走动，看看花园里的玫瑰花。他越来越老了，每天只能吃下一小口食物。他知道自己时日无多，有一天，便叫来了他的孩子，给他讲了一个故事：

很多很多年以前，有一位年轻的国王，带着随从去一座遥远的森林打猎。走着走着，国王与随从们走散了，他被一只棕熊追赶。国王跑啊，跑啊，跑到了一条小河边，打算从桥上走过去然后斩断小桥，以此来摆脱棕熊。

忽然，小河边出现了一座小房子，从里面走出来一位美丽的姑娘，她的皮肤泛着光芒，她的头发长长地披在肩上。她手中握着小提琴，对着棕熊开始演奏动听的音乐，她身上的裙子也跟着摆动起来。琴声悠扬，棕熊缓缓地坐在了地上，国王也放下了锋利的宝剑，坐下来一起欣赏。

美丽的姑娘一直演奏着小提琴，不知不觉就到了黄昏，棕熊起身回家了，而寻找国王的随从也终于循着琴声找到了国王。这时美丽的姑娘要返回她的小屋，国王走上前去想带她回家，姑娘却头也不回地走进了小屋。只是她走过的地方，长出了一株一株的玫瑰花。姑娘走进房子以后，房子就消失了，国王也只好跟着随从回了家。

从此以后，国王每天都请全国各地的音乐家在他的王宫里演奏美丽的乐章，国王日夜思念美丽的姑娘，他让人将整个王宫都种满了玫瑰花，不论春夏秋冬，他的王宫都是玫瑰花的海洋。全国上下的子民，也跟着国王在家中的花园种满了玫瑰花。所有的人每天都唱着歌快乐地劳作，相爱的人也更加相爱了。国王和他的子民就这样在开满玫瑰花的地方快乐地生活着。

讲完故事，老国王安详地去了天堂，给他的儿子留下美丽的音乐和整个王宫的玫瑰花。

蓝色的玫瑰花

作者：黄静莉

在一个寒冷的冬天的黄昏，北风呼呼地吹着，广袤的大地上覆盖着厚厚的白雪，几棵光秃秃的大树站立在荒凉的原野上，四周死一般的寂静。

这时，远处传来了急促的马蹄声，一个年轻的国王正骑着骏马急速赶来。他心爱的王后中了恶毒巫师的魔法，躺在床上奄奄一息。王宫里的魔法师说，只有找到原野中一株盛开的蓝色玫瑰花才能解开这个邪恶的魔法，而且必须在午夜的钟声敲响之前找到。

国王已经派出了他手下的所有臣子出去寻找。但是，他仍然心急如焚。他觉得，他必须亲自做点什么，来消除心中可怕的焦虑和恐惧感。

于是，他亲自骑马去往一个陌生的少有人烟的领地。他没有带任何侍卫，只身一人闯入了一片幽暗的森林，传说这里有可怕的幽灵出没。年轻的国王救妻心切，他忍受着寒风刺骨和内心恐惧，穿过了幽暗森林，终于来到了一条小河边。在那里，他惊喜地发现了一株纤弱的玫瑰花，它的花苞是蓝色的。可是，这株玫瑰花并未盛开。

正在国王忧愁之际，远处传来了幽幽的笛声。原来，在这偏僻的土地上，住着一个独居的音乐家。他每天独自在这里吹奏一首生命之歌。这是一支有魔力的笛子。在他吹奏的瞬间，几乎所有的生灵都恢复了活力。白雪融化，绿草萌生，大树发芽。而这朵蓝色的玫瑰花也在一刹那间盛开了！

国王流着眼泪，用颤抖的手指摘下这朵玫瑰花，带回了王宫，把它放在王后的唇边。王后死灰一般的脸奇迹般地红润起来了。她坐起身来，紧紧地搂住了国王，久久也没有松开。

风神的故事

作者：韩鹤玲

很久很久以前，有个国王想要修建一座神庙，用来敬奉神。他真的很感恩，一直以来国泰民安，人民富足，国家安定。

可他好困惑，有这么多神祇，该敬奉哪一个呢？该为哪一个神修建一座神庙，用来感谢这一切的恩赐呢？

就在离城堡不远的地方，有一条永不干涸永不结冰的小河，哪怕是在冬天。每到黄昏时，小河边都会出现一个身穿白衣的少年，他年轻英俊、风度翩翩，在小河边弹奏着他的竖琴。乐声是如此美妙动听，方圆几十里的人们都陶醉在他的琴声中。人们在琴声中做饭、生火、归家，好一幅幸福景象。

音乐自然也传到了城堡中国王的耳朵里，每天黄昏国王都在这竖琴声中洗去一天的烦恼。

终于有一天，国王派人去寻找琴声的来源，并命人重金相请。派出去的大臣在森林边的小河畔找到了白衣音乐家，并把国王的善意转达给他。

音乐家说，我不要黄金。我要无数的玫瑰花种子和一大片土地。使臣向国王一字不落地转述了白衣音乐家的请求。

国王立刻命人准备了几百马车的玫瑰花种子，和上万顷土地，但是有一个要求，就是音乐家要告诉他为什么他要的是种子而不是黄金。

音乐家把玫瑰花种子撒在国王赠予的那片土地上，并和使臣说：回去转达给国王，冬去春来，他内心的困惑，终将得到神的回答。

一个冬天之后,春天的某个黄昏,在他的竖琴声中,所有的玫瑰花竞相盛开,那花香啊,笼罩了整个王国。国王在春风中,闻着那沁人心脾的花香,心中那个疑惑也被完美地回答了。

原来白衣音乐家就是风神,凡是他吹过的地方,都会百花盛开、土地肥沃、人民富足。那几万顷土地和盛开的玫瑰,就是敬奉风神的神庙①。

背　　包

华德福国际夏令营助教培训周作品
作者:葛剑奕

村口。

老槐树。

我回来了。

我的视线在茂密的枝叶中寻找,那个大大的"丫"朝我微笑。

我也微笑。

我的视线穿过那个大大的"丫",夕阳染红了西边的天。身上的背包很重,我不禁靠在槐树身上,痴痴地看着。

---

① 希腊神话中,花神与西风之神结合,婚后,风神送给花神一座满是奇花异草的院子。——作者注

不远处有个老伯悠悠地划着小船驶进了夕阳的余晖里。船遇到垂入水里的老树枝，老伯用竹竿轻轻一点，小船扭了一下腰，绕了过去，水面上留下层层涟漪。十年前，父亲划着船，带着我乘风破浪，当时年幼的我无知无畏，在船尾拽下垂入水里的老树枝，学着父亲的样子撑起了篙。用力推开岸边的泥土，小船一下子扭了一下屁股，父亲清咳两声："淘气！"

收回视线的时候，前边来了三个小孩儿，拿着棍子枝桠互相追逐打闹，看上去不分胜负。哦，"四眼"和"毛豆"去哪儿了呢？十年了，不知道他们现在好不好？

天边的红色开始转成紫色，然后越来越灰，越来越暗，我加快了脚步。咦，是什么这么香？曾经打酱油的地方如今已是一个花店。老板是一位大妈，我进店问路："大妈，金师傅家是从这儿拐弯过去吗？"大妈从一大束栀子花中抬起头，又摇摇头："我是去年搬过来的，不认识金师傅。"然后又埋头忙碌着。栀子花香很浓，我深吸了一口气，真想把这香带回家给妹妹们。于是，我买了一束装入身后的背包。

天色暗了下来，记忆中家门口的"石头阵营"和"紫竹林"都不见了踪影，我找不到路了。正摸着脑袋有点发愁，忽闻旁边栀子花香越来越浓，不像是背包里的。环顾左右，看到一片白色，一阵阵风儿吹过，摇曳生姿。走近一看，一大片栀子花。这不是妹妹们最喜欢的"女儿国"吗？我大步向前，果然，看到了门口的大红灯笼。亲爱的二妹，明天你就要嫁到山外了，哥哥怎么能不回来呢!

家门口,二妹和三妹都坐在台阶上,低头拨弄着灯笼。"大丫!小丫!"我呼唤着我的两个妹妹。"哥!"小丫抬头叫了起来。"大哥!"大丫跳起来扑到我身上。三个人抱在一起,泪如泉涌。

门口。
红灯笼。
我到家了。

夜里,迷迷糊糊看到一个身影正在台灯下缝着什么。是母亲!是背包!母亲盯着背包上的口袋沉思了很久,把一块绣着"大丫"的手帕放了进去,轻轻抚摸,就像小时候抚摸大丫红扑扑的小脸蛋一样。这眼神,就跟十年前母亲在我背包里装红薯时一样,最后她亲手将装满热气腾腾的红薯的背包放在我的肩上。我紧紧地贴着背包,在那个冰天雪地的冬天,装满了温暖上路。

创作过程

"夕阳西下,我背着包,走在返乡的路上。落日的余晖在枝桠间扑朔迷离……"这是我写给华德福国际夏令营青年营的《背包》。当助教培训课程的同学们用手边的道具和自己的身体搭建出扑朔迷离的剧情的一刻,我却发现原来故事就在那里,纯净又真实。

划着小船的父亲不在了,家门口的"石头阵营"和"紫竹林"都不见了,幸好,老槐树还在,在惆怅迷离时,妹妹的栀子花香把"我"这位背井离乡的哥哥带回了家。短短几十年的城市化进程，多少乡村的孩子远走他乡。然而无论走到哪里，都忘不了背包里热气腾腾的红薯，那是母亲的味道，家的味道。再一次，当背包里热气腾腾的红薯换成了绣着"大丫"的手帕时，"哥哥"开始思考，从城市到乡村，再从乡村回到城市，这是怎样的人生轨迹？

追梦少年

 华德福夏令营助教培训周作品
投稿：燕子

从前，一位少年出生在一个小山村的武馆里。少年的家人世世代代生活在这个山村里，每天重复着同样的故事，鸡鸣而起，日落而眠，习武、耕作，祖辈们都安分地生活在这个封闭的世界里，自得其乐，似乎没有人想去打破这种宁静，也没有人觉得有何不妥。

少年自小在家人的呵护中成长，无忧无愁，有慈祥的双亲，有疼爱他的师兄师姐，有共同成长的师弟师妹，每天跟着师兄弟们上山、下田、掏鸟蛋、挖山参、下河捉鱼、习武切磋，快乐无忧。直到有一天，一位翻山越岭的外地人来到山村，他身上有少年没有见过的武功，单手撑地而起，轻功独步。他带来外面世界的信息，快意恩仇，大好河山。少年的心被外面的世界所吸引，对山村一成不变的生活开始产生厌倦，原来充满乐趣的山村对他而言变成了一座囚笼，师兄弟们玩笑、切磋、捣蛋变成了可笑幼稚的游戏，而父母的劝解变成了不愿听到的魔音绕耳。

有一天，萦绕心头的想法如猛兽一般终于突破了内外的制约奔涌而出，少年跟父母辞行，誓言要出门游历，闯荡江湖，一展抱负。父母兄弟挡不住少年的雄心壮志，只是拥住少年，愿少年保重身体，家永远敞开大门等待着他。于是，少年在父母亲担忧却无限宽容的目光中踏上了追梦的路途。

不知道翻过了几座大山，重重叠叠、看不到边的大山忽然豁然开朗，一汪碧水自群山之中奔涌而出，浩瀚的江水让少年感到胸襟开阔，让少年更有一种施展抱负的冲动。一位头戴斗笠、身披蓑衣的壮士驾着一叶小舟自山间顺水而下，少年搭上了壮士的小舟，一路望尽万紫千红、青山碧水向江南而行。当江面变得越来越宽广，江水在一个转弯处迂回慢慢变得平缓时，少年拜别壮士，踏上了梦中江南。少年沿着壮士指引的方向一路前行，转过几个弯，眼前出现了一片青翠的竹林，竹尾被轻风吹动，让人心中生出无限清新之气。

这时，不远处传来阵阵金属碰撞的声音，少年躲在一片灌木后偷眼观看，只见两位侠士持剑而立，一位白衣飘飘，一位红衣胜血，他们手中的宝剑仍微微震颤。忽然银光一闪，两柄剑又在空中相遇，一时间光与影重叠，红与白在空中转换，绿竹映衬着剑影，格外分明。少年心中暗叹，原来这就是高手对决，这就是快意江湖。少年悄然离去，来到繁华的江南，这里繁花似锦，亭台楼阁无不精巧而具有江南风韵。在一个绿柳随风、琼花娇艳的湖畔，一位少女立于百花之间独自沉思，青丝雪肤，黛眉轻扬，万千鲜花都不及少女唇间一抹微笑。原来，这就是江南丽人，灵秀美丽。

物易时移，转眼年关将近，此时已近掌灯时分，旁边森严的高院中，阵阵佳肴美味飘香，窗影中映出一家家团聚一处、共享天伦之乐的景象，觥筹交错，欢声笑语，温馨的情景让少年突然感到落寞。少年怀念起母亲做的红烧肉的味道，记忆起师兄弟们团聚的温馨，少年心中对家的感觉更加清晰。任这江南万紫千红，精彩无双，少年却不过是过客匆匆；任凭它高墙大院，伊人美丽，侠士武艺超群，少年也不过是一个看客，听着别人的故事，看着他人的生活。唯有父母和蔼包容的笑，师兄弟们始终不变的陪伴才是属于自己的。这时，少年才感觉到家真是一个想起来都能让人内心温柔的字眼。

回到家的时候，大红的灯笼已经高高挂起，红红的对联诏告新年的来临，正是合家团圆的日子。推开家门，满室的温暖瞬间将少年的周身包围起来，合家团圆的餐桌上，父母仍是那样温柔地笑看他，兄弟姐妹们仍是那样欢乐打闹，相拥而坐。满桌佳肴升腾起的雾气让少年有些恍惚，少年觉得他好像只是昨天刚刚离开，又或者根本没有离开过。

创作过程

这是小巫老师戏剧课的一个场景，我当导演，带着我蒙着眼睛的搭档"摄像机"穿梭在做出各种场景的同学中，用我导演的思路带着摄像机去看、去演绎要讲的故事。我所看到的是场景 A 同学单手支撑倒立，B 同学在一条长椅上划船，C、D 两同学各自拿着一条木棍对峙，E 同学立于一盆花前目视鲜花，F、G 同学两人对面而跪，中间捧着一个红灯笼。要求同学们在思索片刻后完成一个故事，作为导演，上述就是我的故事。

我只是想讲一个少年离开家闯荡，家人总是会在身后支持和无条件接纳的故事，希望讲给那些"叛逆期"的孩子听，希望他们能够明白父母永远包容和爱着他们，也希望父母能听到孩子内心去闯荡的冲动，支持他们去认识自我，用爱去接纳孩子，包容孩子的成长。说给别人听，也是说给自己听。

小巫评述

上面两个故事是同一组的学员看到同样的场景，却编出来的完全不同的故事，但又不约而同地编成在外闯荡的少年重返故乡的结局。葛剑奕写的是剧本，燕子写的是散文，很适合讲给青春期的孩子听。

乌岭山传奇

 华德福国际夏令营助教培训周作品
投稿：李小土

从前，有一片连绵不绝的山脉叫作乌岭山。乌岭山的南山坡，大多长着稀疏的灌木和杂草，而北山坡则是茂密的森林，古木参天、藤蔓缠绕，山谷里还有一池很深的潭水叫乌岭潭，这里冬天结冰，夏天则是游泳玩水的好地方。在乌岭山南面有个村庄，村里有个男孩儿叫乌青，从小就爱在山里玩，北面的山脚下也有个村子，住着小玲和她的家人。

因为经常在山里爬上爬下，乌青和小玲成了好朋友。他们一个从南面山路上山，另一个从北坡上山，总是在山顶那片平缓的山梁上会合，然后一起去采药、摘野果、玩耍。每次下山回家之前，他们都喜欢在山梁的松树林里安静地坐一会儿或者讲讲故事。

慢慢地，乌青和小玲都长大了，乌青的身体长得又结实又敏捷，不太爱说话，他能顺着粗藤爬上大树，去摘小玲碰不到的果子，他也能搬开小玲搬不动的石块，找可以入药的虫子。小玲长得美丽又活泼，肚子里似乎有讲不完的故事。他们渐渐觉得在松树林休息聊天是一天中最好的时光，地上厚厚的松针像暖和的毯子，让人坐着躺着都不想离开。

乌青和小玲曾听村里的老人讲过，与乌岭潭连接的小溪下游，有一种罕见的天蓝色花儿非常美丽，它只在盛夏季节中的几天开放，然后就淹没在丛林中无从寻找。曾经有人幸运地碰到过正开放的天蓝色花，试着移栽，但都失败了。乌岭山深处是原始森林，根本没有路。有谁会愿意只是为了看一眼很可能找不到并且也带不回来的花儿去披荆斩棘呢？乌青和小玲却对传说中的天蓝色花儿非常向往，有一年夏天，他们决定要去原始森林里找那种花。为了避免家里大人担心，他们悄悄地做好准备，然后在盛夏里的某天早晨出发了。在山梁松树林会合之后，他们就朝乌岭潭下游走去。

夏季天气多变，那天清晨还万里无云，到了中午就电闪雷鸣，下起了倾盆大雨。大雨下了三天三夜，村里人发现乌青和小玲一直没有回家。乌青的妈妈非常担心，她在第三天夜里做了个梦，梦里她看见她的儿子和小玲一左一右躺在河滩上，动也不动，她痛哭出声："他们死了吗？！"大雨终于停了，天气突然变得异常炎热，乌青的家人约了小玲的亲戚一起去山里找。他们在北面的山坡找了个遍，又在南面山坡寻了几圈，都没有看到这两个失踪的年轻人。这时候不知是谁猜测说："他们会不会是走进乌岭潭下游的原始森林了？会不会是去寻找天蓝色花了？"听得出来说这话的人也觉得凶多吉少。乌青的妈妈一想起她的噩梦就忍不住要哭，她非常害怕失去孩子。

寻找乌青和小玲的亲人决定，无论如何也要进入原始森林去找他们。队伍顺着涨水的溪流往森林深处走，一边砍挡路的藤蔓枝条，一边大声喊："乌青！小玲！"山谷里只有水流声、他们呼喊的回声和偶尔被惊动的大鸟飞起的声音。他们艰难地走了一天一夜。第二天还是这样继续寻找，突然，他们听到一个微弱的回答："我们在这儿。"真的，真的是乌青和小玲！原来他们在那三天大雨中迷了路，两人都受了伤，乌青的脚无法再走，小玲留下照顾他。终于找到了他们，亲人们感到很欣慰，大家砍些藤条树枝做了副简易担架，把乌青抬出了大森林。

奇怪的是，找到乌青和小玲之后，亲人们并没有人问起他们为什么要去那里，也没有人知道他们是否看到了那种罕见的天蓝色花。那年秋天，乌青和小玲养好伤后，做出了一个很重要的决定，他们要各自去一个很远的地方，他们相约十年后再回到乌岭山，再爬到松树林里讲他们的故事。

创作过程

我后来交给小巫的故事是在家里另外编的，临时冒出的青春情感剧，只保留了那个印象最深的"惨烈画面"，并且还把它放进了噩梦里，似乎害怕真正的剧烈冲突和死亡……故事里南北山坡的差异，山梁上的松树林，就是我们和德国老教师散步路过的地方，是夏令营营地的真实场景。我后来做助教的10～12岁组的男孩们，真的到那个松树林露营了，睡在落了厚厚松针的地上。

小巫评述

工作坊上，我们为一对又一对的"导演"和"摄影机"组合，制造了一个又一个充满戏剧性的场景，做了一个又一个造型。到了小土做"摄影机"时，我们都玩 high 了，记得我趴在地上，把腿伸进一只大纸箱里，身边撒了一地的泡沫米花，德国老师见状，跑到我身边歪着倒下来，场景非常惨烈，事后有学员说，简直堪比罗密欧与朱丽叶的悲剧结局。

小土从我们这些莫名其妙的造型里看到了什么呢？完全交付给她自己的想象力了。

"有谁会愿意只是为了看一眼很可能找不到并且也带不回来的花儿去披荆斩棘呢？乌青和小玲却对传说中的天蓝色花儿非常向往。"青春期的向往就是这样不合常理、不可理喻，却又不可阻挡。而青春期的过程又的确是披荆斩棘，甚至疾风暴雨，孩子可能会被划伤、可能会被困住，但这经历却弥足珍贵，值得勇往直前。成年人需要信任孩子，信任生命成长的过程。

金发公主

 作者：小巫

献给奇奇和妙妙兄妹——
这是一个真实的故事，
那个救了公主的金发王子，
就是你们的爸爸。

这个故事发生在很久很久以前，发生在一片美丽富饶、祥和宁静的王国里。国王和王后盼了多年,终于盼来一个小女孩。

小公主一出生即长着一头纯金色的卷发,就像最纯粹的金子般熠熠发光,就像最上等的丝绸般润滑柔顺,谁都没有见过这么美丽的金发。所有见到她的人,都禁不住被她的头发深深吸引,发出由衷的赞叹。

不过,人们很快发现,小公主必须在太阳下奔跑,才能维持头发的色彩和自身的力量。如果她在室内待的时间长了,见不到阳光,她头发的颜色会逐渐变深,不再是纯金色,而且她的身体也会随之变得软弱无力。

于是,小公主每天都到户外,在阳光下自由自在地奔跑,不受宫廷里繁文缛节的约束;与其说她像个高贵文雅的公主,不如说她像个在农田间或者山林里长大的野孩子。

公主八岁时,瞒过看护她的成年人,偷偷跑到王宫后边的山里摘果子,迷了路,走丢了。国王和王后心急如焚,派出全国最棒的猎人到处搜寻公主的下落。

第三天,公主被一个老婆婆送回了家。除了衣服被荆棘划破、受到一些惊吓之外,公主完好无损。

国王和王后喜出望外,要重重酬谢老婆婆。老婆婆说她不需要物质上的回报,但希望获得公主的一缕金发,留作纪念。

这个要求绝不过分,国王和王后征求公主意见后,剪下一缕金发交给老婆婆。老婆婆如获至宝,精心地收藏起来,谢过国王和王后,离开了王宫。

公主继续在王国里自由地成长着。

公主16岁那一年,有一天,在田野间纵马奔驰,在跨过一条小溪时,马失前蹄,她摔下马来,摔断了双腿,只能躺在屋子里养病。

不幸的是，公主的腿总也不见好转，她的头发颜色也日益变深，力量日益减弱；即便把她的床搬出去，让她晒太阳，也不见效，因为她需要自由地奔跑。

国王和王后心急如焚，四处张贴告示，求能够救治公主的秘方。

几年前把小公主送回家的老婆婆又来了，说治疗此病仅有一法，即寻找一名长着同样金发的王子。国王、王后问哪里能找到这位王子，老婆婆说你们会认出他的。

国王再次到处张贴告示，并且允诺，哪位王子前来治好公主，就把公主许配给他，他将来可以继承这个王国，加冕国王。

告示一出，来者云集，但大部分都是冒充者，为的是骗取奖赏，所以都被国王诛杀了。其他前来提供帮助者，要么头发颜色不合，要么不是王子，都被国王谢过送其回家。

眼看公主奄奄一息，有一天，海上突然飞来一条龙，乘龙者为一衣衫褴褛、多处负伤的年轻人，号称是遥远国度的王子，前来帮助公主。但他完全没有头发，是个秃子。

人们把他带到国王和王后面前。国王和王后当然不相信他，认为他又是冒名前来骗领奖赏的人，照例要杀头。

在被侍卫架出王宫之前，年轻人拼力大声发问：你们怎么知道谁是真正的王子？难道只凭他穿的衣服、戴的王冠吗？

国王和王后命令侍卫放下他，听听他到底如何辩解。

年轻人说，他刚出生时，也长了一头纯金色的卷发。他七岁那年，一个偶然的机会，大家发现他的头发可以治病，王宫里无论谁生病，只要他剪下几根头发，缠在病人腕上，即可痊愈。

但他19岁那年，王国里传入一场严重的瘟疫，他献出自己全部头发，也无法有效阻止瘟疫的蔓延。他的父母（即国王和王后)先后被瘟疫夺去生命,如果再找不到解救的办法,整个王国即将毁灭。

几近绝望之时,一个老婆婆找到他,告诉他,必须找到和他一样有着纯金色头发的公主,才能真正阻止这场瘟疫,复活他的王国。

他踏上了一条艰难的路,一路险象丛生,几度差点丧命。他曾经跌入深不见底的山涧,也曾经被熊熊燃烧的森林之火灼伤;在与野兽的搏斗中,他被抓得遍体鳞伤;大部分时候,饥寒交迫,是对他生命最大的威胁。

所幸每一次,他都靠着不知从何而来的力量,绝境逢生、化险为夷。而与那条龙的搏斗,他耗尽了全身的力量,以为这次必死无疑。但最后,他得到神灵的指引,驯服了那条龙,才很快地到达这里。

临行前,老婆婆曾经给了他一样东西,保证他可以证明自己的真实性。

而这一路的艰难险阻,很多时候都是为了保护这一宝物不丢失。他冒着生命危险前来,不是为了骗取什么,而是为了拯救自己的王国。

国王、王后信服了,让这个年轻人进入公主卧室……①

王子走进公主卧室,轻轻地把公主抱起来,拥在怀里,紧紧地抱着她;公主感受到王子身上的温暖,这股暖流逐渐传遍她的全身。

就这样,王子一直抱着公主,抱了三天三夜;到了第四天,

---

① 相信读者已经猜出来或者知道,王子用生命保护的那个宝物,就是老婆婆交给他的公主的金发。

公主的腿伤痊愈，可以站起来了。

王子把公主抱出宫殿，扶着她在阳光下散步。他们沿着公主平时喜爱的小路，走啊走，慢慢地，公主能跑起来了，头发也渐渐变回纯金色。

国王和王后大喜过望，告诉王子他可以娶公主为妻，继承王国；王子面露难色，说他并非为此而来，而是为了请求公主的帮助，来拯救他自己的王国；他的王国那么遥远，不可能与公主结婚。

国王、王后和公主都乐意提供帮助。王子需要公主剪下金发，编织成一副金网，驱除带来瘟疫的魔障。

公主毫不犹豫地剪下一头金发，编呀编，编了整整一夜，编成一副金光闪闪的网交给王子。

王子乘龙离开之前，把一条挂着一个小小珠宝坠盒的项链送给公主，说这是他父亲临终前交给他的，谁帮助拯救了他们的王国，这坠盒里的宝物就会护佑辅佐这个恩人。王子自己也不知道里边是什么，公主也不可以打开看。只有当公主变为女王时，才可以开启这个宝盒。

没有头发的王子离开了。公主的金发很快长了回来。

很多年过去了。公主慢慢长大了，变得更加美丽，更加有智慧。那个遥远国度的王子留给她的一条重要信息就是——她的金发具有魔力。她掌握了这个魔力，慷慨无私地帮助王国里的民众，辅佐国王和王后，让王国变得更加美丽富饶。

而每当遇到困难和阻碍的时候，她都会感到不知道从何而来的一股力量，扶助她渡过难关。

有一天，从另外一个遥远的国度，来了一位骑着白马的英俊王子。王子有一头秋日树林般的栗色卷发、大海般的蓝色眼睛。

公主和王子一见钟情，举行了盛大的婚礼。

国王和王后渐渐老去，公主继承了王国，成为女王。她生了两个孩子：一位王子，一位公主，他们像妈妈一样，都长着纯金色的头发。

有一天，女王正在太阳下散步，一直挂在她脖子上的那条项链脱落了。这么多年来，她一直佩戴着这条项链，几乎成为她身体的一部分，甚至有时会忘记还戴着它呢。

女王想，戴了这么多年，项链大概太旧了，链子断了，需要修一修。

女王捡起项链时，回想起多年前那个没有头发的王子，想着他早应该是国王了。女王也回忆起那个王子临行前的吩咐，于是打开了坠盒。

里边是一绺那个王子曾经拥有的金发。

创作过程

这是一个真实的故事。"金发王子"是我青梅竹马的一位好朋友，我俩初相识时，我是十七岁的花季少女，他是十九岁的翩翩少年。我大学二年级时，因社会大环境的起伏，度过了一段十分艰难的时光，当时多亏他的呵护与陪伴，扶助我走过，也奠定了我后来与人交往的基调。我们虽非恋人，感情却很深，而且我当时是不自知的。我俩属于两个世界（遥远国度的王子）——我迂腐地自认清高，而他属于"俗世"。我出国后就基本没和他联系过，1993年曾经重逢，但后来又失去了联系。

这个故事我是2012年2月份创作的，还分别讲给儿子和女儿听。蹊跷的是，当时没编完，每次讲到王子进入公主卧室，就发现自己无法按照惯常套路说出诸如"王子和公主一见钟情、王子亲吻了公主"等情节，而是说"王子紧紧地抱住公主，公主感受到王子身上的温暖"。在这里，我内心的线索断掉了。

2013年2月份，一个偶然的机会，我突然意识到故事原型是什么，也恍悟为什么无法按照惯例编下去，因为这不是一个惯常的王子和公主的爱情故事，他俩没有姻缘，只有使命，互相成就灵魂中的高尚（金发），建设各自的王国。而且，"王子"本人的经历非常惨烈，绝非一般人可以想象甚至承受的，这也是为什么我写他没有头发，当时很奇怪怎么这样写，原来是潜意识使然。

我把这个故事分享给丈夫和几位密友，大家都深受感动和震撼。在他们的鼓励下，我找到已经失散20年的"王子"，他现在生活安稳，有两个孩子。知道这些后，我很快写出下半部分，仿佛神来之笔，一切都与现实相吻合。我非常震惊于潜意识的巨大力量，也领悟到当年这段经历对我一生的深刻影响。30年前真是没有丝毫意识，30年后，通过和"王子"的深度交流，我才得知，他把生命中最宝贵而圣洁的部分无私地奉献给了我。

"王子"给予我的爱，是罕见而高贵的真爱，是深沉而久远的灵魂陪伴，这一切，对我的生命轨迹，有着无法言说的意义。对于他，我有着无尽的感激，深深的祝福！

睡前故事小屋

顾名思义,"睡前故事"就是睡觉之前给孩子讲的故事,它有一个特殊的功用,就是辅助孩子安然入睡。一般人认为睡觉就是休息,其实不然,睡眠当中脑也是在活动的,在对白天的活动进行梳理,吸收有益的养分,摒弃无益的垃圾。孩子需要健康、有规律的作息,孩子清醒的时候需要做有意义的工作,入眠之前需要听到有意义的故事,孩子会把生活、故事带入梦乡,脑和心灵会在梦里进行下一步的工作,进行梳理。因此,我们让孩子带着什么去睡觉是非常重要的。

睡前故事应当温馨、平和、温暖、美好,不需要太多的故事情节,更不需要深刻的"教育意义",最好是带韵律的重复,让孩子在父母喃喃低语的爱抚中,甜蜜地入睡①。

寻找开心果

"小巫艺术养育"黄埔三期作品
创编:李围、蔡翔、庄丽、艾琳
执笔:李围

从前,在一座小村庄里,住着一群快乐的小猪。他们过着无忧无虑的生活,日出而作,日落而息,简单快乐。

有一只小猪,也想当一只快乐的小猪,可是,他不知道该怎么做。

有一天晚上,小猪做了一个梦,他梦见了一个小仙女飞到他身边,对他说:在太阳升起的地方有一座高山,山顶有一棵

---

① 关于睡前故事的详细论述,见《被故事滋养的童年》。

树，这棵树就是开心树。开心树上结着一种神奇的果子，这果子就是开心果。开心果成熟的时候有着彩虹般的颜色，绽放着七彩的光芒，散发着淡淡的香气，吃了它就会让身体强壮、快乐无比。

小猪醒来后，一直对小仙女的话念念不忘，他好想尝尝开心果的味道，于是，他决心去寻找开心果。

一大清早，小猪就迫不及待向着太阳升起的方向出发了。

小猪走着走着，来到了一个岔路口，小猪犯了愁，到底该往哪边走呢？

这时，一只小鸟飞了过来，看见了发愁的小猪，就停了下来问："亲爱的小猪，你怎么啦？"

小猪看了看小鸟，回答说："亲爱的小鸟，有一个小仙女告诉我在太阳升起的地方有一座高山，山顶有一棵树，这棵树就是开心树。开心树上结着一种神奇的果子，这果子就是开心果。开心果成熟的时候有着彩虹般的颜色，绽放着七彩的光芒，散发着淡淡的香气，吃了它就会让身体强壮、快乐无比。我想去寻找开心果，可是我不知道该怎么走。"

小鸟听了小猪的话，在四周飞了一圈，回来对小猪说："太阳升起的地方，应该往这边走。"小鸟指了一条路。"我也想尝尝开心果的味道，我可以和你一起去吗？"小猪说："当然可以啦！"于是，他们就一起继续寻找开心果。

小猪和小鸟一起走着走着，来到了一条小河边，小猪又犯了愁，到底要不要渡过小河呢？

这时，一只小乌龟从水里探出了头，看见了发愁的小猪和小鸟，就停了下来问："亲爱的小猪和小鸟，你们怎么啦？"。

小猪看了看小乌龟，回答说："亲爱的小乌龟，有一个小仙女告诉我在太阳升起的地方有一座高山，山顶有一棵树，这棵树就是开心树。开心树上结着一种神奇的果子，这果子就是开心果。开心果成熟的时候有着彩虹般的颜色，绽放着七彩的光芒，散发着淡淡的香气，吃了它就会让身体强壮、快乐无比。我们想去寻找开心果，可是不知道该怎么走。"

小乌龟听了小猪的话，在岸这边看了看，又游到对岸瞧了瞧，回来对小猪说："太阳升起的地方，应该往这边走。"小乌龟指了一条路。"我也想尝尝开心果的味道，我可以和你们一起去吗？"小猪说："当然可以啦！"于是，他们就一起继续寻找开心果。

小猪、小鸟和小乌龟一起走着走着，爬上了一座山，小猪又犯了愁，开心树在哪里呢？

这时，一匹小马跑了过来，看见了发愁的小猪、小鸟和小乌龟，就停了下来问："亲爱的小猪、小鸟、小乌龟，你们怎么啦？"

小猪看了看小马，回答说："亲爱的小马，有一个小仙女告诉我在太阳升起的地方有一座高山，山顶有一棵树，这棵树就是开心树。开心树上结着一种神奇的果子，这果子就是开心果。开心果成熟的时候有着彩虹般的颜色，绽放着七彩的光芒，散发着淡淡的香气，吃了它就会让身体强壮、快乐无比。我们想去寻找开心果，可是不知道该怎么走。"

小马听了小猪的话，对小猪说："我知道开心果在哪里，我带你们一起去吧。"小猪开心地说："太好啦！"于是，他们就一起继续寻找开心果。

四个小伙伴终于找到了开心树，开心树上结满了开心果，开心果有着彩虹般的颜色，绽放着七彩的光芒，散发着淡淡的香气，跟小仙女说的一模一样！

小鸟自告奋勇说："我来帮大家摘果子吧！"小鸟给每个小伙伴衔了一颗开心果，大家一起品尝了开心果的味道，开心极了！

他们一起在树下尽情地玩耍，欢乐地游戏，一直到他们都玩儿累了，就依偎在开心树下，静静地睡着了。

创作过程

我们组要编的是一个睡前故事。首先我们讨论故事的主角，按照四种气质类型，我们分别挑选了猪、蜜蜂、马和乌龟，场景选在了森林里，主题是小猪希望获得快乐。

然后就一起讨论这些小伙伴要一起去干什么。小巫老师路过听到我们的讨论，建议我们把小蜜蜂改成小鸟，因为小蜜蜂太小了，能帮助小猪的部分有限；故事的主要情节可以是小伙伴们一起去做一件事，比如找一种果子，这个果子是什么样的，而且提醒我们要编到小伙伴们安然入睡作为故事的结束。

按照这个思路，我们首先想到由小仙女告诉小猪开心果在哪里，使它萌生了出发去寻找开心果的想法，同时设计出小猪在其他三个小伙伴的帮助下寻找开心果的主要故事情节。

关于小猪与三个小伙伴相遇场景的设计，首先我们选择了在岔路口遇见小鸟，小鸟可以飞来飞去辨别方向，帮小猪指路；接着，我们又想到了小乌龟离不开水，所以第二个场景设定在小河边，小乌龟太小了，我们排除了小乌龟驮着大家过河，而是让小乌龟在小河里游到对岸帮助辨别方向；最后遇到小马的地点，我们分别讨论了大树下、山上、半山腰，等等，大家一致认为让小马在半山腰为大家指引通向山顶的路比较好，于是就设定为半山腰遇到了小马。同时，我们把对开心果和开心树的描述作为重复的段落，加在了表演当中。

由于时间仓促，我们的表演仅表现了主要的故事架构，之后小巫老师对我们的故事进行了点评，给出了三条指导意见：

1. 没有必要让小猪变得不开心，把开头部分修改一下，仙女告诉小猪一棵树上结了很好吃的果子，吃完以后就会很开心，会有更多的朋友，等等；故事里没有负面的元素，只有正向的。

2. 要去找的七彩果子、树都很好，碰到每一个小动物都把找果子的话重复一遍，然后这个小动物跟上去说"我也想见识这样的果子"，而不要说"我也想变得很快乐"。

3. 吃完果子以后就睡着了，这个果子也不是催眠果啊，扑通一下倒下睡着了不合适。吃完以后都很开心，四个小朋友在树下围着树跳了个舞唱了个歌儿，然后也吃饱了、也很累了，就睡着了。

课后，我们按照老师的意见对故事进行了修改，形成了现在的版本。

尽管因为事情很多所以迟迟没有动笔，尽管我是文科生所以对遣词造句苛刻至极，但当这个故事来到我笔上时，竟流畅得不可思议，写完之后每次给孩子讲几乎都一字不落，每一个细节都不会错过，这个故事好像刻在我心里了。虽然我编的故事不多，但我想试试每次讲完之后再写下来，那个感觉很奇妙。不知道以后还有没有机会和大家一起编故事演故事，但我会一直怀念曾经的那个下午。

小巫评述

这是一篇完美的睡前故事，堪称睡前故事的模板：三个性格温和、乐于助人的小动物角色，一位天使一般的小仙女，一个美好的心愿和目标，一路基本顺畅的旅途，大团圆结局，看到天堂般的景色，吃到美味的果子，唱着动听的歌儿（此处爸爸妈妈可以编一支小曲子唱哦），进入甜甜的梦乡……还有比这更加温馨舒适的睡前氛围吗？孩子带着如此美丽香甜的画面入睡，连梦里都会乐开花啊！

睡前故事看似简单，编的时候却要特别注重细节，要把最美好最奇妙最动人的画面呈现给孩子，让孩子感到温暖、舒适、安全，在重复的韵律当中平稳呼吸、安然入眠；在睡梦里重温美妙图景，然后带着新生发的力量苏醒，迎接新一天的太阳！

星星摇篮

 华德福国际夏令营助教培训周作品
投稿：燕子

小怪物跟爸爸妈妈住在山坡上的小木屋里。有一天晚上，小怪物不想睡觉，就对妈妈说："妈妈，妈妈，我不想睡觉，我想出去玩。"妈妈说："好呀，那我们出去玩吧，那出去玩什么呀？"小怪物说："我们去看星星吧！"妈妈说："好呀！"

于是，妈妈和小怪物就从家里走出去。那天的月亮早早地回家啦，满天的星星将天空点缀得像一块神奇的画布，闪着美丽的光芒。小怪物拉着妈妈的手走出家门，抬头就看到远远的天边挂着一组像大勺子一样的星星。小怪物说："妈妈快看，是星星摇篮床呀，我好想爬到星星摇篮床里去睡觉。"妈妈说："好呀，那妈妈陪你去吧。"小怪物说："好呀。那我们爬到山顶去吧。我们爬到山顶应该就离摇篮床近啦。"

于是，小怪物和妈妈爬呀爬呀，向山顶上爬去。可是等她们好不容易爬到山顶，发现摇篮床还是离她们好远。小怪物问妈妈:"妈妈,我们怎么办呢?我还是想去那个星星摇篮床。"妈妈说:"那我们想想办法吧。"于是小怪物和妈妈一块想呀想,突然小怪物发现山顶上有一棵高高的松树,她跟妈妈说:"妈妈,我们爬上那棵树,应该就能够到星星啦。"可是,树太细啦,只能载得了小怪物,妈妈上去,小树会断掉的。妈妈对小怪物说:"小宝贝,妈妈太重啦,爬不上树,你可以自己上去吗?"小怪物为难地看了看妈妈,又看了看天上的摇篮床,她太想看看摇篮床啦,于是决定自己去爬高高的小树。妈妈拿出一块小手帕递给小怪物说:"宝贝,妈妈就在家里等你,你拿着妈妈的小手帕,需要妈妈的时候就把小手帕拿出来叫妈妈,妈妈会听到的。"

于是小怪物看着妈妈走回了家,她自己利索地爬上了树顶。可是到了树顶,小怪物发现自己离摇篮床还有一段距离,那可怎么办呢?小怪物想起了怀里的小手帕,她拿出小手帕,喊:"妈妈,妈妈,我爬上树了!可是离星星还是差一段距离呢,你能帮我吗?"妈妈听到了,她从家里扛来了一架梯子,把梯子架在高高的树顶上,搭到了最矮的小星星。小怪物沿着梯子一路爬呀爬,爬上了最矮的那颗小星星。小怪物高兴地对妈妈说:"妈妈,妈妈,我爬到小星星上啦,我要去摇篮床上睡觉了。"

站在小星星上,小怪物离摇篮床更近啦。可是她离摇篮床还是有一段距离,怎么爬上去呢?小怪物左看看右看看,忽然看到,前面有一朵白云,像一只摆渡船一样,从这颗小星星飘向那颗小星星,又从那颗小星星飘向这颗小星星。

小怪物心想,要是我跳上那朵白云,就能划到星星摇篮床了。她等呀等,等到白云飘得离她近的时候,"咚"的一下,就跳上了白云。原来那朵白云软软的,软软的,像羽毛一样,一下子把小怪物裹在里面,好暖和,好舒服呀。小怪物兴奋地在白云里打了个滚。她爬起来，抓了一大片白云，捏呀捏呀，捏成了一把船桨。小怪物划着桨，把小船划到了星星摇篮床边上，轻轻一跳，跳上了摇篮床，星星摇篮床轻轻地晃动着，摇呀摇呀，小怪物甜甜地睡着了。

创作过程

睡前讲故事，恬恬说要讲小怪物的故事，可是不愿意听小怪物到湖边找水喝的故事，要听小怪物不想睡觉、出去玩的故事。于是妈妈讲起了这个故事。故事的目的是让恬恬睡觉，所以设计了摇篮床摇着睡着了，恬恬真的在听完故事后，看了一眼妈妈，翻身睡着了。

讲这个故事的另一个目的是想治愈恬恬对妈妈的思念，因为我已经有好几天没时间陪伴她了。我想借这个故事告诉恬恬，当她想妈妈的时候，需要妈妈的时候，妈妈总是会在她的身边。令我感动的是，第二天，我不在家的时候，外婆说带恬恬去找妈妈，恬恬对外婆说，不用去找妈妈，妈妈自己会回来的。她听懂了妈妈故事里的希望。

小巫评述

这是一篇美妙的睡前故事，同时也是一篇治愈系故事。燕子是华德福夏令营助教培训周的学员，也是一位多才多艺、想象力极其丰富的故事高手。"小怪物"系列是她一直给女儿恬恬编撰和讲述的故事。"小怪物"是恬恬想出来的形象，也是孩子投射自己的角色。故事情节层层递进，从山顶到树梢，到最矮的星星，再到白云船，既充满奇妙，又顺理成章，为了成就心愿，小怪物勇往直前，每一步都是靠自己想出解决问题的办法，而每一步妈妈都在身边帮助她、支持她，从不指手画脚、说教引导。

"妈妈,妈妈,我不想睡觉,我想出去玩。"这是很多小朋友的心声。把这个愿望编进故事里,孩子会感觉妈妈非常理解自己,而真闹着要出去玩儿的劲儿就会因此而削弱。

"小怪物说:'好呀。那我们爬到山顶去吧。我们爬到山顶应该就离摇篮床近啦。'"这里是典型的孩子视角,山顶离天空很近。

"妈妈拿出一块小手帕递给小怪物说:'宝贝,妈妈就在家里等你,你拿着妈妈的小手帕,需要妈妈的时候就把小手帕拿出来叫妈妈,妈妈会听到的。'"小手帕代表妈妈和宝宝心心相印,即便妈妈不在身边,爱还会如影随形。

这个故事温馨优美,赋予孩子内心强大的力量,适合3~9岁年龄段的孩子。

音乐盒

华德福国际夏令营助教培训周作品
投稿:王薇

有一个叫嘟嘟的小女孩,每天晚上睡觉前,妈妈都会给她讲故事,然后她听着音乐盒的音乐入睡。

有一天,妈妈去上夜班了,只有爸爸在家。到了睡觉的时候,爸爸给嘟嘟讲了两个故事,可是嘟嘟还不想睡,她嘟起小嘴说没有听到故事后面的音乐。于是爸爸拿起床头的音乐盒拧起发条来,可奇怪的是,音乐盒居然没有好听的音乐奏起来。嘟嘟不高兴了,哇哇大哭,爸爸怎么哄都不行,只能叹口气坐在床边。

后来，嘟嘟哭着哭着就累得睡着了。

慢慢地，她走进了自己的梦里。她发现周围都黑黑的，她有点害怕，于是停止了哭泣。这时，前方有一只一闪一闪的萤火虫在飞舞，她顺着那光亮一点一点向前走着，忽然那亮光越聚越大越聚越亮。于是她大着胆子，步子一步步大起来，并向前小跑着，终于来到那片光亮前，发现是一座音乐盒形状的大房子。她上前"咚咚咚"地敲门，门忽然"哗"的一声像被风吹一样开了。这时，一个戴着墨西哥帽子抱着吉他的小人出现在她面前，帅气地招呼她："嘿！欢迎来到森林音乐会！"嘟嘟有些惊讶，问道："咦，为什么你跟我音乐盒里的那个小人长得一模一样？"墨西哥吉他手回答道："我就是你音乐盒里的那个吉他手啊！你现在是在你的音乐盒里呢。"嘟嘟恍然大悟，问："那你能告诉我为什么我的音乐盒不能奏响音乐吗？"墨西哥吉他手回答道："我只负责旋律，没有节奏韵律，我的吉他就不会发出美妙的声音，你到敲定音鼓的鼠妈妈那儿问问吧。"

嘟嘟继续向前走，她在一面大鼓前停了下来，鼠妈妈举着鼓棒若有所思。嘟嘟走上前去，问："鼠妈妈，请你告诉我为什么我的音乐盒不能奏响音乐了，好吗？"鼠妈妈回答道："没有齿轮谱我不知道该如何敲打节奏，在发条室有两位点蜡烛的仙女，她们负责让发条转动，给我传送齿轮谱，你到发条室去问问看吧。"

嘟嘟又继续向前走，走到一个写着发条室的牌子前停了下来。她一进门就看见两位仙女各自拿着一根蜡烛像舞剑一般在对抗，嘟嘟走上前去，问道："仙女姐姐，请告诉我，为什么我的音乐盒不能奏响音乐了？"

两位仙女几乎异口同声地答道："我们的蜡烛要同时点燃，并发光发热，才能照亮发条室，给鼠妈妈传送齿轮谱，这样她就能跟着谱子敲打出有韵律的节奏啦。"

嘟嘟点点头，又有些疑惑地问："可是要怎样才能让它们点燃并发光发热呢？"这时仙女答道："只要有了爱，它们就会被点亮并发出源源不断的光和热。"

嘟嘟带着答案继续在黑暗里向前走，突然前方出现了一个微弱的小光点，从那个光点也传来一阵轻柔的歌声，就好像妈妈的声音在呼唤她一样。她一边想着妈妈给她讲故事唱歌时那甜甜的笑容，一边朝那个光点跑去。渐渐地，她不再感到害怕，随着她离那个光点越来越近，眼前也越来越亮……

这时嘟嘟睁开眼睛，发现妈妈就坐在床边看着她笑呢。妈妈看见嘟嘟睁开眼睛，摸摸她的脑袋说："嘟嘟真棒呀，妈妈不在，自己也能睡觉。"嘟嘟看见妈妈开心地笑了，她双臂搂着妈妈的脖子，轻轻地在妈妈耳边说："妈妈，我刚刚梦到音乐盒里的小动物了，他们在开森林音乐会呢，妈妈你给我唱唱那首歌吧。"妈妈努起嘴唇说："好啊。"于是便轻轻唱起来……没多久嘟嘟又进入了甜甜的梦乡。

创作过程

此故事源于小巫老师给我们上戏剧游戏课的一次临场讲故事经验，我重新丰富了细节和逻辑，感谢华德福夏令营助教培训高级班同学的卖力演出，也欢迎大家作为睡前故事讲给自己的宝宝听。

小巫评述

这又是一个完美的睡前故事，充满了爱的能量，就像故事里描述的那样，把光明和温暖输送到孩子的内心。像《星星摇篮》一样，主人公的旅程层层递进，一共遇到三个不同的角色，悬念一而再、再而三地深入，直到最后，美丽而温馨的结局等着我们的小听众！带着这样甜美的画面入睡，孩子们会对生命充满热爱。

"到了睡觉的时候……可是嘟嘟还不想睡，她嘟起小嘴说没有听到故事后面的音乐……嘟嘟不高兴了，哇哇大哭……"这是孩子经常遇到的情况——愿望没有实现，感觉非常难过。这种描述很切合他们内心。

"嘟嘟有些惊讶，问道：'咦，为什么你跟我音乐盒里的那个小人长得一模一样？'墨西哥吉他手回答道：'我就是你音乐盒里的那个吉他手啊！你现在是在你的音乐盒里呢。'"哪个孩子不想去自己的玩具里走一趟呢？多么奇妙的历险呀！

"墨西哥吉他手回答道：'我只负责旋律，没有节奏韵律，我的吉他就不会发出美妙的声音，你到敲定音鼓的鼠妈妈那儿问问吧。'"悬念出现了！孩子会聚精会神地听下去！

"鼠妈妈回答道：'没有齿轮谱我不知道该如何敲打节奏，在发条室有两位点蜡烛的仙女，她们负责让发条转动，给我传送齿轮谱，你到发条室去问问看吧。'"更多悬念，而且还有音乐盒原理隐含其中呢。注意只是隐含，这可不是给孩子上机械原理课的时候！

"嘟嘟点点头，又有些疑惑地问：'可是要怎样才能让它们点燃并发光发热呢？'这时仙女答道：'只要有了爱，它们就会被点亮并发出源源不断的光和热。'"像太阳一样，爱是光，爱是热，一语道出爱的真谛，却又不是在说教。

故事结尾一段，是多么温馨而甜美的画面，是每个小朋友最喜爱的场景。

读者可能不会想到,这个故事的作者,其实还没有当妈妈呢!

咕噜咕噜

 "小巫教你讲故事"大型讲座北京站观众自编故事

从前,有一只小白兔,一天她跟着爸爸上山去玩。他们来到山顶上,看到地里长着一丛绿色的叶子。爸爸告诉她:"这就是你最爱吃的胡萝卜叶子,下面一定有很大的胡萝卜,咱们拔胡萝卜好不好?"小白兔说:"好。"于是爸爸拽着胡萝卜的叶子,小白兔就拽着爸爸,他们使劲地往后拔。

嘿哟嘿哟拔萝卜,他们费了很大的力气,终于把胡萝卜从地里面拔出来了。

这个胡萝卜可真大呀,小白兔自己根本就搬不动它。这个时候爸爸说:"咱们今天晚上吃胡萝卜吧!咱们把这个胡萝卜运回家。那我们怎么给它运回去呢?"

小白兔想呀想①,终于想出了一个办法:她把胡萝卜推倒在地,从山上往下推,咕噜咕噜咕噜,胡萝卜就会滚下去了。于是,小白兔推一下,胡萝卜滚下去一段,就这样,小白兔把胡萝卜滚回了家。兔妈妈出来一看他们带回来这么大一个胡萝卜,高

---

① 这个时候我孩子就说:"我们找人帮忙,叫妈妈来吧,帮忙把它运回去。"我说:"这个时候妈妈要在家做饭呀,要给小白兔准备胡萝卜,我们再想想别的办法吧。"——讲述者注

兴地说："晚上我们可以做好吃的胡萝卜大餐啦。"

小白兔又跑到山上，帮助爸爸继续拔胡萝卜。这次啊，她和爸爸每个人都拔了一大筐胡萝卜，可是小白兔太小了，她背不动啊。怎么办呢？这个时候啊，她想起了大胡萝卜的运送方法。于是她就把筐用绳系紧了，避免胡萝卜撒了出去。她把筐推倒，然后开始推。咕噜咕噜咕噜咕噜，筐就从山上滚到了山下，并滚回了兔子的家。他们家今天胡萝卜可是大丰收哦。小白兔特别高兴。

创作过程

故事是参加讲座的前一天晚上讲的，孩子主动要求不听收音机里的故事，要妈妈讲，妈妈没辙了，编了一个"咕噜咕噜"的故事。

小巫评述

以下是我在现场的点评：

这是一个非常简单、没有任何戏剧冲突的睡前故事。咕噜咕噜，小白兔把胡萝卜滚回了家，孩子也睡着了。不需要什么特殊的教育意义，这就是睡前故事，谁都可以编。编着编着就有信心编更复杂的故事了。我也是这么过来的。我不是一口气就把《小巫教你讲故事》写出来的，而是有了很多年的积累，花了好几年的时间。

这个故事最后收入本书时，我做了一点改动：

1. 故事开始时，最好加上"从前"，如果是童话故事，还可以加上"很久很久以前"，给孩子一种遥远的时空感，让孩子感到这是一个神奇的世界发生的事情。

2．原来的故事里，胡萝卜出现得十分突然，我整理时加上了"看到地里长着一丛绿色的叶子"。

星星宝贝

"小巫教你讲故事"工作坊上海站作品
执笔：于群

每天晚上，星星宝贝都会在黑夜妈妈的怀抱里香香甜甜地睡上一大觉。每天早晨，星星宝贝醒来的时候，就和其他无数个星星宝贝聚集在一起，穿过棉花团一样的云朵，来到地球上。

地球上，人类的宝宝们也睡醒了。爸爸妈妈拉着宝宝的小手去幼儿园的时候，就有一颗星星宝贝印在人类宝宝的小手心上。爸爸妈妈和宝宝们说再见并亲亲他们的小脸蛋的时候，就会有一颗星星宝贝印在他们的小脸蛋上。

白天，星星宝贝和人类的宝贝们在幼儿园、学校快乐地玩耍。晚上，当人类的宝宝进入梦乡的时候，星星宝贝们也会成群结队地穿过棉花团一样的云朵，回到黑夜妈妈的怀抱里香香甜甜地睡大觉。天上的星星一闪一闪的，就是星星宝贝睡觉时的一呼一吸。

创作过程

我和另外三个妈妈被编到了星星宝贝一组，大家坐到一起就感觉到除了沈妈妈，其他三个人不是水相就是土相，大眼瞪小眼地不知道故事怎么往下进行。唯一带点火相的沈妈妈玩够了手机，上了趟厕所回来，看到还剩五分钟，我们连个故事架构都没有搞出来，灵机一动就上演了那一场星星宝贝的故事。幸亏还有谢妈妈的精彩歌唱，不然我们小组真的没办法交作业啊。

我在某些方面是典型的水相，进入状态很慢，进去了就出不来，最怕上小巫老师的课，因为每次回来都会失眠。睡不着觉的时候，慢慢地想，也许星星宝贝的故事可以是这样的。

编故事的时候，感觉自己的心也变得很柔软，很柔软。编故事是不是对家长也有治愈作用啊？因为烦躁、焦虑的时候感觉心会变硬。

小巫评述

这个妈妈的感受十分正确——每个好故事首先滋养和治愈的是讲故事的人！如果父母不能从编故事和讲故事的过程中，汲取养分，得到疗愈，享受美好，那么故事就无法有效地带给孩子。我从来都告诉家长：不要因为小巫（"专家"）倡议给孩子讲故事就去做这件事，如果你不能切实地感受到讲故事的意义和价值，也不相信自己讲的故事，那就最好别讲。

《星星宝贝》是一个典型的简单而美好的睡前故事，星星宝贝就是爱的化身，陪伴人类宝宝度过一天又一天。其实，每个孩子的诞生，每个人的生命里程，都有日月星辰参与其中，我们与整个宇宙同呼吸。这个故事完美地体现了这一点，孩子们能够本能地感受到与广袤太空的联结，从中得到滋养和力量。

兔子把胡萝卜给牛伯伯吃

 讲述：米（六岁）

兔子把胡萝卜给牛伯伯吃，牛伯伯吃了，就产黄色的牛奶，然后兔子喝了黄色的牛奶，就变成黄色的兔子了。狐狸把红苹果给牛伯伯吃，牛伯伯吃了，就产红色的牛奶，然后狐狸喝了红色牛奶，就变成红色的狐狸了。小鹿给牛伯伯吃紫色的食物，然后牛伯伯产紫色的牛奶，小鹿喝了紫色牛奶，变成紫色的了。小猫给牛伯伯吃黑色的食物，牛伯伯产黑色的牛奶，小猫变成小黑猫了。然后兔子喝了白白的水，颜色就变回来了，变成小白兔。狐狸喝了黄黄的水，变成了黄色的狐狸。小鹿喝了褐色的水，变回褐色的小鹿。猫咪喝了水，也变回原来的颜色了。

创作过程

米妈：我有天给米讲了《光之花园》的故事，后来我们谈到入小学面试的题目，比如看图讲故事。于是我给了米三个词语：兔子、狐狸、胡萝卜。米编的第一个故事是：兔子在吃胡萝卜，看到狐狸，然后就逃走了。这个《兔子把胡萝卜给牛伯伯吃》是米编的第二个故事。

小巫评述

这么复杂的故事，难得一位六岁的孩子讲得这么清楚！孩子的智慧高于成人，我们还必须绞尽脑汁才能想出来的意象，孩子不费吹灰之力信手拈来，还讲得生动有趣。虽然我们知道牛伯伯是雄性动物，不会产奶，但在孩子的视角里，性别不是重要的事情，我们也没有必要去"纠正"他，享受他的故事就行了。

自然故事小屋

自然故事 取材于大自然，将植物、动物以及各种自然现象拟人化，讲述它们之间的关系和故事。孩子天生对大自然有亲近感和好奇心，有些家长忍不住要抓紧"教机"给孩子灌输所谓的"科学知识"，却不知道这样做伤害了孩子。在童年期，孩子和世界是一体的，在儿童眼里，万物皆有灵，连一滴小小的露珠都有感情、会说话。所谓的"科学知识"却是要把孩子生硬地与世界割裂开，用冰冷、客观、固化的概念看待它，这会给孩子造成痛苦和分裂。

正如史泰纳博士指出的，当生命的秘密以自然法则的面孔出现之前，应该让孩子以隐喻和图景的方式接收它。自然界蕴含了大量生命的秘密和智慧，孩子需要的不是枯燥冷硬的"科学原理"，而是充满活力、美好动听的故事。

编撰自然故事，要注意符合 **自然规律**，这是为孩子今后高年级学习植物学、动物学、地理和地质等科目，打下科学基础。自然故事是科学课程的基础，低幼年龄和低年级的时候接触自然故事，到高年级时再接触科学道理，衔接得自然而巧妙。

四季仙子

 "小巫教你讲故事"工作坊上海站作品
投稿：徐郅耘

四季仙子掌管着一年中的四个季节。她们分别是穿嫩绿裙子的春季仙子、穿红裙子的夏季仙子、穿黄裙子的秋季仙子和穿白裙子的冬季仙子。

四位仙子共有一支神奇的画笔。这支画笔在春季仙子的手上时，只要她细心地在纸上描绘，人间就会充满了嫩绿的春意：树木开始吐出绿芽，鸟儿从北方飞回，和煦的春风开始吹拂，细润的春雨滋润大地。

这支画笔在夏季仙子手上时，经过她的重重描画，树叶变得浓密，太阳变得热情，风带着热度呼呼地吹拂，人们开始穿上夏季的衣衫，时不时闪电雷雨还来光顾光顾。

秋季仙子在接过夏季仙子给她的画笔时总是愁颜色不够用，她得花很大的力气来调配颜色，她细心地勾勒，人间就会五彩缤纷：红彤彤的苹果，黄澄澄的梨，水灵灵的紫葡萄……只要秋季仙子挥动画笔，人间便处处是果实累累。

冬季仙子接过画笔只用一种颜色：白色。她总是把画笔蘸上白色大笔大笔地涂抹，人间就开始大雪飘飘，到处都是白茫茫的。厚厚的大雪把万物包裹起来，让大地万物安安静静地休养生息，等待来年的蓬勃生长。

四位仙子就这样各自描绘着属于自己的那一部分画作，每一位都在属于她的季节过去后就把那支神奇的画笔和那张充满了她们自己全部心血和努力的画作交给下一位接任者，人间于是就有了我们的春夏秋冬。

有一年春季接近了尾声，春季仙子将画笔如期交到了夏季仙子的手中，她笑着对夏季仙子说："今年我可累坏了，不过，看着人间处处春意盎然、百花齐放，我觉得所有的辛苦都是值得的，现在把画笔交给你了，好好描绘你的夏天吧！"

夏季仙子拿着画笔，心里想："这有什么了不起，我今年一定能画得比你好，人们一定会爱上今年的夏天，而且永远不会忘记！我就要让人们永远都不会忘记这个夏天！"

这样想着，夏季仙子付出了比以往多几倍的辛苦和努力，起早贪黑地画，一刻也不闲着，吃饭都匆匆忙忙，连打扮化妆的时间都拿来画画。经过了夏季仙子呕心沥血的努力，那一年的夏天果然比任何年头的夏天都更美丽：每一棵树都郁郁葱葱，每一条小河的水都涨得满满的，滋润了沿岸的植物，所有的花草都长得特别茂密、特别饱满；每一朵莲花都开了，各种颜色的莲花点缀着整个世界，美丽动人，让世界充满了生命力。

夏季仙子听到人们都在议论："这个夏天真是美丽啊！到处都是浓密的树荫，到处都是喜人的花朵，到处看到潺潺流动的小河，真是从来没见过这么美好的夏天啊！"夏季仙子听了心里美滋滋的，别提多高兴了。

可是，夏季仙子主宰的夏季马上就要过去，离她把画笔交出去的时间也越来越近了，夏季仙子一天比一天更舍不得把这么美好的、这么辛苦才完成的画作交出去，她想着："怎么样才能留住夏天呢？这可是我的命根子啊，能多留一天就多留一天吧。最好永远都不要交出去。"

于是，夏季仙子开始不出门了，她躲在家里每天看着她自己的画作，哪里也不去。慢慢地，应该属于秋季仙子的季节到了，可是夏季仙子还是不愿意把画笔交出去。

秋季仙子不见夏季仙子来交笔，急得来找夏季仙子，可夏季仙子不搭理她，假装自己不在家，任凭秋季仙子怎么叫门，她就是不开门。

这样子又过了一段时间，有一天，夏季仙子正躲在家里看她描绘的画作，听到门外有人在说："夏季仙子，你在家里吗？请你一定要出来看看，你不愿意交出你的画笔，人间已经产生了问题，你必须来看一看！"

夏季仙子仔细听了听，居然是春季仙子、秋季仙子和冬季仙子三个人同时上门来找她了，这下子夏季仙子不能再躲了，她只能开门出去，说："这么美的夏天，为什么不能多留一阵子呢？！"其他三位仙子拉着她的手，指着人间说："你看看！"

夏季仙子一看，哟，人间怎么这么乱啊，每个人都眉头紧锁，一脸的愁苦，说话的时候也好像要哭出来的样子，仔细一听，人们在说："这怎么办呢，这个夏天就是不过去了，到现在还这么热，我今年园子里的枣树到现在都还满树的叶子，没有果实呢，这下可完了，我今年的收成没指望啦！"

"可不是呢，我那几亩葡萄园，原本都到了该采摘的时候，可今年倒好，一串葡萄都没结上，急死我了，这夏天怎么就过不去呢？今年的夏天虽好，可我们还等着秋天收获呢！"

听着这些话，夏季仙子默默地想了一想，快步返回她的屋子，出来的时候，她手里拿着那支神奇的画笔和她自己精心绘制的画作，她走到秋季仙子面前，将笔和画交给秋季仙子，说："快去绘出更美的秋天吧，不能再耽搁了！"

秋季仙子笑着接过了画笔和画作，把画作摊在地上立刻画了起来，她飞快地在夏季仙子的画作上覆盖了属于秋天的金黄色，还在各种树木花草上点缀各种各样的果实，顿时，人间渐渐被秋天包围了，各种果实结满了枝头，笑容又回到了人们的脸上："好啊，秋天终于来啦，我们收获的季节终于到了，太好了！"

夏季仙子在旁边看着秋季仙子绘画，脸上也露出了笑容，她说："明年我还要努力地画出更美的夏天！"

春季仙子和冬季仙子同时点头说："好！我们也会一起努力！"

小巫评述

上海的故事工作坊中，一位学员提出她七岁的儿子"不肯分享"：同学或者朋友来家里玩儿，他坚决不许别人动他的玩具。妈妈希望就这个行为编撰一个治愈系故事。有四五名学员参加了这个组。

然而，该组的故事编撰过程遇到了空前的困难。原案妈妈主导了编故事进程，不愿意接受他人的意见，执意把行为直接编进故事里，坚持用自己的版本：一个七岁的孩子不肯和朋友分享，妈妈来教导他……其他组员如何辩解都没有用，结果导致整个故事流产。徐郅耘当场提出她的思路，我觉得特别好，鼓励她事后写下来发在论坛上，现在编进了书里。

这是一个多用途故事：治愈系故事、自然故事、气质类型故事。四季有着鲜明的气质类型：夏季是水相的，夏天的植物郁郁葱葱，没有明显的变化，一切仿佛慢下来，大家也都很慵懒，不喜欢大幅度的运动，而是喜欢找个阴凉地儿打盹儿。夏季仙子的表现，也是典型的水相，水相的孩子在画画时，虽然进入状态慢，但一旦进入，就会不停地画下去，老师需要及时制止，不然整幅画会被描得面目皆非。

春天是风相，万物生长，欣欣向荣，"忽如一夜春风来"，"春风又绿江南岸"，姹紫嫣红，令人目不暇接。

秋天是火相，收获的季节，硕果累累，为众多生灵提供丰富的营养。

冬天是土相，万物凋零，白雪皑皑，动物们大部分进入冬眠，没有多少外在活动；心魂也进入意识深层，内观、反省、思考……

而这些季节的气质类型，又对应了人生阶段的气质类型：童年为风相，好奇心强，活泼好动；青年为火相，行动力强，开创事业，追求成果；中年为水相，安家立业，儿女长成，日子过得四平八稳，享受居多；老年为土相，活动锐减，沉静下来，反思生命……

爱捉迷藏的小雨滴

 投稿：云香

有个叫淘淘的小雨滴很喜欢和小朋友们玩捉迷藏，有一次，她躲在河里得意地说："你们猜，哪一个是我？"

小朋友们找啊找，可是河里的雨滴实在太多了，他们不知道哪个是淘淘。

淘淘见大家找不到她可开心了，她咯咯笑着飞了起来，小朋友们刚要追上她，她就飞到了白云上，说："你们猜，我在哪？"

小朋友们都仰着头看，天空的白云那么多，小朋友们实在是找不到淘淘躲在哪片白云里。

淘淘更是开心，嘻嘻哈哈地和她的小伙伴们从天上飘下来。"下雨啦，下雨啦！"小朋友们开心地喊呀，跳呀，要知道他们最喜欢下雨啦。

半空中又传来淘淘清脆的笑声："你们猜，哪个是我？"

大家四处张望，抓住这个雨滴，抓住那个雨滴，可是都不是淘淘，哎呀，天上的雨滴这么多，到底哪个是淘淘呢？

就在大家专心致志寻找淘淘的时候，豆豆忽然听到玫瑰花那儿传来了"噗"的一声笑。"是谁呀，是谁在那儿？"豆豆问。

可是周围除了雨声什么声音也没有。

豆豆站在花丛边上，静静地看着，忽然，他看到有一片花瓣轻轻地摇摆了几下。

豆豆赶紧跑过去，看见俏皮的小淘淘正在挠小花瓣痒痒呢，哈，原来淘淘躲在这儿呢！

创作过程

有一天下雨,我带豆豆在小区小花园玩,豆豆说要讲个小雨滴的故事,我瞧着眼前的一丛月季花被雨打得颤抖,突然想起一首童诗,诗里风和小女孩捉迷藏,风躲到了树叶上,小女孩听到"扑哧"一声笑,发现有一片树叶羞红了脸,于是找到了风……有了这样的灵感,故事就顺理成章地编出来了。

小巫评述

自然故事就是这样简单、可爱、温馨、有趣,把自然现象拟人化,用孩子的眼光看大自然,这样的故事让孩子感觉到自己与自然之间有深深的联结,对自然怀有爱与崇敬,本能地要去爱惜和保护身边的一切。如果塞给孩子冰冷刻板的"科学事实",孩子就会感觉自己与世界被生生割裂开,经历内在的隐痛和硬化。用所谓"客观"的眼光看待世界万物,久而久之,就会失去对自然的爱与崇敬,所谓的保护自然就变成了空谈。

小种子

 华德福国际夏令营助教培训周作品
投稿:章蓓

春天来了,春雷阵阵,春雨绵绵,有一粒小种子被雷声震醒了,它躺在软绵绵的土壤里面,周围黑黑的,什么都看不见。"嗯,那我继续睡觉吧。"它又睡了起来。在睡觉的时候,它的身体在喝水呢，咕咚咕咚，咕咚咕咚，喝了很多的水，身体开始膨胀起来，越来越大，一天，"突"的一声，小种子把自己的外衣给撑破了，小种子醒了，啊，衣服破了，自己长大了那么多啊！它觉得睡得有点累了，就试着伸了个懒腰，脚下碰到厚厚的泥土，好像长了好多好多的小脚趾头！脚趾头都被温暖的泥土包裹着，好舒服好舒服哦！头上是什么呢？正想着，它的小脑袋就从土里面钻了出去，露在外面了。

外面的世界真精彩啊，有柔柔的太阳暖暖地照在它的头上，有微微的风轻轻地吹过它的脸，痒痒的。呵呵，小种子笑了出来。嗯，身边还有很多小动物走过，它看到一些黑色的小动物背着重重的东西正吃力地走着呢。"你好，我叫小种子，你叫什么名字啊？"小种子问。其中一个小动物停了下来，抬头温柔地望向它："哦，小种子你好，我是蚂蚁洋洋，后面是我的朋友蚂蚁乖乖，我们在搬运食物，运回家。"小种子说："哦。蚂蚁洋洋，蚂蚁乖乖，你们好，我们做朋友吧？""好啊，小种子，你好。等会儿见哦，我们现在要把食物运回去。"

小种子往高一点的地方看，还看到了蝴蝶、蜜蜂，它们都在忙个不停。小种子往旁边看，有小草，有小花，还有高大的树呢。外面的世界色彩斑斓，五彩缤纷，热热闹闹，丰富极了，它怎么都看不够，一边看，它的身体也不停地在补充水分和营养呢。

日子一天天过去。有一天，太阳没有出来，天黑漆漆的，风刮得很凌厉，刮到小种子的脸上很疼，小种子把脸低了下来。这是怎么了？周围一个小动物都没有。滴答滴答，开始下雨了，滴答滴答滴答，雨点越来越大，越来越密，越来越多。

"哎哟，哎哟，好痛啊。"小种子自己嘟囔道，"哼，真是太坏了，我，我要躲起来。"小种子把自己的背圈了起来。呼，呼，滴答滴答，突然，风把旁边的一块石子吹了起来，压到了小种子的背上。"哎哟，好重啊，好重啊，走开，走开，我不喜欢你，我不要你。"可是石子没有回答，只是沉默地待着，压在小种子的背上。

"呜呜呜，讨厌嘛，我不要石子，我不要下雨，我不要刮风。讨厌。外面真讨厌，我不要在地面上了，我要回去，回到以前那里去。"小种子决定回到土地里面，它放松了自己的身体，回去了。它躺在松软的土壤里面，黑黑的，安安静静的，没有风可以吹到它，没有雨可以打到它，它觉得挺舒服的。

第二天，雨停了，其他的小动物都出来了，外面又热热闹闹的。"嘿哟，嘿哟，"这是小蚂蚁们出来搬东西的声音，"咦，小种子？小种子，你在哪？你怎么不见了？"

小种子小声说："洋洋，乖乖，我回去了，我不出来了。"可是它被石子压着，洋洋和乖乖听不见它的话，它们每天都过来找小种子。

在小种子躲回土壤里的时候，它的身体可没有忘记每天喝水，补充营养呢，一直都在默默地长啊长。

过了没有几天，小种子觉得在地里面很无聊，它尝试抬了抬它的背，哇，好重，是大石子压着呢，算了，算了，不出去了。第二天，它想念外面的小伙伴了，它又抬了抬背，还是很重，它便放弃了。第三天，它想念外面的太阳了。正好有一缕阳光弱弱地照在了旁边，它鼓起勇气，大大地吸了一口水，一股巨大的暖流从根部升起，流到它的中心。嘿呀，它猛地把身体一振，石子微微动了一下，有一点点阳光照到了它的身体，它的身体猛然又多了一些能量，它再次把身体一挺，石子居然被它顶到了旁边。哇，它出来了，把石子推开，自己出来了，沐浴在阳光之下，看到了外面丰富的世界，还有远处急忙跑来看它的蚂蚁朋友。

"嗯，真不错，真好！"小种子心里对自己说。

蚂蚁洋洋和乖乖过来了，小种子问蚂蚁："你们，你们怎么变小了？"蚂蚁笑道："哈哈，是你长大了。现在你是小苗苗了。"

小种子，哦，不，现在要叫它小苗苗，自信地抬起头，挺直了腰板，说："是的，我是小苗苗。"

创作过程

在小巫老师布置作业的时候，我们中的绝大多数都没有独立编过故事，所以，大家有点害怕，怕自己文笔不好，有点担心自己编得不够"高大上"。当我们把充满问号的目光投向小巫老师的时候，她很淡定，说："你们肯定可以的！每个人都可以编故事！"

我们的主题背景是：我的儿子五岁多，当时在幼儿园大班，我发现他在平时的活动中，当遇到需要更多的耐心，或者更多时间，或者进一步思考的时候，他就会放弃这个活动，不再继续下去了，就会说"好难啊，我不喜欢玩了，我不玩了"。我也尝试过给他鼓励，也尝试不去过度关注这样的事情。其实我的心里还是很介意的，特别是当老师告诉我她们也有这样的观察结果的时候，我开始纠结，想改造他，并且确信只要在这一点上改造他了，他以后一定会生活得更好。结果，我更焦虑了，用了各种方法后，还是没有起色，最后我实在没有办法了。

故事的主角是小种子，我们希望通过故事，培养孩子内心的勇气，有愿意尝试的勇气，有接受失败的勇气，有不放弃的勇气。在他们内心种下这样的小种子，慢慢等待，等待种子出土之后，那时他们面对挑战时一定会有不一样的表现。

感谢一起编故事的同学们，在参加华德福国际夏令营助教培训时，和你们一起编故事是非常非常美好的经历。

小巫评述

这既是一个自然故事，同时也是一个优秀的治愈系故事。我经常接到家长的询问："我的孩子缺乏毅力、胆小畏缩，遇到困难就会放弃，比如积木搭不好就会发脾气，我提出帮他搭都不行，他推倒了不再碰了，怎么讲道理、鼓励他都不行。我怎么才能让他不畏艰难、知难而上？"

"不畏艰难、知难而上"是一个非常高的标准，大多数成年人都难以达到，更何况连积木都搭不好的孩子呢？如果这个时候，父母再去讲道理、励志、帮忙，孩子更觉得自己笨到家了，什么都做不好！

这个故事让我们再次看到：成长是一件非常不容易的事情。在我们成年人眼中微不足道的小事儿，对于一株稚嫩的小胚芽来说，可能就是难以逾越的鸿沟。他会灰心丧气，会退缩放弃，但是，自然的召唤是势不可当的，成长的趋势也是身不由己的。只要我们理解他、呵护他、相信他，每一株胚芽都会长成健壮的小苗苗。

在收入本书时，我对故事做了一点点改动：原文没有提到小种子的根，我在第一段里加上了生根的情节。

迪迪的旅行

 "小巫艺术养育"黄埔一期作品
投稿：布兰卡

伴随着清晨的第一缕阳光，一颗叫迪迪的小小的露珠在一片花园的草地上诞生了。它在小小的叶尖上随着轻轻拂过的风儿，摇摆着自己的身体。哎哟，它不小心从叶尖上滑落，幸好大地爷爷轻轻地把它拥到了自己怀中。小露珠对大地爷爷说："谢谢您，我叫迪迪。"

大地爷爷笑着说："你是云家族新诞生的孩子迪迪啊，你的家人在天上跟你打招呼呢。"小露珠迪迪抬头看看，果然，天上有一片片的白云飘过，云家族已经开始踏上去大海的旅程了。迪迪憧憬着自己也能够去大海，小声地说："我好希望也能和它们一起去啊！"

正在这时，迪迪觉得泥土里有个小触须正在拉着自己往上升，原来是树伯伯听到了迪迪的愿望，用树根把迪迪吸到身体里，利用大树的管网把迪迪送到最高的那一片树叶上，让迪迪能够晒到更多的阳光。迪迪非常感谢树伯伯，树伯伯也很感谢它，因为只有迪迪这样的小水滴才能帮树伯伯带食物到树叶上，树叶吃饱了就能长大一圈了。

迪迪在树顶上晒太阳，觉得自己的身体暖暖的，慢慢地睡着了。它在梦中觉得自己变得轻轻的、柔柔的，一直在飞啊飞啊。它睁开眼睛，发现原来自己越升越高，大地爷爷、树伯伯和草丛已经越来越远了。它往周围一瞧，咦，全是云朵。迪迪再低头看看自己，哇，自己已经变成一朵小小的云啦。迪迪开心地在空中翻滚："哈哈，我是迪迪，我要去大海喽。"

正在迪迪开心地奔跑时，春姑娘带着其他小云朵匆匆地飞来："小云朵，你好！我是春姑娘。我需要你的帮助。"迪迪听了对她说："我是迪迪，我有什么可以帮助你吗？"春姑娘说："在前面的农庄里，农民伯伯播种的麦苗开始返青了，我需要给他们送一些水去。因为麦苗还很娇嫩，我送去的水不能太大，要一点点浸湿泥土，只有像你这样的小云朵才可以完成这个任务。"迪迪听了后和其他小云朵一起手拉起了手，当小云朵们聚集得越来越多时，它们的身子慢慢变沉变低，最后重新变成水珠的样子，洒落到田野里。迪迪发现自己身上沾满了泥土，有些着急。"我不喜欢变成泥汤的样子，我还想回到天空，做干净的迪迪，哇哇！"听到迪迪的哭声，麦苗姐姐弯下身子对它说："哦，迪迪，我身边的泥土弄脏了你的身体，让你很不舒服。"迪迪停止了哭声。

太阳出来了，麦苗姐姐奋力地生长，同时将迪迪举起，一起在和煦的阳光中轻舞。迪迪觉得自己的身体再次变轻变柔，它知道自己开始变魔术啦。闭上眼睛，迪迪又变成云朵啦。再回到空中，迪迪觉得自己有了一些变化，它的身体比以前大了一些，而且更加柔软灵活了，可以展开自己的身体变成遮阳伞，挡住一丝炽热的阳光，为农庄里忙碌的农民带去一些清凉。

迪迪继续向前飞，突然听到了山神的呼喊。原来夏天到了，温度太高了，森林发生了山火，山神在呼唤附近的云朵快来扑灭山火。迪迪和其他的云朵一刻也不敢耽误，飞到着火的森林上空毫不犹豫地跳了下去，下了一场倾盆大雨。在大家的努力下，山火慢慢熄灭了。待烟雾散去时，迪迪有些伤心，它看到大片的树叶被烧光，树干也受伤了。正在它默默流泪的时候，树妈妈对它说："迪迪，你看，我身子下面是什么？"迪迪拨开了树妈妈身下的灰烬，一簇新芽露出了头。"迪迪，等你再回来的时候，又可以和树叶们一起跳舞啦。"

雨夜过后，迪迪又飘回了天上，继续它的旅程。

秋天来了，大地五颜六色的，金色的麦田、火红的苹果、绿色的鸭梨、金黄的向日葵、紫色的葡萄、橙黄的橘子，它们都在跟迪迪招手，谢谢迪迪和云朵家族为它们的成长带来充沛的雨水。迪迪看着它们舍不得离开，它把每个欣喜的笑容都仔仔细细地看了一遍又一遍。风婆婆也不忍心将迪迪快快吹走，她只是轻轻地牵着迪迪的手，慢慢地拉着它向大海的方向飘去。

迪迪飘着飘着冬天到了。迪迪听到了小朋友祈祷的声音："快点下雪吧，这样就可以打雪仗啦。"于是，迪迪和伙伴们一起在冰雪仙子的帮助下，披上一层雪的外衣，趁小朋友们还在梦乡的时候，轻轻地落在了院子里。小朋友醒来都开心极了，迫不及待地玩起了游戏。迪迪在小朋友的手里，一会儿变成雪球在空中飞来飞去，一会儿变成雪人，蹲在院子里看家……听到孩子们欢快的笑声，迪迪也非常开心。后来，大地爷爷请求迪迪和伙伴们留在土地上，为过冬的小麦盖上厚厚的雪被子，以保证冬小麦安然地度过整个冬天。迪迪走了一年也觉得有些累了，它在麦田里沉沉地睡去。

又一个春天到来了，冰雪消融，迪迪醒了。它顺着土地里的暗河流到了大河里，乘着一朵朵小浪花，急匆匆地向东流去，最终到达了它的故乡——大海。海水里聚集着数不清的像迪迪一样的小水滴。海水咸咸的，洗去了它们身上的灰尘，带走了它们的疲惫。在太阳的照耀下，迪迪和小伙伴们一起，接受大海的祝福，它们再次慢慢地腾空，变身成更大更有力量的云朵，成为地球的守护者。

创作过程

在小巫老师的课堂上玩沙包游戏的时候，小沙包在每个人的手中不断地抛起落下，我似乎看到了水的流动，云朵飘来飘去，变成雨洒落、蒸发，又变成云朵继续飘荡……循环往复。以前曾经给孩子讲过的关于水的故事就出现在我心里，于是我以水在物质世界的循环为蓝本，融入四季的元素，作为故事的框架。

在给孩子讲故事的过程中，我总是会有一种说不太清楚的感觉，触动着我内心最柔软的部分。最初我并不很清晰，直到有一天我突然意识到这就是滋养，那些美好的故事发展了我内心的力量。因此，我有意识地在迪迪的旅行中加入成长的元素，一颗小水滴可以是有生命力的，它也可以慢慢地长大，变得更有力量，更有能力去爱世间万物。

小巫评述

这个故事和前边的《小种子》有异曲同工之妙，都是自然故事+治愈系故事，描绘的都是成长过程。没有高谈阔论的说教，只有美好温馨的描述，正如迪迪这滴小小的露珠，滋润着孩子的心。

地球每一年都经历春夏秋冬四个季节，体现风水火土四种元素，每个生命也一样，会经历自身的春夏秋冬和风水火土。生命是一段旅程，每个阶段都有其奥妙、惊喜和收获，每一场偶遇都是成长的催化剂。

"听到迪迪的哭声，麦苗姐姐弯下身子对它说：'哦，迪迪，我身边的泥土弄脏了你的身体，让你很不舒服。'迪迪停止了哭声。"当迪迪为变成泥水感到难过时,麦苗没有急于安慰它,而是倾听和理解它的心情,这是"小巫艺术养育"课程的主要内容之一;这种倾听具备神奇的力量,就像父母们在实践中无数次验证过的一样,孩子被理解后会止住哭声。

"在太阳的照耀下,迪迪和小伙伴们一起,接受大海的祝福,它们再次慢慢地腾空,变身成更大更有力量的云朵,成为地球的守护者。"这是这个故事的点睛之笔,或曰故事的"眼"。每个孩子都是带着使命来到这个世界上,他们不同的使命有一个共同的主题——成为地球的守护者(而不是考上名校、发财致富、光宗耀祖)。

我最后对故事做了一处改动:

原文"只好轻轻地牵着",我改为"**只是**轻轻地牵着",一字之差,内在态度相去甚远。这个故事里有众多智慧的长者形象:大地爷爷、树伯伯、春姑娘、麦苗姐姐、山神、树妈妈和风婆婆,让人看到,原来一滴小露珠的成长也需要如此充分的关怀、支持和滋养。这些自然形象都是最出色的教育家,从不急于求成,也无功利之心,而是在恰当的时刻给予迪迪恰当的帮助,耐心地等待迪迪准备就绪,踏上下一段旅程。

小木头、小火苗和小水花

 投稿:辰妈

小木头和小火苗是好朋友,小火苗喜欢在小木头上面跳舞,有时候还滋滋滋地唱歌呢!他们会把饭蒸熟,把肉炖烂,把菜炒香。小火苗最怕的是小水花,只要小水花一来呀,小火苗就没精神了,舞也不跳了,歌也不唱了,蔫头耷脑,萎靡不振。有一次呀,小水花想要飞到天上去看他的朋友小雨滴,可是,他太重了，飞不起来，就跑来请小火苗帮忙。小火苗才不想帮他呢，小水花可是没少欺负他。小木头把小火苗带到旁边说悄悄话，嘿嘿，小火苗答应帮忙啦，可是呀，他们要求小水花必须钻到小锅子里才行呢！小水花一听可以上天啦，赶紧钻到小锅子里。小木头和小火苗说到做到，他们烧啊烧啊，小水花变得好烫好烫，接着身体轻飘飘的，真的往天上飞啦。小水花越飞越高，在天上还冲他们摆手呢："再见再见，谢谢你们！"

创作过程

在微信群里，有个妈妈说，她家四岁的孩子问："为什么木头会着火呀？"如何才能给孩子说清楚那些科学道理呢？那些科学道理可不适合四岁的孩子，那就编个故事呗！此故事为辰妈原创，给孩子讲的时候，可以再加入一些自家孩子平时的语言、行为等元素。看妈妈们自己发挥了。

孩子在听故事的过程中有可能会问："小木头和小水花说啥悄悄话啦？"或者其他问题。妈妈可以邀请小朋友猜一猜，并把它编进故事。慢慢地，孩子就会和妈妈一起编故事啦。

小巫评述

学龄前的孩子会经历一段"十万个为什么"时期，没做好准备的父母往往麻爪[1]，不知道如何回复孩子的各种提问，有些父母则误以为这是大好教机，赶紧讲述科学原理，却不知道，这并非孩子需要的。

可以说，学龄前孩子的"为什么"好比一张张如饥似渴的小嘴儿，对

---

[1] 北方方言，指遇到事情后不知所措，"不会了"。

世界万物都兴致勃勃，但这些小嘴儿连接的消化系统却十分稚嫩，就好比六个月以前的婴儿只能消化母乳，不能消化牛排一样。这些"为什么"所需要"吃到"的，是香甜、柔和、美好的自然故事，而不是冰冷、生硬、刻板的"科学道理"。后者需要等到孩子们再长大些，消化系统成熟到一定程度，让他们通过观察和实验，来得出结论。

失败故事小屋

做任何事情，都不可能只有成功的经验，没有失败的经历。即便是经验丰富的老手，也难免有偶尔失手的时候，更何况初学的新手。编故事和游泳、开车等重复性机械活动不一样，属于艺术创作过程，那么面临的失败风险就更大。**失败非乃坏事，所有的失败经验都非常宝贵，甚至可以说，没有失败经验的积累，也不会有成长和成功。**虽然前边的一些故事创作过程已经展现了从失败到成功的历程，这里再设立一间"失败故事小屋"，给大家展示一下编故事的"忌讳"。

小汽车上幼儿园

"小巫教你讲故事"大型讲座北京站观众自编故事

长长的高铁车来到了幼儿园，过了一会儿，公交车来了，警察车也来了。油罐车来了，小汽车也来了。大家在幼儿园玩得很开心。这个玩积木，那个玩娃娃。过了一会儿，高铁车说："你帮我保管着，我要去小便。"高铁车去小便之后回来啦。

过了一会儿，油罐车说："你帮我保管着，我要去小便。"油罐车也小便回来啦。

过了一会儿，警察车说："帮我保管着，我要去小便。"大家就这样玩了一整天，玩得很开心。到了晚上大家都回家睡觉了。

创作过程

一个三岁孩子的爸爸：这个故事和小便有关系，我儿子经常玩得高兴，就会忘记小便，然后尿裤子。我就编了这样一个故事。我儿子非常喜欢车，家里有很多警察车、公交车，等等，于是我就把车编进了故事里。

小巫评述

下面是我跟这位爸爸在讲座现场的对话：

小巫：管用了吗？

爸爸：现在我儿子在幼儿园里就是说"帮我保管着，我要去小便"。

小巫：挺管用哈！管用就行。但一般来说，这种故事不能这样编。我有一个疑问就是这些汽车干吗去幼儿园啊？

爸爸：我是这么想的，他非常喜欢车。

小巫：对。但是车去幼儿园本身是不合常理的。既然是车的故事，那就得做点和车相关的事情。要车们聚集在一个地方，比如说修理厂、停车场，然后它们一起去完成一件什么事情或者任务，而且也不能把小便直接编进去。

爸爸：讲这个故事之前也编过很多车的故事。我儿子特别喜欢车，他觉得车都是有生命的。他会对着车去说一些事情，包括情感。我想他把自己投入在车里面，于是我就想这个故事里面要有车。

小巫：对，你的隐喻用得特别好，就是要选孩子们喜欢的。很好，这个故事已经有治愈作用了，但一般来说要让这个故事有更广泛的治愈意义的话，不能把行为直接编进去，更不能说"帮我保管一下，我要去小便"。你要看到孩子为什么不去小便。他玩得太专注了，他就一直憋着，一直憋着，到最后憋不住了。要根据这些事情来编一个更广泛的、更深入的治愈系故事。但是这个爸爸采取的隐喻非常好，非常正确。用孩子喜欢的东西，孩子特别喜欢车，他就会感同身受。一个喜欢车的孩子你要编小白兔去幼儿园，然后去小便，对他就没有用，对他来说意义也不大。他喜欢车,车就真的能够代入他自己。但是把行为编进去是我们不提倡的,你这个管用就行了,挺好的,加油。

北极熊搬家

 "小巫教你讲故事"大型讲座北京站观众自编故事

冬天了,天特别冷,北极熊在家里冻得哆哆嗦嗦的。北极熊身上的毛虽然很厚,可他还是觉得很冷。于是北极熊对妈妈说:"妈妈,我想去温暖一点的地方,可以吗?"妈妈点点头说:"哦,你想出去走走是吗?"

北极熊说:"嗯。"

妈妈说:"那好吧,那你就去找温暖的地方吧。"

于是北极熊就把自己平常喜欢的玩具带上,一路走啊走。他想着去非洲找黑熊。

他一路走啊走,走着走着看见了一头羚羊,于是他就问:"羚羊,你看见黑熊没?"

羚羊说:"没有啊,你再往前走走。"

于是他继续往前走,他碰上了大象。他问大象:"你看到黑熊没?"

大象说:"黑熊?没有啊。你再往前走走。"

他又看见了长颈鹿,问:"你看见黑熊没?"

"我刚才看见他在树上睡觉呢。"

于是他继续往前走,果然看见了一棵树,黑熊正在树上打着呼噜睡觉呢。

北极熊很开心地对黑熊说:"黑熊啊黑熊,我终于找到你啦。"

黑熊对北极熊说:"哦,你来啦。"

然后黑熊就带着北极熊去玩。哎呀,北极熊真的没有想到,非洲那么热呀,浑身都是汗。

北极熊对黑熊说:"我累了,我好累啊,我想休息了,你们家床在哪?"

黑熊说:"嗯,在那儿呢。"黑熊指着上面的树。北极熊爬上树,但北极熊根本就不习惯在树上睡。

北极熊于是对黑熊说:"我实在受不了你们家这个床,还有你们这的天气简直太热了。我还是回家找我妈妈吧。"

于是他又走呀走,走回了自己的家,他对妈妈说:"妈妈,我们家好温暖呀。"[1]

创作过程

小巫老师的书里说,讲睡前故事可以让孩子慢慢安静下来,然后就自己睡着了。我编故事也经常编一系列的故事,但是我每次讲完之后孩子就会说"妈妈再讲一个吧",我又讲了,孩子又说"再讲一个吧"。刚开始是因为孩子两岁的时候我们搬家,搬家之后我就编了小猴子搬家的故事,然后是小兔子搬家的故事、小狐狸搬家的故事、北极熊搬家的故事,等等。他就觉得特别有意思,隔一段就会让我讲一次"搬家"这一系列的故事。

---

[1] 讲故事的妈妈语速很快。——小巫注

小巫评述

以下是我在讲座现场的点评：

小巫：我想问一下，你讲完这个故事，孩子还不睡觉，还要求你讲是吗？

妈妈：对。

小巫：你跟他讲的时候就像今天这样讲的吗？

妈妈：对。

小巫：大家知道孩子为什么不睡吗？听出来了吗？我要是这孩子我也睡不着啊。为什么呢？语速太快了，情节太多了。语速越来越快，导致我的心跳呼吸全都不能舒缓下来，然后我就越来越兴奋了。睡前故事不能用这样的语气、语速和语调的，况且这位妈妈还讲了这么多的情节。讲故事的时候要慢一些，慢下来。我们能听出这位妈妈是什么气质类型的吗？

大家：风相的。

妈妈：我记得最开始的时候我还讲过那个手套的故事。动物们钻进去，钻进去，钻进去，然后再钻出来，钻出来，钻出来。这个故事的语言也很多，也有这样的情节，我就是受到了这个故事的启发。

小巫：但手套的故事是重复性的，如小刺猬家搬进去了，小鹿一家搬进去了，小蚂蚁家也搬进去了。就是这样一个重复，没有跌宕起伏，也没有跑到非洲去。故事最后动物们又都一个接一个地搬出来了。

妈妈：我也是讲走啊走啊走啊走啊走啊（语速越来越快）。

小巫：（笑）你能听见自己说话吗？你慢点说"走啊走啊走啊走啊走啊"，用让孩子睡着的那种节奏。

失败故事小屋

小白兔和胡萝卜

"小巫教你讲故事"大型讲座东莞站观众自编故事

从前有一座山，山里有一片茂密的森林，森林里有一根非常非常大的胡萝卜，这根胡萝卜不知道自己活了多少年，也不记得自己是一根胡萝卜了。

有一天早上，胡萝卜被一个奇怪的声音吵醒了，一看，有一个白白的小东西，胡萝卜问："你是谁？怎么来到这里的？"①

白白的小东西看了看胡萝卜，说："啊，好大的胡萝卜！我是小白兔，我饿了，不知不觉就跑到这里来了。"

"呵呵，小白兔，你饿了？简单得很呀。"胡萝卜拔了一根胡萝卜须递给小白兔，"小白兔赶紧回家吧，拿着这根须子，你肯定不会饿了。"小白兔拿着须子说："我家里还有爸爸呢，这么小一根不够吃啊。"胡萝卜笑了笑："没事，你拿回家就够吃了。"

小白兔拿着胡萝卜须离开了森林。它走到山脚下时，遇到了一条非常非常宽的河，小白兔看着河发愁了，我来的时候没有这条河啊，这可怎么办？这时从小白兔背后传来了重重的脚步声。"哈哈，一个这么小的小白兔只够塞牙缝。"小白兔回头一看，啊，跑出一个这么大的大灰狼，该怎么办呀？

这时只听到"呼"的一声，它手上的胡萝卜须变得很大很大，小白兔赶紧抱着胡萝卜须，胡萝卜须突然飞到天上，带着小白兔飞过了河，后面的大灰狼气得直跺脚，讨厌，怎么又让它飞

---

① 讲到这里时，这位妈妈的声音又沉又哑。——小巫注

走了？肯定又是那个老东西在捣乱！小白兔抱着胡萝卜须飞啊飞，胡萝卜须又"呼"的一下变小了。小白兔一不小心摔倒在地上，一看，胡萝卜须又变成小小的一根了。

这是哪里啊，小白兔看来看去才发现，原来自己回到家里了。小白兔推开门，妈妈正在做早饭呢，小白兔把胡萝卜须送给妈妈。"妈妈，这是一个神奇的老爷爷送给我的，他说这根须够我们两个人吃呢。"妈妈高兴地拿过胡萝卜须，然后跟小白兔说："行了，我知道了，我做早饭去了，你到旁边玩去吧。"于是小兔子到旁边去，等啊等啊，就睡着了。

"小白兔快醒醒。"兔妈妈摇着小白兔。"妈妈，用胡萝卜须做的早饭，好不好吃啊？"小白兔迷迷糊糊地说。妈妈奇怪地问："什么胡萝卜须啊，宝宝，天亮了，该起床了。你是不是又做梦了，梦到什么好吃的了？"

创作过程

这是我自己编的睡前故事，但是我发现我讲完以后，孩子越听越精神，所以这也是我要请教的一个问题。这个故事来源于孙悟空的金箍棒会变大变小。

小巫评述

以下是我在讲座现场的点评：

小巫：有没有人知道，为什么孩子听了这个故事睡不着了？

观众：天亮了，起床了。

小巫：这是一个因素。

观众： 太曲折了，太刺激了。

小巫： 茂密的森林、奇怪的声音，前后矛盾，明明是胡萝卜给的须又变成老爷爷给的了，明明说家里还有爸爸，结果却出来个妈妈，还有这根胡萝卜说话的声音让我觉得很恐怖。更奇怪的一点，大灰狼怎么又跑过来了？森林里怎么突然冒出来一条河？胡萝卜须怎么又变成一个什么东西然后把小白兔怎么样了？这个故事听上去比较混乱。

编睡前故事，角色不要太多，情节不要太复杂，更不要前言不搭后语，让孩子听了难以入睡。

这个故事不妨这样编：森林里有一根胡萝卜，小兔子来了把一根须带走去吃，小刺猬来了，拈走很多根须送给好朋友，又一个什么小动物来了，把须都带走了。然后有一天，大家都围着胡萝卜唱起歌、跳起舞，胡萝卜也随着它们的歌在摇摆。森林里大家都知道有这样一根胡萝卜，都来了……

肚子里有鱼

 "小巫教你讲故事"大型讲座东莞站观众自编故事

"宝宝，我好像听说乖巧的小朋友肚子里有小鱼，小鱼特别喜欢跟小朋友做游戏，小朋友乖的话，他肚子里的小鱼会特别多。"

宝宝说："这样的话，我肚子里有几条小鱼呢？"我说："不知道，你摸摸看。"宝宝说："五条？"我说："可能没有那么多，你肚子太小了，装不下五条的。"宝宝说："妈妈，那是不是有两条啊？"我说："嗯，可能是两条。"

就这样，每当宝宝不爱吃菜的时候，我就说："宝宝你不吃，小鱼饿了怎么办啊？"宝宝赶紧说："妈妈，我觉得我还是要吃菜，我不能让小鱼饿肚子。"

但还有一种情况，我会跟宝宝说："旁边的小朋友肚子鼓鼓的，他的肚子里肯定有很多食物，你要是不吃的话，你去玩的时候，小鱼可能就跑到别人家的肚子里去了，它不再跟你做好朋友了。"

创作过程

有一次，我朋友跟我讲过"肚子里有鱼"的故事，这个故事帮助她解决了孩子不爱吃米饭的烦恼。所以，在我小孩大概两岁两个月的时候，有一次吃饭碰到他不爱吃的菜，我就给他讲了这个故事。这算不上一个很完整的故事，只是一个简单的想法，但是这个故事在我孩子吃饭的问题上帮助了我很多很多次。

小巫评述

以下是我在讲座现场的点评：

小巫：你孩子现在多大？

妈妈：四岁。

小巫：他还相信肚子里有鱼？

妈妈：他一直都相信。他现在不但相信肚子里有鱼，而且还说自己肚子里的小鱼生宝宝了，现在有六条小鱼了，并一一告诉我六条小鱼分别是什么颜色。我担心的是，将来有一天，他明白这些小鱼是不存在的，那我该怎么办？

小巫：就是啊，到那个时候你该怎么办呢？

妈妈：现在小孩吃饭确实不存在问题，有时候不爱吃青菜，我可能会提醒一下，小鱼爱吃哦。他就说我尝一下吧，并且由尝到吃得不错。但最后的问题始终困扰着我。

小巫：我也替你发愁，当他发现有一天你是骗他的时候，你该怎么办呢？

这个故事和我编的《牙仙子传奇》的差别是什么？牙仙子是经典传说里的形象，我编的故事情节给孩子带来美好的想象，仙子也是在孩子们身体之外的存在。但"肚子里有鱼"，这个直接侵犯了孩子的身体，给孩子带来恐惧。

我的两个孩子都曾经笃信过牙仙子，我女儿还给牙仙子写过信："我没有好好刷牙，有一颗牙有小洞洞，如果你用不了，就别拿走了，非常抱歉！"我女儿那个时候已经十岁了，她会经历一个将信将疑的阶段。即便今后她不再相信牙仙子了，但不会感觉爸爸妈妈当年是在哄骗她，以达到某个隐藏的目的。牙仙子给她带来的是美好的回忆。

孩子能够区分得出来物理意义的地球和灵性世界之间的差别。孩子来这个物质世界的时间比我们短，他们与灵性世界的联结还很紧密。而我们已经被物化了，失去了灵性，认为太阳就是一个大火球，一个原子反应堆，还自以为这是"科学"，告诉孩子那是唯一的真相。

再说喂饭的事情，你是在操纵控制你的孩子，他吃什么东西是由你来决定的。

妈妈：他随时都会知道这个小鱼是不存在的，可不可以编一个别的故事把小鱼变成……

小巫：我建议你还是跟他道歉吧，告诉孩子，你担心他的营养不够，所以编了这个故事。切记，不要给孩子胡编乱造。

（对观众）刚才这位妈妈的感觉是对的，不应该编小鱼骗孩子。这不是我告诉你的,这是做母亲的直觉,你最了解你的孩子。我可以给你一些技巧,我写了书,还办讲座,你可以自己去琢磨。不要以为我生来就是编故事专家,其实我是在给孩子编了好多年故事的过程中慢慢积累的,是练习出来的。熟能生巧,没有人能一步登天,慢慢来,先从最简单的故事编起,然后慢慢胆子大了,可以编一些更复杂的故事,因为你找到感觉了。

小巫讲座问答集锦

在孩子几岁的时候，可以开始给他编故事？

听众：小巫老师，大概在孩子多大的时候可以用自己的想法去编故事给他讲？

小巫：在我们的实践当中，收到的很多反馈信息表明，在孩子一岁多的时候，妈妈就可以开始讲故事了。一岁之内给孩子唱歌，说一些朗朗上口的有韵律的歌谣。一岁多的孩子已经可以听睡前故事了，即那些有韵律的重复性强的故事。这也是我在《被故事滋养的童年》里写过的。

给孩子讲睡前故事，他反而不睡觉，怎么办？

听众：我的孩子四岁多，平时听故事，一般都是听固定的绘本。然后我买了您的书，就尝试着自己给他讲故事。先讲大家反映比较好的"小羊的故事"，结果他反而越听越兴奋，自己还要往下编，然后就刹不住车了。另外，还有一个营造氛围的问题，因为我小孩睡前不喜欢比较黑暗的环境，所以这个也比较麻烦。

小巫：就是说你讲绘本，他会很快睡着是吗？

听众：对，固定两个故事。

小巫：**如果睡前故事在你孩子身上有相反的作用，可以先不讲**，你可以白天的时候给他讲故事，没有规定必须睡觉之前给他讲故事。

同时，**父母们一定要注意讲故事时自己的心境和语气**。越小的孩子，越不需要精彩的内容，而是需要父母抱持平静的心态，用温馨和缓的语气，用喃喃细语讲美好的故事。妈妈的细语，仿佛爱的抚触一样，按摩孩子的心灵，让孩子宁静地进入梦幻世界，也可以安稳地入睡。

听众：小巫老师，我的孩子听了睡前故事也不睡觉，睡前让我必须讲个"胡萝卜的故事"，讲别的故事不行，这让我很头疼。

小巫：孩子多大？

听众：快四岁了。他可能觉得很新奇，每天要求必须讲"胡萝卜的故事"。

小巫：的确有很多读者反映睡前故事能把孩子"撂倒"，但不是所有的孩子。有的孩子被"撂倒"，也有的孩子没有被"撂倒"。这个跟亲子关系、家庭氛围、爸爸妈妈的气质类型、爸爸妈妈讲故事的方式、爸爸妈妈信不信这个故事都有关系，并不是读了《被故事滋养的童年》，讲睡前故事就必定能"撂倒"孩子。

讲着讲着，我自己睡着了，这样行吗？

听众：有时我背下来那个故事，但是我讲着讲着自己都睡着了，然后孩子就拼命在旁边摇你，妈妈讲清楚一点，讲大声一点。

小巫：这位妈妈说到的这个问题，也代表了很多家长的同类困惑，就是每天上班回家已经很累了，晚上孩子还嚷着要讲故事，所以会出现这位妈妈说的，讲着讲着自己就睡着了，然后孩子还会扯着她叫，"妈妈你说到哪啦？我记不清什么了"这样的情况。

我曾经说过，直接给孩子讲故事就好像是喂母乳，而念别人写的故事就像是喂奶瓶一样，中间隔了一个别人制造的东西。直接喂母乳我们都知道，母乳妈妈一边喂奶一边也会睡着的，喂母乳的功效就是催眠。那么**讲故事也是如此，它不光催孩子的眠，也催我们的眠**，如果有什么问题，你醒来就再想想办法。这也是挺普遍的情况，喂母乳，喂着喂着妈妈睡着了，孩子还没睡着，讲故事，讲着讲着父母睡着了，孩子还没睡，这很正常。

孩子不爱听我给他讲的故事，为什么？

听众： 我自己不是特别会讲故事，所以孩子可能不爱听。您开场讲的故事我们觉得很好，我也这样讲，不知道她会不会听。

小巫： 听上去你对自己讲故事能力有怀疑。孩子不是用头脑，而是用心灵来与父母建立联结，即所谓的读心术。当你内心怀疑自己的时候，她能觉察到。如果你怀疑自己，她就会屏蔽你。你可以试试带着自信讲故事，但并没有某种方法保证你成功。

听众： 我也试着讲过，可是她不怎么爱听。她不爱听很暴力的，很黑啊，有魔鬼，巫婆啊；她喜欢听美好的。但是我给她讲《甜粥》时，她还是不怎么爱听。

小巫： 你怎么知道她不爱听呢？

听众： 我讲过两次，她说，我不要听这个故事。

小巫： 你是不是问她来着？问"这个故事好听吗"？

听众： 问过她。

小巫： 不要给孩子提这种问题，这等于让她从心灵感受一下子跳到头脑层面，非常难受，怪不得人家要说"不好听"。讲完故事，千万不要问孩子：故事好听吗？中心思想是什么啊？是小兔子做得对，还是小狐狸做得对？小兔子哪里做错了？你从小兔子身上学到了什么？

讲故事的时候，妈妈的心境至关重要。一方面，你自己是否相信这个故事？是否怀有内心画面，犹如身临其境，并且相信故事里的一切都是真实发生的？鲁道夫·史泰纳说："就故事而言，一切取决于讲的方式。就因为这个原因，口头讲故事无法被阅读取代。"

如果你怀疑，不相信，尤其是认为所谓王子、公主、仙女，都是编出来骗小孩儿的，"我现在给我的孩子讲故事，是因为专家说了要讲，或者是因为我要通过故事达到某种教育作用"，那么我劝你还是不要讲了，因为这会伤害孩子，孩子也可能会抵触的。当成年人，无论是老师还是家长，怀有这种态度时，"虚假就进入了教育者与孩子的关系当中。……智性进入了叙述当中。……智性对孩子的生命产生破坏和消耗的作用，而幻想赋予活力、激发生命"（史泰纳）。

另外一方面，如何看待故事里的"暴力"？很多童话故事都有一些比较"暴力、血腥、残忍"的情节，也招致社会上有些人专门撰文来批判。其实这又是现代人用唯物而狭隘的眼光去诠释含有丰富寓意的古老智慧。的确，我们的生活中充满了"暴力"的画面，无论是卡通、绘本还是电影。古代人并没有这些电子媒体来污染他们的视听，"暴力"情节符合自然法则，代表的是"天理""天条"。孩子如果没有被迪士尼的动画破坏过，他就不会具象地理解那些"暴力"场景，而是本能地体会到其中的灵性法则。**如果爸爸妈妈对这些情节不感到恐怖或者反感，孩子也不会产生恐惧的心理。**

像《小红帽》这样的经典故事，适合几岁的孩子？

听众： 我的问题，可能很多妈妈都有，刚才说到《小红帽》的故事，我听到下边大家都在议论，我想问的就是哪些故事是适合在什么时候讲？因为我们很多妈妈可能在孩子三岁的时候跟他讲过《小红帽》的故事，所以这个问题想请小巫老师帮忙解答一下。

小巫： 三岁多的孩子不可以给他讲《小红帽》，《小红帽》得等到他掉了牙以后，上了学再讲，是一年级、二年级的故事。关于经典故事及各类故事适合几岁的孩子，《被故事滋养的童年》里有详细的解答，这里就不赘述了。

对一些故事内容孩子就是不信，怎么办？

听众：故事里讲到的一些东西，孩子不信，他会说，圣诞老人的故事是假的，我拿一个圣诞老人的玩具给他，他也会说这是假的，他不信。这个时候怎么办呢？

小巫：多大的孩子？

听众：四岁。

小巫：我们的孩子现在很可怜，四岁的孩子已经不信圣诞老人了，你信不信呢？你自己都不信的东西就先放下不讲。

这位妈妈之所以提出这样的问题，恐怕还是因为她自己不相信这些神灵的东西。四岁的孩子说某个人物是假的，恐怕因为父母认为他是假的。"我们的话语，浸透着我们对其内容的信仰，流淌过孩子。"（史泰纳）与其问小巫："怎么让孩子信？"不如问问自己："我都相信什么？"只把自己相信的东西带给孩子，这样才是真实的亲子关系，否则就像前边说的，虚假进入了关系，给孩子带来混乱和伤害。

孩子对讲故事总有一些要求，该怎么办？

听众：我有好多问题，因为我看了您的书，真是有太多问题。第一个是：我的儿子非要给故事里的妈妈和女孩都起很奇怪的名字，而且一定要用那些名字来讲，难道我就要按他说的这样来讲故事吗？

小巫：多大的孩子？

听众：三岁四个月。

小巫：没有关系，只要不影响故事的进程，你就按他要求的去讲。

听众：还有就是用什么话来讲？我们主要是说粤语的，孩子不接受普通话，也不接受英语，就一定要妈妈用粤语讲，用其他的都不行。

小巫：粤语很好啊，**我鼓励大家用方言来交流**，因为每一个方言都带着当地的文化和传统，带着当地流传很久的民俗，所以他愿意用方言听就用方言讲。

听众：小巫老师您好！我有一个群体，即一个妈妈的群，我们都是三岁四个月孩子的妈妈，包括我身边的这两位。因为票太难买，我们三个就是代表了。但是今天我提的问题是我自己孩子的问题。我给他讲故事的时候，没听过的，讲完还可以，如果是听过的，讲了前面两三分钟，他就会说妈妈别讲，我自己来讲，然后他就复述，但是他讲了一点以后，就不往下讲了，总是那几句反反复复。遇到这种问题我应该怎么办？

小巫：你觉得呢？你有没有试过其他办法？

听众：嗯，试过，让他自己编一些，但他就是不愿意。

小巫：还有别的办法，你试过别的办法了吗？

听众：试过别的办法，就是换故事，但是换了故事他还是会回到原来的故事上去。

小巫：因为我不认识你的孩子，不清楚、不了解他到底是怎么回事，我也没听过你讲故事，只能你自己去试不同的方法。这个就像是妈妈来咨询母乳喂养一样，一来就说"我的孩子不吸我的乳头"，这样凭空地说，我不知道是怎么回事。如果她把孩子抱过来让我看她喂一次奶，那我可以告诉她，帮她分析。或许可能是你的期待值跟他的表现没有对上号，我没有看到什么大的问题。

听众：可能是我的期望值比较高了，是吧？

小巫：我觉得你能放下心来跟他享受这段时光就可以了。你要是觉得你唱歌他就可以睡觉，你就唱歌；你也可以继续尝试给他讲故事，讲非常简单的睡前故事。**讲故事还要有一些氛围的营造、语调的掌握，并且要稍微训练一下自己讲故事的声音。**

听众：我孩子三岁四个月左右。每次讲故事，他就特别喜欢问为什么，你讲完一句或者两句他就会说为什么呢、为什么呢，整个故事充斥着"为什么"，没有办法进行下去，而是成了不断解答"为什么"的过程；还有一个问题就是我们以前讲绘本的时候，他喜欢一个故事，就会讲很多次，讲到后来，他已经熟悉了，如果我把绘本放下，换成我自己的语言再讲，只要其中有一点不同，他就会说，哎，妈妈，你这样很不对哦，乱七八糟，不是这样子的。他要求必须按他听习惯了的去讲，我该怎么做？

小巫：孩子看惯了这个绘本，你给他修改了，他不干，这是很正常的，所以你还是换一个他没听过的故事来讲，而且要抛开书本来给他讲。至于他总是问为什么，这个原因很难说，也有可能跟讲故事的方式有关系，也许他就是非得要问，也许他喜欢这三个字，他就喜欢说这三个字，而对答案不感兴趣。

我总是记不住故事，可以看着讲吗？

听众：如果我关了灯，用手机看着来讲，这样可以吗？因为有时候，真是记不住那么多，特别是一些形容词，还有一些很细致的场景，我真的记不住。

小巫：用手机念故事和读绘本没有多大的区别，这故事不是你自己的。故事一定要从你心里流淌出来，所以要**把故事先记住**，即使是讲别人写的故事，也要先把故事记住。当然最好是讲自己编的故事，这样的话，就不必使劲去背那些形容词和情节，而且背故事的话听上去会比较生硬。

我总是想不出讲什么故事好，怎么办？

听众：一些治愈系故事，像您刚才说的刷牙那个，我又想不起牙仙子，也想不起其他的，想不起那些故事的时候该怎么办？

小巫：要掌握编故事的窍门，首先需要多学习，丰富自己的内在"库存"。比如今天我讲的"牙仙子"，牙仙子是一个西方的形象，这个牙仙子借牙给孩子的传说，是我今天讲座之前临时编出来的，就在我吃完午饭刷牙的时候，看着一把牙刷现编的。当时我在想：西方是有牙仙子，但是没有一个固定版本的牙仙子传说，我怎样编出一个故事让孩子信服、心甘情愿地好好刷牙？我就编出了牙仙子种牙借给小朋友，借期是七年，一直借到这个牙自动离开他，自己的牙长出来。这不是经典传说，而是我编的。

我担心编不好故事，会给孩子带来负面的影响，怎么办？

听众：其实编故事我觉得蛮需要水平的，不能随便讲，就像您刚才说的，可能我们编了以后会给他带来一些负面的东西，但是我们自己却还不知道给他带来了负面的影响，这是我最担心的，就是我自己一片好心，结果给孩子带来不好的东西了，这个怎么办？

小巫：你是说编故事要有水平，对吧？**编故事的过程是一步一步走来的，不能想着一步登天。**自己不确信的事情，觉得没有把握做好，可以先不去做，先去做那个有把握的，先讲一些简单的睡前故事，从那儿开始。**睡前故事最容易上手，慢慢地去讲**，你孩子才四岁，正好是听睡前故事的时候。你慢慢琢磨，去听一些讲座，上一些工作坊，看一些书，然后再去实践。我不光是在自己两个孩子身上实践，我还有我女儿的班，一班的孩子都让我在实践，好几十个孩子，这也是我自己经验积累的一个过程。《被故事滋养的童年》不是我拍拍脑门儿写出来的。慢慢来，不要着急，也不要想得太多，不是说非得有一个人给你一个确切的答案，然后你就去做，毕竟那是别人给你的，你得找到自己的答案。

听众： 妈妈们如果不懂，直接编故事，我觉得太不专业，太不负责任了。不能我们想到什么就随便给孩子编什么故事，刚才提到一个观点特别好，如果这个故事是不好的，就不要讲，讲了对孩子的负面影响更大。像刚才那位妈妈说的故事用意很好，大家都很想给孩子编好故事，但是我们缺乏这种专业知识。小巫老师能不能找个团队，不能找几个妈妈，妈妈也不靠谱，这个团队要有足够的心理知识，了解孩子的心理发展，经过有数据的调查，的确对孩子有帮助，出一本书，这样的话，家长学习后，编故事才靠谱。哪些能量是往上升的，哪些能量是往下降的，只有家长有了一个系统指导后，才会分辨出来。

小巫： 你这个担心很多妈妈都有，但是说讲故事需要心理知识，我不敢认同。你看一下市面上卖的书，有多少是垃圾？那可都是"专家"编出来的，一本本板着说教的面孔。我们是要出一本书，全都是妈妈们编的故事。智慧在民间，中国人有本事写好故事，中国妈妈编的故事绝对不是所谓的专业知识编出来的，而都是从心里流淌出来的。可能有失败的例子，也有被我们弃之不用的例子。

我们第一期故事工作坊，有个故事修改了三回都被我否了，它太智性，太说教了，急于求成，一定要去纠正孩子的行为，所以最后三版全都不行。

故事编出来就要演出来，演的时候用自己的心去体会这个角色是不是这个样子，角色不对就演不下去，比如有个角色不应该是一头熊，应该是一匹马。通过演出，她们就感觉到故事可能编得不对劲了。

泰山不是一步登上去的，是一个台阶一个台阶走上去的，不知道别人怎么样，反正我爬泰山的时候是一步步走上去的。山顶上的人会说，这边风光特别好。而在山脚下的你，不能看着山顶上的人说，你专业，我不行。你也可以迈开步子，一步一步往上走，哪怕慢慢走。自己编的故事，勇敢地拿出来给大家看看：瞧，这故事我也能编。

编出好故事，不是说一定要有什么"学问"，而是大家一起积累、交流、研究。

在自己编故事和读绘本之间，该如何选择？

听众：小巫老师您好。我觉得讲故事这个问题对我来说挺难的。我看了一些专家的书，您的书也看了，还有其他的书。有些专家说讲故事得选好绘本，然后一字一句地给他讲，要按照那个字来讲，不要每次编得不一样，或者说得不一样，那样不好。而您的观点反而是说我们要自己编，这个我就不知道要怎样做才好。

小巫：你是说小巫的观点和其他人的观点有差别，你该听谁的？这个问题得你自己回答，你觉得呢？那你就去实验一下，你可以用他们的办法试一下，用我的办法试一下，看哪个办法是最适合你的。

听众： 小巫老师，我们的孩子还很小，一岁八个月。我以前有一个观念，就是提倡给孩子念绘本，因为这些绘本是一个台湾作家推荐的，都是获过世界大奖的书。他说的一个道理我挺认可的，就是看绘本的过程会对孩子美的感受力和鉴赏力有一些影响，所以我一直买一些绘本给孩子念。但是今天听了您讲课，您觉得自己讲故事比念绘本更好。那在您的观念里面，这个绘本我们应不应该继续给这么大的孩子念下去，让他去感受一些美的东西？

小巫： 我不是说今天回家要放火把绘本全烧掉，不是的。你这个问题很典型，我听到过很多次。先说两点吧，第一点，**我绝不是号召大家把绘本全部抛弃，当然可以念，但也不能依赖绘本，弄得自己离开绘本就不行了**，所有的故事都是绘本来的，只有绘本这一个工具。如果只有绘本，那就是说孩子的生活中充斥着别人的创作。

另外一点，我自己觉得这个说法很荒唐：绘本都是大师写的，或者是名家写的，都是什么儿童作家之类的，我们普通的妈妈哪有他们那个水平啊。儿童作家不吃饭不喝水不上厕所吗？他们也是普通的人，而且很多所谓的儿童文学创作水平又如何呢？市面上充斥着功利性很强的绘本，教育意义非常直白，有些甚至令人作呕，绝对没有我们编的好。一些所谓的大奖，都是人为的嘛，不要忘了颁奖人也是人，这是一个主观的挑选过程，假如换一些评委，比如说咱们前排这些人，组成一个委员会，咱们颁的奖肯定跟其他人颁的奖是不一样的，这是一个主观的东西，不要说某某绘本得了某个大奖就是神圣不可侵犯的东西。

我写这本书还有一个想法，我们现在的绘本，大多数是其他国家人的创作，很少中国本土的东西。所以我就想，**我们自己的妈**

妈何不创作一些呢？ 我们也打算做一些衍生的书，或者将我们的故事编成绘本。我就想用我们自己的心灵母乳取代那些奶瓶，通过本土妈妈创作适合本土孩子的故事去占据书店的书架。不要老是依赖国外的东西，因为国外的东西是他们的文化，他们的语言翻译成中文没准给翻译错了，这种方式不靠谱。所以我就想，那我们自己创作，我们不比他们缺胳膊少腿，不比他们傻。你想我一次工作坊就有妈妈创作出《神鸟》这样的故事来，很不得了，今天阳阳爸爸讲的寓意深刻的故事，那个妈妈讲的"三只小兔的故事"，都特别好，非常非常好，都贴近孩子的生活。别忘了，母乳，妈妈的奶，是专门为孩子量身定做的，你的养分是适合他的成长的。心灵母乳也一样，你给他讲的，带着你的价值观、你的人生体验、你的心灵的这些东西，是你脑子想不到的。也有妈妈问，哎，小巫，怎么能够编故事编得像你这样呢？我就回答说：那你还得过一下我这一辈子！**每个人的经历都是不一样的，你的经历是一个宝藏，这个宝藏可以通过故事（而不是说教）带给你的孩子。**

参考书目

［1］被故事滋养的童年：小巫教你给孩子讲故事. 小巫. 北京理工大学出版社，2023.

［2］*The Art of Storytelling*. Mellon N. Element Books Inc. Boston，1992.

［3］*The Wisdom of Fairy Tales*. Meyer R. Floris Books. London，1988.

［4］*Soul Economy and Waldorf Education*. Steiner R. Anthroposophic Press. New York，1986.

［5］*The World of Fairy Tales*. Steiner R. Steiner Books. Great Barringten，2013.